現代の連結会計制度
における諸課題と探求

―連結範囲規制のあり方を考える―

橋上　徹［著］

創成社

はしがき―謝辞に代えて

　本書は,「連結範囲規制」の課題及びその探求を行い解決策についても呈示する試みを行ったものである。その基礎は,筆者が,国立大学法人・広島大学・社会科学研究科マネジメント専攻の星野一郎教授の下に作成した博士号（マネジメント）取得論文である。

　「連結範囲規制」を題材として本格的に研究をまとめた先行研究は,筆者の知り得る限り無いと言える。しかし,連結範囲規制は,投資家・債権者等のステークホルダーが重視する連結情報の基本的な基盤を形成しており連結範囲規制の妥当性が担保されない限り,連結財務諸表の適正性が担保されない,と言うことは当然のことである。

　企業が行う投資家への非財務情報及び財務情報の開示・業績説明が,企業の多角化・国際化等に伴い,当該企業グループ全体の連結ベースの開示・業績説明となっているのが現状である。その中で,「有価証券報告書」等（以下,有価証券報告書等,と言う。）に組入れられている財務諸表が,企業グループを構成する有価証券報告書等提出会社単独の業績,すなわち「単体財務諸表」中心主義から,同企業グループを構成する子会社・関連会社を含む連結財務諸表中心主義に変わったことにより,連結財務諸表の重要性が増した。その中で,連結財務諸表における連結範囲規制（子会社・関連会社が適正に定義され,連結財務諸表に組み込まれているかに関する規制）の課題を呈示し,探求し,解決策を呈示することを目的として記載されたものである。子会社・関連会社の範囲が間違っていれば,連結財務諸表は間違ったものになってしまう。さらに連結財務諸表を前提して経営者により説明をされる有価証券報告書の非財務情報（「企業の概況」「事業の状況」「設備の状況」等）も連結財務諸表で算定された業績を前提として記載することになるので同様に間違ったものとなる。

　本書の構成であるが,次のとおりである。

序章『連結範囲制度における欠陥と対応—連結範囲規制の問題—』にて本書全般に亘る探求すべき課題を呈示している。第1部では，『我が国の会計基準および国際的な会計基準における連結範囲規制における連結範囲規制を巡る課題』として，世界の3大会計基準である，日本・IFRS（国際財務報告基準）・米国会計基準（US/GAAP）の課題を第1章ならびに第3章において呈示している。第2部では，『連結範囲規制問題において特に検討が必要とされる個別論点と対応私案』として，日本における規制緩和が進む公益法人改革，特に社団・財団と連結範囲規制並びに信託法改正と連結範囲規制の課題を呈示している。特に，約80年ぶりの信託法改正時の衆議院国会審議の中で，筆者は，有識者として，信託法の研究者2名，弁護士代表と伴に，公認会計士としての立場から意見を述べ，議員から質問を頂き，改正信託法案に筆者の意見が反映されたという思い入れの深い分野でもあった。これらの個別論点に関する課題を，第4章ならびに第5章で呈示している。さらに補章として，『具体的事案等から考える連結範囲規制のあり方』と題し，具体的な連結範囲規制の違反事案をケースとして，その手口（手法）を呈示するとともに，どのような対処方法が考えられたのかも呈示している。終章『連結範囲規制における網羅性欠如と原因』では，適正な日本の連結財務諸表の作成には，子会社・関連会社の確定が前提であり，それらの会社が網羅的に連結範囲規制により統制されることで，連結財務諸表の信頼性が担保され得るが，連結範囲規制における網羅性欠如を起因とする会計不祥事が後を絶たない原因について筆者の考えを3つ述べた。

　1975年（昭和50年），企業会計審議会が最初に『連結財務諸表の制度化に関する意見書』が公表され，旧大蔵省により（旧）証券取引法の政省令（所謂，連結財務諸表規則等）が整備され，1977年（昭和52年）4月1日以降開始する事業年度から導入することになった。導入当時は，複雑な子会社・関連会社は想定されておらず，単純な株式会社の支配の判定を「議決権基準」（議決権（株式）の所有割合（持株比率）に着目し，議決権の過半数を所有すれば，当該企業の最高意思決定機関（株式会社では株主総会）における意思決定機関を支配できるという法形式を前提として，連結範囲を決めようとするもの。）が連結範囲規制において採用されていたが，企業活動の多角化・国際化等が進み，また金融危機への対応，企業の資金調達

の多様化等に伴い2000年（平成12年）「実質支配力基準」が導入された。

　株式会社に関しては，議決権以外の要素も加味して実質支配をしている場合には，子会社とし（関連会社も同じ。），議決権を持たない企業保有の資産等を流動化・証券化するための「特別目的会社」「信託」「投資事業組合」等への対応を行った。しかし，IFRS（国際財務報告基準）では，原則，例外なく実質支配を行う事業体に関しては全部連結を行っているものの，日本の連結会計基準においては，幾つか例外があり（更生会社等の特例，一定の要件を満たす資金調達型の特別目的会社の特例〔当該特例により，事業遂行型の特別目的会社へをも誤った拡大解釈が行われている問題の放置〕，ベンチャー・キャピタル条項の特例，金融機関の融資支援先等条項の特例等），この例外規定により「実質支配力基準」の抜け穴が生じ，事実上，会計不祥事が生じてきた。第1章では，当該問題に関し検討を加えている。

　これに対して，IFRSは徹底した原則主義（Principle-Based）を貫き，連結範囲規制に関しては，連結除外を容認していなかった。しかしながら，投資企業に関しては，その投資先に関し公正価値で測定することと変更をし，投資企業が投資先を連結せず，IFRS 9 の金融商品同様に公正価値で測定されることが決定された。企業は金融商品と異なり，「一物一価」ではなく「一物多価」で評価されることが想定され問題である。しかし，さらに問題にすべきは，連結財務諸表に関しては全ての支配している子会社を連結するという原則主義を貫いたIFRSにほころびが生じてきており，エンロン・ワールドコム事件等で信頼を落とした米国会計基準に代わり150～200か国で導入済み又は導入が予定されているIFRSへの信頼が揺らぐことが懸念される。第2章では，当該問題に関し検討を加えている。

　米国会計基準を採用する日本企業の連結財務諸表において留意しなければならない点として，連邦倒産法第11条（Chapter11,Title11,United States Code. UCS Chapter11-Reorganization）適用子会社の連結範囲除外の時点は，再生手続の時点ではなく，bankruptcyの時点である点である。米国倒産法第11条では，原則として管財人は選任されず債務者が財産を管理しながら事業を行う点で，日本の破産法とは異なり，日本の民事再生法や会社更生法第67条第3項の適用に近似していると考えられる。第3章では，当該問題に関し検討を加えている。

　日本における個別論点として，連結範囲規制が問題になるのは，幾つか想定

されるが，本書では，社団・財団の問題と信託の問題を取り上げている。

連結範囲規制を受けるためには，「営利を目的」とした事業を行っていることも要件とされている。従前の民法においては法人の設立（主務官庁の許可）と公益性の判断（主務官庁の自由裁量）が一体的であり，その利用には不便さを伴っていた。そこで，「一般社団法人・一般財団法人法」が会社法を真似て制定され，法人の設立（準則主義）および公益性の認定（認定法）は別々のものとなり設立は容易となった。しかし，一般社団法人・一般財団法人は「非営利法人」とされるため，会計上，監査上，連結範囲規制に関する議論はほとんど深まっていない。非営利法人と株式会社等の営利法人との違いは，剰余金を出資者に分配ができるか否かの違いのみであり（一般社団法人及び一般財団法人に関する法律等における「非営利」という用語は剰余金の分配を出資者に出来ないという意味であり剰余追求をしてはいけないという意味ではない。），社団法人・財団法人は，収益事業を営む株式会社たる子会社を有することもできるし，非営利法人と営利法人の間に事業制限の有無や機関設計に違いはない。とすれば，当然ながら，連結範囲規制を及ぼすべきものとなる。なお，財団の場合，企業からの拠出金は「出資」ではなく「寄付金」として会計処理されるため，拠出金が海外軽課税国（タックス・ヘイブン国）に流れ，当該地に当該企業が特別目的会社を設立し，不良債権や含み損を有する金融商品を飛ばすこともあり得る。現状の会計・監査法規では，その特別目的会社を子会社とすることが難しい（寄付金処理により出資の分断が生じているため）。これは，慈善信託（チャリタブル・トラスト）等を通じて出資の分断を行うことにより大量の不良債権や金融商品の含み損を隠蔽した大型の日米の粉飾決算に利用されたケースと同様の懸念が生じることになる。第4章では，当該問題に関し検討を加えている。

信託法は約80年ぶりに改正されたが，商事信託分野で，幾つか会計・監査上の懸念が生じている。先述のように，筆者は国会（衆議院）にて，信託改正案に対する懸念を述べる機会を頂いた。具体的に問題となるのは「自己信託」「事業信託」「目的信託」であり，これらの組合わせも問題となる。

信託は，委託者（兼当初受益者）と受託者は相違することは当然である（委託者たる自己に受託を依頼する行為は信託行為ではないと解釈するのが通常のため。）が，新信託法では「自己信託」として制度化してしまった。会計・監査上は，不良資

産等を企業が自ら信託宣言及び公正証書その他の書面作成又は電磁的記録作成で，企業の固有勘定から信託勘定へ容易に移すことができ，不良資産等が信託受益権という有価証券に代わってしまう。銀行等金融機関の注記で示されている不良債権も自己信託で信託受益権になってしまうと，注記から不良債権が消滅する（一般事業会社でも同じ。）。事業信託は，事業部全体（事業，人員，設備等）を，社外の経営のプロフェッショナルへ信託することであるが，会社法の複雑な事業分離手続を経て子会社を設立するのと対照的に容易に信託勘定の設定で済ませられ，信託勘定転換対価は信託受益権であり，信託された事業内容が不明瞭になる。自己信託と組み合わせれば，なお一層不明瞭になる。子会社へ事業分離されれば連範範囲規制による統制が効くがそれも効かない。目的信託は，受益者の定めのない信託であり，ケイマン諸島等タックス・ヘイブン国に特別目的会社を作る時に利用される慈善信託の代替手段となり，企業からタックス・ヘイブン国に設立した特別目的会社との関係が遮断されていまう。第5章では，当該懸念に関し検討を加えている。

　補償では，実際の集団投資スキーム（ファンド）の悪用事例を示し，連結範囲規制その他規制での解決策私案に関し検討を加えている。

　終章では，『連結範囲規制における網羅性欠如と原因』と題し，3つの網羅性欠如の原因を挙げている。1つめは，法改正に伴い新たに登場したビークルへの対応がなされていない点，2つめは，誤った解釈での会計処理が実務に定着し，誤って会計監査もそれを追認したと考えられる点，そして3つめは，海外に流出した資金による軽課税国の特別目的会社の把握の困難性を挙げ，それぞれに解決の方向性を示している。3つめの点に関しては，税務における国際的な動向であるBEPS（Base Erosion and Profit Shifting：税源浸食と利益移転）プロジェクトの動向を参考にすべきことを提案している。

　連結範囲規制に関する論点としては，医療法人・社会福祉法人・私立学校法人・宗教法人・特定非営利活動法人（NPO法人）等と連結範囲規制の問題など取り上げるべき残された課題もあることは認識しているが，一旦，区切りをつけている。なぜならば，連結範囲規制の先行研究がまだほとんどなされておらず，まず，その重要性に関し，読者の理解を得て，周知を行うことが肝要であ

ると考えたためである。

　本書は多くの方々のお陰をもって初めて出版できたものである。筆者は，現在は大学教員ではあるが，元々は大手国際的監査法人を中心に公認会計士として主として日本企業（日本基準及びIFRS基準）・米国企業（米国会計基準）・EU企業（IFRS基準）の会計監査業務，リスク管理態勢導入やIFRS導入アドバイザリー業務，さらには海外赴任時における国際税務業務等に従事する実務家であった。昼間は実務に従事する社会人であったため，修士課程は筑波大学の社会人大学院で研究し，その際，弥永真生教授や品川芳宣筑波大学名誉教授のご指導を受け，日常の実務だけではなく，背後にある論理的思考を養うことの重要性を強く認識した。その後，県立広島大学の教員へ転身し，東京から広島へ移住した。広島には，会計学のみならず，法律を含め幅広い知識やご経験を有する星野一郎教授がいらっしゃり，赴任目4年間のうち，1年経過後の3年前に星野教授に指導を仰いで博士論文を書ける機会を逃してはいけないと門戸をたたいた。その中，3年間で博士論文を仕上げた結果が本書として実を結んでいる。ほぼ3年間，指導教員の国立大学法人広島大学の星野一郎教授のゼミに出席し，ご指導を受け多くの示唆を賜り，また，副指導教員の同大学の林幸一教授からは税法など法的視点から数多くのアドバイスを頂いた。さらに，同大学副指導教員の盧濤教授からは，多角的角度から客観的に論文の御批評を賜った。慣れない地域や職場，複雑な人間関係や教員という新しい不慣れな仕事，さらに1人暮らしの大変さなどを言い訳にし，遅々として進まない論文執筆に対し星野教授からは。叱咤激励の言葉を頂いて目を覚まして前に向かって論文の執筆作業を行った。また，論文提出直前には，自信も失いかけていた中，今頑張らないと時間が経過しても同じ状況が続くと非常にありがたいお言葉を頂き追い込みの大きな原動力になった。

　また，出版にご理解を示してくださり，丁寧な指南を授けてくださった株式会社 創成社の西田徹様には深く御礼を申し上げたい。

2018年8月

橋上　徹

目　次

はしがき―謝辞に代えて

序　章　連結会計制度における欠陥と対応
　　　　　―連結範囲規制の問題― ── 1

第1部　我が国の会計基準および国際的な会計基準における連結範囲規制を巡る課題

第1章　我が国の連結範囲規制を巡る課題 ── 7
　　　1 - 1. 本章の位置づけ………………………………………… 7
　　　1 - 2. なぜ現在, 連結範囲規制が研究の論点になるのか
　　　　　　（本研究の着眼点）について ………………………… 7
　　　1 - 3.「子会社」に関する会計基準の規定の現状と諸課題 ……10
　　　　　1 - 3 - 1. 原則規定……………………………………………10
　　　　　1 - 3 - 2. 例外規定……………………………………………16
　　　1 - 4. 本章の結語……………………………………………44

第2章　国際財務報告基準（IFRS）を巡る連結範囲規制の動向と課題 ── 55
　　　2 - 1. 本章の位置づけ…………………………………………55
　　　2 - 2. IFRS 第 10 号（連結財務諸表：International Financial
　　　　　　Reporting Standard 10：*Consolidated Financial Statements*）
　　　　　　策定の背景と目的…………………………………………55

2－2－1．IFRS 第 10 号　策定の背景……………………55
　　　2－2－2．IFRS 第 10 号の目的……………………57
　2－3．連結範囲を規制する「支配」の定義……………………57
　　　2－3－1．総　　論……………………57
　　　2－3－2．パワー……………………59
　　　2－3－3．リターン……………………62
　　　2－3－4．パワーとリターンの関連……………………64
　　　2－3－5．支配の判定要因……………………65
　2－4．連結の範囲……………………67
　　　2－4－1．総　　論……………………67
　　　2－4－2．連結財務諸表作成免除規定の議論の背景……………68
　　　2－4－3．連結範囲除外……………………70
　2－5．「投資企業」の連結の例外規定……………………71
　　　2－5－1．背　　景……………………71
　　　2－5－2．投資企業に関するプロジェクトの範囲……………76
　　　2－5－3．投資企業の定義……………………79
　2－6．投資企業に関する連結範囲規制における
　　　　　例外規定の評価……………………84

第3章　米国会計基準（US/GAAP）を巡る連結範囲規制の動向と課題
―東芝のウェスチングハウス社連結除外の件に関する考察を中心として― ━━━ 91

　3－1．本節の趣旨……………………91
　3－2．東芝の海外子会社連結除外の公表……………………92
　3－3．東芝の連結財務諸表導入の時期……………………95
　3－4．米国会計基準における連結範囲規制……………………96
　3－5．米国倒産法第 11 章の申立てと連結除外に対する私見… 100

第2部 連結範囲規制問題において特に検討が必要とされる個別論点と対応私案

第4章 一般社団・一般財団法人等の連結範囲問題 ─── 105

- 4 - 1. 本章の位置づけ………………………………………… 105
- 4 - 2. 一般社団法人・一般財団法人……………………… 106
  - 4 - 2 - 1. 一般社団法人………………………………… 106
  - 4 - 2 - 2. 一般財団法人………………………………… 112
- 4 - 3. 一般社団法人・一般財団法人と連結範囲規制問題…… 117
  - 4 - 3 - 1. 一般社団法人・一般財団法人を，子会社の範囲に含まれる「会社に準ずる事業体」として取り扱うべきか否かについて ………………………… 117
  - 4 - 3 - 2. 検討対象となる一般社団法人・一般財団法人の財務及び営業または事業の方針を決定する機関（社員総会または評議員会）を支配しているか否かについて ……………………………………… 120
  - 4 - 3 - 3. 一般社団法人・一般財団法人における「営利事業」の意義の検討 ………………………… 121
  - 4 - 3 - 4. 一般社団法人・一般財団法人・公益社団法人・公益財団法人を連結対象とする場合の支配の指標……………………………………………… 122
- 4 - 4. 公益法人会計基準と連結範囲規制問題………………… 122
  - 4 - 4 - 1. 公益法人会計基準設定の経緯等………………… 122
  - 4 - 4 - 2. 一般社団・財団法人制度の濫用または悪用についての懸念について ………………… 129
  - 4 - 4 - 3. 2008年基準と連結範囲規制 ………………… 131
- 4 - 5. 本章の結語……………………………………………… 132

第5章 新しい信託スキームにおける連結範囲規制の課題と考察
── 自己信託等に関する検討を中心として ──　141

　5 - 1. 本章の位置づけ……………………………………… 141
　5 - 2. 自己信託の信託制度………………………………… 142
　　5 - 2 - 1. 自己信託活用のメリット……………………… 142
　　5 - 2 - 2. 自己信託導入に対する批判…………………… 143
　5 - 3. 新しい信託制度を巡る連結範囲規制上の問題…… 144
　　5 - 3 - 1. 公認会計士（会計監査人）が自己信託等に関し
　　　　　　　意見を述べる背景等 …………………………… 144
　　5 - 3 - 2. 自己信託等を巡る会計，開示，監査上の懸念
　　　　　　　── 国会での審議を中心として ── …………… 145
　5 - 4. 新信託法に対応した信託の会計の設定…………… 165
　　5 - 4 - 1. 新法と会計の議論の起点……………………… 165
　　5 - 4 - 2. 信託会計の基本的な考え方…………………… 166
　5 - 5. 実務対応報告第23号の概要 ……………………… 168
　　5 - 5 - 1. 会計基準と信託の分類………………………… 168
　　5 - 5 - 2. 新法による新たな類型の信託………………… 170
　　5 - 5 - 3. 実務対応報告第23号各論…………………… 170
　5 - 6. 信託会計における残された課題…………………… 180

補　章　具体的事案等から考える連結範囲規制の
あり方等　189

　6 - 1. 集団投資スキーム（ファンド）を利用した取引事例
　　　　からみる適正な連結範囲規制を中心とした企業内容
　　　　の開示のあり方 …………………………………… 189
　　6 - 1 - 1. 架空増資（商法違反）に投資事業組合が
　　　　　　　利用された事例
　　　　　　　【日本LSI事件（元大証二部上場）】…………… 189
　　6 - 1 - 2. 粉飾決算に投資事業組合が活用された事例
　　　　　　　【ライブドア事件（元東証マザーズ）】………… 191

6-1-3. 不動産開発型目的 SPC を利用した売上高・
利益操作が行われようとした事例
【準大手不動産会社 U 社（元東証マザーズ）】…… 193
6-1-4. 無認可共済を利用した集団投資スキームを
悪用した事例
【賃貸アパート大手 L 社（東証 1 部）】…………… 195
6-1-5. 企業買収型小口ファンドの盲点を悪用した事例
【M ファンド問題】………………………………… 196
6-1-6. 未公開株の投資事業組合を利用した
違法な募集・売買
【A 製薬事件（東証 1 部）】………………………… 197
6-1-7. 匿名組合出資を詐欺的に募集した事例
【H 電電匿名組合出資事件（元ヘラクレス上場）】 … 197
6-1-8. 詐害目的集団投資スキーム（ファンド）への
連結範囲規制等による対応（私案）……………… 199
6-2. 中小企業における連結財務諸表の作成及び監査……… 200
6-2-1. 特別目的の財務諸表に対する監査の導入 ……… 200
6-2-2. 中小企業への連結財務諸表及び監査の導入
に対するニーズ …………………………………… 202

終　章　連結範囲規制における網羅性欠如と原因　　205

参考文献　213
索　　引　221

― 序　章 ―

連結会計制度における欠陥と対応
―連結範囲規制の問題―

　日本で最初に作られた連結財務諸表作成に関する指針である「連結財務諸表原則」[1]の「第一　連結財務諸表の目的」には,「連結財務諸表は, 支配従属関係にある二以上の会社からなる企業集団を単一の組織とみなして, 親会社が当該企業集団の財政状態及び経営成績を総合的に作成するものである。」との記述があり, それ故, 連結の範囲（つまり支配従属関係の及ぶ範囲）を如何に定めるかは, 適正な連結財務諸表を作成する上で極めて重要な意義をもっている, とされていた[2]（なお, 連結財務諸表制度は, 1977年4月以降開始する事業年度から導入された。）。

　現在の連結財務諸表作成に関する指針である, 企業会計基準第22号「連結財務諸表に関する会計基準」[3]（以下,「連結財務諸表に関する会計基準」と言う。）の「目的」の第一項においても「本会計基準は, 連結財務諸表に関する会計処理及び開示を定めることを目的とする。連結財務諸表は, 支配従属関係にある2つ以上の企業からなる集団（企業集団）を単一の組織とみなして, 親会社が当該企業集団の財政状態, 経営成績及びキャッシュ・フローの状況を総合的に報告するために作成するものである。」とされており, 依然, 連結の範囲は極めて重要な意義を有している。

　1977年4月以降に開始する事業年度から導入された連結財務諸表制度は, 以後, 有価証券報告書の添付書類であった連結財務諸表の有価証券本体への組入れ, セグメント情報の開示の導入及び監査対象化, 関連当事者との取引や連結ベースの研究開発活動等の開示項目の充実, 連結範囲の拡大等により, 随時, 充実・見直しが行われてきた（「連結財務諸表に関する会計基準」第46項。）。

　この間, 我が国企業の多角化・国際化の進展, 我が国証券市場への海外投資

家の参入の増加等の環境の著しい変化等に伴い，企業の側においては連結経営重視の傾向，投資者の側からは連結情報に関するニーズが高まっていた（同基準第47項）。このような状況を反映して，我が国の連結情報に係るディスクロージャーの現状については，多くの問題点が指摘されてきた（同基準第47項）。

　企業会計審議会は，これらの状況に鑑み，1995年10月以降，連結財務諸表を巡る諸問題について審議を行い，1997年6月に「連結財務諸表制度の見直しに関する意見書」を公表した。当該意見書では，従来の個別情報を中心としたディスクロージャーから連結情報を中心とするディスクロージャーへ転換を図ることとし，連結ベースでのディスクロージャーの充実が求められた。

　また，議決権の所有割合以外の要素も加味した支配力基準を導入して連結の範囲を拡大するとともに，連結財務諸表の作成手続を整備するなど，連結情報充実の観点から「連結財務諸表原則」の改訂が行われた。

　この改訂内容は，内外の広範な投資者の我が国証券市場への投資参加の促進及び投資者の自己責任に基づく適切な投資判断と企業自身の実態に即したより適切な経営判断をを可能にし，また，連結財務諸表中心の国際的にも遜色のないディスクロージャー制度の構築を目的としたものであった（同基準第48項）。

　具体的には，企業会計審議会が1998年10月に公表した「連結財務諸表制度における子会社及び関連会社の範囲の見直しに係る具体的な取扱い」において，1997年6月に同審議会が公表した「連結財務諸表制度の見直しに関する意見書」（以下，「具体的な取扱い」と言う。）の子会社及び関連会社の判定基準として，従前の持株基準に代えて支配力基準及び影響力基準への変更に関し，（旧）証券取引法に基づく関係省令の改正に先立ち，その具体的な取扱いの考え方が整理された。

　しかし，当該「具体的な取扱い」では，特別目的会社の取扱いに関し，一定の要件を備えるものは，連結範囲から除外する点も記載された。

　以後，本論文で記述するように，一定の要件を満たす特別目的会社が連結範囲外となる点を悪用した想定外の粉飾決算事例が発生し，今日においても十分な対応がなされていない。

　また，投資事業組合など支配力基準の具体的適用方法が明確でないビークル

を利用したライブドア事件なども発生した。この投資事業組合の連結の指針として，実務対応報告第 20 号「投資事業組合に対する支配力基準及び影響力基準の適用に関する実務上の取扱い」[4]により「業務執行権」基準が採用されることが決定した。

しかしながら，連結範囲規制に関する諸基準は，当該実務対応報告も含め，粉飾決算発生後に後追いで策定されるため，連結範囲規制の抜け道を利用したスキームが今日でも生じている。

監査の分野においても，複数の投資事業組合を利用したスキームや社団・財団を利用したスキーム，海外の軽課税国に特定目的会社を設立する際に連結はずしに利用される可能性のあるチャリタブル・トラストを経由した場合等に関し，Q&A を追加・改訂しつつ対応している（監査・保証実務委員会実務指針第 88 号「連結財務諸表における子会社及び関連会社の範囲の決定に関する監査上の留意点についての Q&A」[5]）。

しかし，これも，会計基準と同じく粉飾決算の後追いで策定されている。例えば，オリンパス事件でも，パナマ文書問題等でも，問題となった海外軽課税国における特別目的会社の連結範囲規制問題等である。

また，連結財務諸表に関する会計基準には，破産・更生会社等の特例，ベンチャー・キャピタル条項，銀行等金融機関の特例，など特別目的会社の特例以外にも連結範囲規制の適用外の特例措置がある。

日興コーディアル事件は，ベンチャー・キャピタル条項を悪意に解釈した粉飾決算事例であった。

また，公益法人改革に伴う法改正に伴い一般社団・一般財団法人の設立が可能となり，株式会社と業務形態も機関設計等も類似したものが可能になったり，信託法改正により，自己信託や事業信託といった株式会社類似の信託の設立なども可能になったりするなど，規制緩和の方向性の中で，新たに結範囲規制を検討すべき新たなビークルが登場している。

全てのビークルに関し，連結範囲規制の検討を個々に行うのは困難を伴うものの，一定の重要と考えられるビークルに対し，連結範囲規制を事前に検討する必要があることは，これまで述べたように明らかである。

本論文の目的は，一定の重要と考えられるビークルに対し，連結範囲規制を事前に検討し，粉飾決算の防止等を考える契機とすること等である。

【注】
1) 大蔵省企業会計審議会，1975年6月24日（なお，連結財務諸表制度は，1977年4月以降開始する事業年度から導入された）。
2) 平松一夫「連結および持分法適用の範囲」『企業会計』（Vol.45 No.11）（1993年11月），38頁参照。
3) 企業会計基準委員会　2008年12月26日（最終改正　2013年9月13日）。
4) 企業会計基準委員会，2006年9月8日（最終改正：2011年3月25日）。
5) 日本公認会計士協会，2000年1月19日（最終改正：2012年3月22日）。

第1部

我が国の会計基準および国際的な会計基準における連結範囲規制を巡る課題

第1章
我が国の連結範囲規制を巡る課題

1-1. 本章の位置づけ

　本章の主旨は，未だ，日本のみならず国際的にも十分確立・解明されていない，連結範囲規制に関し，何が具体的に問題になっているのか，問題提起を行うものである。

　連結範囲規制に関する問題提起及びその解決に関する研究は，全体としては膨大な論点があると考えており，本章では，まず我が国の連結範囲規制に関し問題提起を行い，その内容に関し，一定の理解を得られるようにする目的で記載するものである。

1-2. なぜ現在，連結範囲規制が研究の論点になるのか（本研究の着眼点）について

　日本の制度会計上，すなわち企業会計法上，子会社に関しては，企業会計基準第22号「連結財務諸表に関する会計基準」[1]（以下，「連結財務諸表に関する会計基準」と言う。）の規定に準拠して，金融商品取引法[2]においては，「財務諸表等の用語，様式及び作成方法に関する規則」[3]（以下，「財務諸表等規則」と言う。）第8条第3項において，「この規則において，「親会社」とは，他の会社等の財務及び営業又は事業の方針を決定する機関（株主総会その他これに準ずる機関をいう。以下「意思決定機関」という。）を支配している会社等をいい，「子会社」とは，当該他の会社等をいう。親会社及び子会社又は子会社が，他の会社等の意思決定機関を支配している場合における他の会社等もその親会社の子会社とみなす。」

と規定されている。金融商品取引法における子会社の範囲には，会社のほか，組合その他の事業体並びに外国におけるこれらに相当するものが含まれるとされており，財務諸表等規則では，これらを総称して「会社等」と定義されている。

会社法[4]における子会社の規定は，会社法第2条第3号及び会社法施行規則[5]第3条第1項において，金融商品取引法における規定と同様な規定が定められている。子会社の範囲においても，会社計算規則[6]において，「会社等」の定義として，「会社（外国会社を含む。），組合（外国における組合に相当するものを含む。）その他これらに準ずる事業体」と規定している（会社計算規則第2条第2項第16号）。

より具体的には，1997年6月の企業会計審議会からの「連結財務諸表制度の見直しに関する意見書」の公表，1998年10月30日付の「連結財務諸表制度における子会社及び関連会社の範囲の見直しに係る具体的な取扱い」（以下，「具体的な取扱い」と言う。）の公表を受けて，1998年11月24日付けで公表された改正財務諸表等規則等の担当官の解説によると，「「会社等」とは，会社法上の株式会社等のほか，協同組織の事業体，特別目的会社，協同組織金融機関，相互会社，証券投資法人，パートナーシップその他営利事業を営むこれらに準ずる事業体が，その対象になるものと考えられる。」としている[7]。

しかし，形式上，必ずしも営利を目的としていなくとも，社団，財団，特定非営利活動法人（以下，「NPO法人」と言う。），企業の関連共済団体，場合によっては企業が主体となって設立する学校法人及びその後援会等，職業野球団などスポーツ集団等も含め，営利企業の支配が及ぶと認められる組織は，実質的に営利も目的とする意図がある場合（あるいはそのように推定又は見做される[8]場合），子会社に該当し，連結範囲に含められる可能性があることを，可能なかぎり広範囲に検討する余地があるものと思われる。

米国のエンロン事件と我が国のオリンパス事件等戦後の経済・金融・資本市場を震撼させた大型会計不正事件で，必ず利用される「オフバランス・ファイナンス」と呼称される，特別目的会社というビークルを利用した資金調達や再保険契約等の存在についての連結範囲規制，ライブドア事件で問題になった投資事業組合等への連結範囲規制に関し，国際財務報告基準（International

Financial Reporting Standards, 以下,「IFRS」と言う。)・米国会計基準（以下,「US－GAAP」と言う。）でもトピックとなっている連結範囲規制の在り方に，日本の事業体の法形態・商慣習に適合した連結範囲規制の在り方を可能な限り網羅的な形で提言するとともに，その他，約80年ぶりとも言われた倒産処理法制及び信託法制並びに保険法制の抜本的な改正，公益法人改革等により，これまで，基本的に子会社に該当するとは理解されて来なかった，更生会社，破産会社，信託，共済，再保険キャプティブ，等に関してもより踏み込んだ連結範囲規制への研究のアプローチが必要である。

連結範囲に関し，可能なかぎり網羅的な検討をしなければ，一部の組織形態のみに連結範囲の厳しい規制を課しても，当該規制のない，あるいは当該規制が曖昧な組織を利用した，連結範囲の逸脱行為が行われることを，完全に防止できる保証がなく，今後も日本の経済・金融・資本市場への信頼が十分に確保されない懸念が残る。すなわち，連結範囲規制が，会計不正発覚後に手当てされてきたという，連結範囲規制の歴史に終止符を打つことはできなのである。

この点，税務においては，会計における規制より厳格に，支配従属関係の認定が行われてきた。実際に，例えば，税務の分野では，旧来より，実態課税の観点から，税務調査において，社団，財団等にプールされている企業の資金は，会計上は，別組織への支出・費用であっても税務上は，金銭等支出企業の資産（税務上の利益積立金）として否認をするケースも多くみられ，このような場合には，企業が，これらの組織は，資金等拠出企業と一体と認定され，その事実を否定できないというのが，実情・実務である。

このようなケースにおいては，特に会計上も当該組織を支配しているのではないか，すなわち子会社に該当する可能性があるのではないか，との疑問が生じる懸念はくすぶっている。

このように，連結範囲を巡る会計基準に関する議論は，非常に検討すべき問題が多い。

本章においては，可能な限り考察を加えるべき論点を引き出してみたい。

なお，具体的に日本の連結範囲規制研究で最終的に解明されるべきと考えている論点は主として以下の点に集約されると認識している。

① 株式会社以外の会社や組合その他これらに準ずる事業体（外国におけるこれらに相当するものを含む。）に連結範囲規制の会計規制をかけるべき事業体にはどのようなものがあるのか。
② 連結範囲に関する会計規制をかけるべき子会社は，議決権以外のどのような指標により「支配」の有無を判断すべきなのか。
③ 連結の要件である「営利事業」の判定要件は何か。
④ 破産会社・更生会社等に関する除外条項，ベンチャーキャピタル条項，銀行等金融機関の融資先支援条項という特例（子会社としない特例）等の子会社としないとする推定規定あるいはみなし規定は存続させるべきか。

最終的には，以下の多様な事業体に関し，個別に上記①ないし④で示した論点を中心に明らかにしていくことになる。

（凡　例）
① 設立根拠法令等
② 連結範囲規制の指標
③ 支配力に関する根拠会計基準等

その他活用状況，存在実態等取扱いが明らかになっていない事業体に関しては，研究（全体）の過程で追加をする必要がある。

事業体以外にも，戦略的アレンジメント，重要な事業分野であたかも１つの企業であるかのように提携のネットワークを組んで協力する契約（アライアンス契約）を通じた共同事業に関しても同様の検討の余地がある。

１−３．「子会社」に関する会計基準の規定の現状と諸課題

１−３−１．原則規定

「連結財務諸表に関する会計基準」第６項は次のように規定している。
- 「親会社」とは，他の企業の財務及び営業又は事業の方針を決定する機関（株主総会その他これに準ずる機関をいう。以下「意思決定機関」という。）を支配している企業をいう。）を支配している企業をいい，「子会社」とは，当該他の企業を言う。

- 親会社及び子会社又は子会社が，他の企業の意思決定機関を支配している場合における当該他の企業も，その親会社の子会社とみなす[9]。

ここで「企業」とは，「会社及び会社に準ずる事業体をいい，会社，組合そ

図表1－1　事業体毎の連結範囲規制等の会計基準等における明示の有無

取扱いが明らかになっている事業体	取扱いが明らかになっていない事業体
【株式会社】 ① 会社法 ② 支配力基準（基本的に，議決権を基準） ③ a) 企業会計基準第22号「連結財務諸表に関する会計基準」（企業会計基準委員会，2008年） 　　b) 企業会計基準適用指針第22号「連結財務諸表における子会社及び関連会社の範囲の決定に関する適用指針」（企業会計基準委員会，2008年）	【合同会社】 ① 会社法 ② 明らかになっていない ③ 無し（要解明）
	【合資会社】 ① 会社法 ② 明らかになっていない（要解明） ③ 無し（要解明）
【合同会社】 ① 会社法 ② 支配力基準（基本的に，業務執行権を基準） ③ 実務対応報告第21号「有限責任事業組合及び合同会社に対する出資の会計処理に関する実務上の取扱い」（企業会計基準委員会，2006年）	【信　託】 ① 信託法 ② 明らかになっていない（要解明） ③ 無し（要解明）
	【特定目的信託】 ① 資産の流動化に関する法律 ② 明らかになっていない（要解明） ③ 無し（要解明）
【投資事業有限責任組合】 ① 投資事業有限責任組合契約に関する法律 ② 支配力基準（基本的に，業務執行権を基準） ③ 実務対応報告第20号「投資事業組合に対する支配力基準及び影響力基準の適用に関する実務上の取扱い」（企業会計基準委員会，2006年）	【投資信託】 ① 投資信託及び投資法人に関する法律 ② 明らかになっていない（要解明） ③ 無し（要解明）
	【投資法人】 ① 資産の流動化に関する法律 ② 明らかになっていない（要解明） ③ 無し（要解明）
【任意組合】 ① 民法 ② 支配力基準（基本的に，業務執行権を基準） ③ 実務対応報告第20号「投資事業組合に対する支配力基準及び影響力基準の適用に関する実務上の取扱い」（企業会計基準委員会，2006年）	【一般社団法人】 ① 一般社団法人及び一般財団法人に関する法律 ② 明らかになっていない（要解明） ③ 無し（要解明）
【匿名組合】 ① 商法 ② 支配力基準（基本的に，業務執行権を基準） ③ 実務対応報告第20号「投資事業組合に対する支配力基準及び影響力基準の適用に関する実務上の取扱い」（企業会計基準委員会，2006年）	【一般財団法人】 ① 一般社団法人及び一般財団法人に関する法律 ② 明らかになっていない（要解明） ③ 無し（要解明）

取扱いが明らかになっている事業体	取扱いが明らかになっていない事業体
【匿名組合】 ① 商法 ② 支配力基準（基本的に，業務執行権を基準） ③ 実務対応報告第20号「投資事業組合に対する支配力基準及び影響力基準の適用に関する実務上の取扱い」（企業会計基準委員会，2006年）	【一般財団法人】 ① 一般社団法人及び一般財団法人に関する法律 ② 明らかになっていない（要解明） ③ 無し（要解明）
【有限責任事業組合】 ① 有限責任事業組合法 ② 支配力基準（基本的に，業務執行権を基準） ③ 実務対応報告第21号「有限責任事業組合及び合同会社に対する出資の会計処理に関する実務上の取扱い」（企業会計基準委員会，2006年）	【公益社団法人】 ① 公益社団法人及び公益財団法人の認定等に関する法律 ② 明らかになっていない（要解明） ③ 無し（要解明）
【特定目的会社】 ① 資産の流動化に関する法律 ② 支配力基準の特例適用（但し，議論があり＜要検討＞） ③ a）企業会計基準第22号「連結財務諸表に関する会計基準」（企業会計基準委員会，2008年） 　b）企業会計基準適用指針第22号「連結財務諸表における子会社及び関連会社の範囲の決定に関する適用指針」（企業会計基準委員会，2008年）	【公益財団法人】 ① 公益社団法人及び公益財団法人の認定等に関する法律 ② 明らかになっていない（要解明） ③ 無し（要解明） 【特定非営利活動法人（NPO法人）】 ① 特定非営利活動促進法 ② 明らかになっていない（要解明） ③ 無し（要解明）
【特例有限会社】 ① 旧有限会社法・会社法整備法 ② 株式会社に同じ。 ③ 株式会社に同じ。	【キャプティブ】 ① 根拠法令なし ② 明らかになっていない（要解明） ③ 無し（要解明）
【資金調達型特別目的会社】 ① 資産の流動化に関する法律における特定目的会社と同様に事業内容の変更が制限されているこれと同様の事業を営む事業体（根拠法令は多様と考えられる）。 ② 支配力基準の特例適用（但し，議論があり＜要検討＞） ③ a）企業会計基準第22号「連結財務諸表に関する会計基準」（企業会計基準委員会，2008年） 　b）企業会計基準適用指針第22号「連結財務諸表における子会社及び関連会社の範囲の決定に関する適用指針」（企業会計基準委員会，2008年）	【信用組合】 ① 協同組合による金融事業に関する法律 ② 明らかになっていない（要解明） ③ 無し（要解明） 【信用金庫】 ① 信用金庫法 ② 明らかになっていない（要解明） ③ 無し（要解明）

第 1 章　我が国の連結範囲規制を巡る課題 | 13

取扱いが明らかになっていない事業体		
【農業協同組合】 ① 農業協同組合法 ② 明らかになっていない（要解明） ③ 無し（要解明）	【宗教法人】 ① 宗教法人法 ② 明らかになっていない（要解明） ③ 無し（要解明）	【事業遂行型特別目的会社】 ① 破産法，会社法，私的整理ガイドライン等 ② 必ずしも明らかになっておらず議論の余地がある（要解明） ③ 必ずしも明らかになっておらず議論の余地がある（要解明）
【漁業協同組合】 ① 水産業協同組合法 ② 明らかになっていない（要解明） ③ 無し（要解明）	【権利能力なき社団】 ① 民事訴訟法等 ② 明らかになっていない（要解明） ③ 無し（要解明）	【再建処理手続会社】 ① 会社更生法，民事再生法，ADR等 ② 必ずしも明らかになっておらず議論の余地がある（要解明） ③ 必ずしも明らかになっておらず議論の余地がある（要解明）
【農林中央金庫】 ① 農林中金法 ② 明らかになっていない（要解明） ③ 無し（要解明）	【根拠法令のある共済】 ① 保険法，農業協同組合法多数の法令 ② 明らかになっていない（要解明） ③ 無し（要解明）	
【保険相互会社】 ① 保険業法 ② 明らかになっていない（要解明） ③ 無し（要解明）	【根拠法令のない共済】 ① なし ② 明らかになっていない（要解明） ③ 無し（要解明）	
【私立学校法人】 ① 私立学校法人法 ② 明らかになっていない（要解明） ③ 無し（要解明）	【慈善信託（チャリタブルトラスト）】 ① 英米法等（日本においては準拠法の問題「法例」） ② 明らかになっていない（要解明） ③ 無し（要解明）	
【消費生活協同組合】 ① 消費生活協同組合法 ② 明らかになっていない（要解明） ③ 無し（要解明）	【パートナーシップ】 ① 各設立国法（日本においては準拠法の問題「法例」） ② 明らかになっていない（要解明） ③ 無し（要解明）	
【医療法人】 ① 医療法 ② 明らかになっていない（要解明） ③ 無し（要解明）	【ジョイント・ベンチャー（建設業におけるJV等）】 ① 契約（根拠法なし） ② 必ずしも明らかになっていない（要解明） ③ 無し（要解明）	
【社会福祉法人】 ① 社会福祉法 ② 明らかになっていない（要解明） ③ 無し（要解明）	【事業遂行型特別目的会社】 ① 資産の流動化に関する法律 ② 必ずしも明らかになっておらず議論の余地がある（要解明） ③ 無し（要解明）	

出典：筆者作成。

の他これらに準ずる事業体（外国におけるこれらに相当するものを含む。）を指す」とされる（同基準第5項）。

「他の企業の意思決定機関を支配している企業」とは，次の場合をいうと規定されているが，明らかな反証がある場合は，支配従属関係はないと規定されている（同基準第7項）。

(a) 他の企業（更生会社，破産会社その他これらに準ずる企業であって，かつ，有効な支配従属関係が存在しないと認められる企業を除く。下記(b)及び(c)においても同じ。）の議決権の過半数を自己の計算において所有している企業

(b) 他の企業の議決権の100分の40以上，100分の50以下を自己の計算において所有している企業であって，かつ，次のいずれかの要件に該当する企業

　① 自己の計算において所有している議決権と，自己と出資，人事，資金，技術，取引等において緊密な関係があることにより自己の意思と同一の内容の議決権を行使すると認められる者及び自己の意思と同一の内容の議決権を行使すると認められる者及び自己の意思と同一の内容の議決権を行使することに同意している者が所有している議決権と合わせて，他の議決権の過半数を占めていること。

　② 役員もしくは使用人である者，又はこれらであった者で自己が他の企業の取締役会その他これに準ずる機関の構成員の過半数を占めていること。

　③ 他の企業の重要な財務及び営業又は事業の方針の決定を支配する契約等が存在すること。

　④ 他の企業の資金調達額（貸借対照表の負債の部に計上されているもの）の総額の過半について融資（債務の保証及び担保の提供を含む。以下同じ。）を行っていること（自己と出資，人事，資金，技術，取引等において緊密な関係のある者が行う融資の額を合わせて資金調達額の総額の過半となる場合を含む。）。

　⑤ その他他の企業の意思決定機関を支配していることが推測される事実が存在すること。

(c) 自己の計算において所有している議決権（当該議決権を所有していない場合

を含む。）と，自己と出資，人事，資金，技術，取引等において緊密な関係があることにより自己の意思と同一の内容の議決権を行使すると認められる者及び自己の意思と同一の内容の議決権を行使すると認められる者及び自己の意思と同一の内容の議決権を行使することに同意している者が所有している議決権と合わせて，他の企業の議決権の過半数を占めている企業であって，かつ上記（b）の②から⑤までのいずれかの要件に該当する企業

ここで，「自己の計算において」とは，行為の経済的効果が実質的に自己に帰属するという意味であり[10]，所謂，名義株[11]の取扱いを明らかにするための表現である[12]。

会計上，「自己の計算において」の名義株の取扱いに関する運用に関し，具体的なガイドライン等はないが，判例（東京地裁1982年3月30日判決）が参考になると思われる。

具体的には，実質上の株主の認定に関しては，次の要素を総合的に判断することになると考えられる[13]。

・株式取得資金の拠出者
・名義貸与者と名義借用者との関係及びその間の合意の内容
・株式取得（名義変更）の目的
・取得後の利益配当金や新株等の帰属状況
・名義貸与者及び名義借用者と会社との関係
・名義借りの理由の合理性
・株主総会における議決権の取扱及び行使の状況

このように支配従属関係により，子会社を定義する考え方を「支配力基準」という[14]。

1997年，連結財務諸表原則の改訂を含む企業会計審議会の意見書において，「証券取引法」に基づくディスクロージャー制度においては，これまで個別情報を中心としており，連結情報は個別情報に対して副次的なものと位置付けられてきた。しかし，多角化・国際化した企業に対する投資判断を的確に行ううえで，企業集団に係る情報が一層重視されてきているため，連結情報を中心と

するディスクロージャー制度への転換を図る。」とされた。

その後，1998年に，関係省令の改正に先立ち，企業会計審議会から「連結財務諸表における子会社及び関連会社の範囲の見直しに係る具体的な取扱い」が公表され，他の会社の意思決定機関への支配力を基準として子会社を判定する支配力基準が導入されることとなったのである。

1－3－2．例外規定

（1）更生会社，破産会社等の特例

更生会社や破産会社などで，親会社の有効な支配が及ばず組織の一体性を欠くと判断される場合には，子会社には含まれないと規定されている(同基準第7項)。

更生会社や破産会社が，親会社の有効な支配が及ばない場合があると考えられる理由としては，これらの会社は，「裁判所の管理を受ける」「財産の処分権などが管財人などに委ねられている」がためと説明されるのが，一般的である[15]。

「連結財務諸表原則」[16]（以下，「原則」と言う。）策定当時は，次のように説明されている[17]。

- 子会社のうち，次に該当するものは連結の範囲に含めないものとする。
  ① 更生会社，整理会社等有効な支配従属関係が存在しないため組織の一体性を欠くと認められる会社
  ② 破産会社，清算会社，特別清算会社等継続企業と認められない会社（「連結財務諸表原則」第三の一の3）

更生会社は，更生手続の開始の申立（会社更生法[18]第17条以下）の段階では親会社の支配権は及ぶが，更生手続開始の決定（同法第41条以下）と同時に，裁判所は1人又は数人の管財人を選任し，管財人が更生会社の管理権を得ることになるため，親会社との間の支配従属関係は断たれ，組織の一体性を欠くに至る，ためであると説明される[19]。

1999年以降，倒産処理法制は大きく変更された[20]。

以下に説明する，倒産処理法制見直し前かつ「連結財務諸表に関する会計基準」策定前においても，更生会社，破産会社等に関しての取扱いに関しては議

論があったところである。
　具体的には，次のような議論である[21]。
- 連結財務諸表原則，連結財務諸表規則では，破産会社，清算会社等については「継続企業と認められない」ため連結から除外しなければならないとしているが，「継続企業と認められない」ということ自体は連結から除外する直接の理由にはならない。このことは，たとえば会社がある事業部門からの撤退を決めたとき，当該事業部門は継続企業と認められなくなるが，このような撤退事業に係る資産及び損益は，撤退完了まで連結財務諸表に反映されなければならないことからも伺い知れる。このより具体的なよりどころは，当時の米国の会計原則に求められ，米国の会計原則（当時－橋上）では，撤退事業について概略次のような会計処理を要求していた（米国公認会計士協会会計原則審議会意見書第30号『経営成績の報告』）。
- 撤退事業に係る損益は，当年度及び過年度の損益計算書上，継続事業に係る損益と区分して表示すること。撤退事業に係る損益は，さらに営業損益と処分損益とに分けて表示すること。
- 撤退事業に係る処分損益は，撤退計画が具体的に確定した時点で見積り計上すること。処分損益が見込まれる場合には，当該処分益は実現時点で計上すること。
- 撤退事業に係る資産，負債については，これを貸借対照表上で区分表示するかまたは脚注で概要を説明すること。
- 撤退計画の概要等を脚注で開示すること。

　なお，ここでいう"撤退"事業とは，1つの事業部門からの全面的撤退をさし，当該事業が子会社で営まれている場合も含まれるが，1つの事業部門の部分的撤退は含まれていない。
　したがって，破産会社，清算会社等が連結から除外される理由も，更生会社等の場合と同様に「有効な支配従属関係」が存在しない点に求めるべきである。
　このことは，逆にいうと，更生会社や清算会社であっても，有効な支配従属関係が存在している限り，連結の範囲に含めるべきである[22]ということになる。例えば，更生会社の製造技術等に着目し，当該更生会社の株式の過半数を新た

に取得して，親会社が中心となってその再建・拡張を推し進めているような場合がある。また，親会社がその事業計画の達成又は変更により，ある子会社を法律的には清算会社としているが，実質的には親会社の支配下にある休眠会社と異ならない場合がある。このような場合には，いずれも，有効な支配従属関係が存在していると考えられるので，更生会社や清算会社といえども連結範囲に含めるべきである[23]。

現在の倒産処理法分野において，子会社に該当するか否かに関し，検討が必要なケースの基本的な考え方は，上記と同様であると考えられる。

特に，倒産処理法制の抜本的な見直し後においては，会社更生，民事再生，破産と法的手続が違うことの意味が薄れてきているとの見方もあり[24]，例えば，清算型破綻処理手続の典型である破産手続の中でも，事業を継続して事業価値を維持しながら事業譲渡をするような法制の変更[25]及びケースも多くなっているという実情[26]がある。

したがって，子会社に該当すべき支配従属関係の範囲は，倒産処理法の改正により，会計理論上及び会計法規上拡大しているものと解釈すべきであると考える。

また，特別清算[27]の利用に関しては，清算株式会社の清算に際して，簡易で柔軟な清算手続の可能性を提供するものであるが，実際には，このような手続の利用方法（本来型）だけでなく，親会社が子会社の清算に際して，債権免除（貸し倒れ）の損金算入を可能にするため[28]に使われる場合（対税型）も多いと言われている（「対税型」とは，親会社が子会社に対する債権をすべて買い受けて簡易迅速に特別清算を終了させ，免除部分を損金算入できる税法上のメリットを享受するもので，特別清算によらなければ「寄付金課税」をされる虞がある。）[29]。

このような，対税型の特別清算のケースは，親会社が子会社を支配しているからこそ成り立つ法的関係と解釈すべきであり，会計理論上も，子会社に該当すべき特別清算会社と理解するのが妥当と思われる。

清算型破綻処理手続における子会社の範囲が拡大しているのであれば，再建型倒産処理法に関する分野においては，より子会社に該当する範囲は拡大したと考えるのが妥当である。

第 1 章　我が国の連結範囲規制を巡る課題 | 19

　具体的には，会社更生法における「DIP 型の会社更生」による場合，民事再生法による場合である。
　「DIP 型の会社更生」とは，債務者が占有を継続し続ける"Debtor in Possession"という形で裁判所の指導の下で会社更生法を適用する場合をいう，とされる[30]。
　会社更生法第67条第3項では，「裁判所は，第100条第1項に規定する役員等責任査定決定を受けるおそれがあると認められる者は，管財人に選任することができない。」と規定していることから，旧経営陣たる役員も（更生）管財人になり得ることが前提となっている。
　しかし，長い間実務においては，かかる DIP 型管財人は選任されてこなかった。
　その理由としては，担保権の行使すら全面的に止めてしまう程の強力な効果を有する会社更生手続（同法第47条第1項）においては，それとのバランス上，高度な公正さが要求されるため，DIP 型ではなく外部から選任された者が管財人につくべきと考えられたからと考えられている[31]。
　こうした中で，民事再生法[32]の立法等の要因により，実務上，経済的危機状態に至っても経営権を手放すことに躊躇する経営陣は多く，その結果として，会社更生手続よりも DIP 型を原則とする民事再生手続の利用が好まれるという状態が発生し，会社更生手続という強力な倒産手続の有効利用を阻むことになりかねないという懸念が，裁判所において生じた[33]。
　そこで，東京地方裁判所民事8部は会社更生手続を利用しやすくすべく2008年12月に DIP 型管財人の選定基準を法律雑誌[34]に発表するに至った[35]。
　当該法律雑誌記事の執筆者の1人である東京地方裁判所民事第8部 部総括判事の難波孝一氏は，この発表に関して，その趣旨を説明している[36]。
　但し，DIP 型会社更生が認められる条件に関しては，東京地方裁判所民事第8部から以下の4つの条件をすべて満たすことが必要であることが示されている[37]。
　a）現経営陣に不正行為等の違法な経営責任の問題がないこと。
　b）主要債権者が現経営陣の経営関与に反対していないこと。

c）スポンサーとなるべき者がいる場合はその了解があること。

d）現経営陣の経営関与によって会社更生手続の適正な遂行が損なわれないこと。

DIP 型の会社更生のケースにおいては，現経営陣が管財人として残り，また，スポンサーが親会社，親会社の緊密者[38]，同意者[39]，子会社，関連会社等である場合は，親会社と当該 DIP 型会社更生法被適用子会社との間には支配従属関係は遮断されているとは言えない場合があると考えられる。

すなわち，この場合は，当該 DIP 型会社更生法被適用子会社は，親会社の子会社と考えるのが妥当である。

別の問題として，スポンサーが，親会社，親会社の緊密者，同意者，子会社，関連会社以外の場合，当該被 DIP 型更生会社を「支配」している者は，誰なのかという疑問が生じる。

例えば，ソフトバンク株式会社の 2013 年 7 月 1 日付けプレスリリースによると，ソフトバンク株式会社は，2010 年 8 月に，会社更生手続中の株式会社ウィルコムのスポンサーに就任し，事業家管財人を派遣するとともに，事業家管財人を派遣するとともに，事業運営及び更生計画の遂行に必要な支援を行い，2010 年 12 月に同社の全発行株式を取得した。

その後，2013 年 7 月 1 日，東京地方裁判所から会社更生手続終結の決定を受け，これにより，株式会社ウィルコムは，同日付けで株式会社ソフトバンクの連結子会社になったと，公表している。

このケースにおいては，株式会社ウィルコムが，ソフトバンク株式会社の子会社になったのは，遅くとも，2010 年 12 月の時点ではなかったのではないかと考えられる。

なお，スポンサーは，所謂ビッドと言われる入札手続によってスポンサーが選定されるが，ビッドに参加する複数の候補者が，会計面・法務面のデューデリジェンスを行って，買収提案をし，提案を受けた側は，単に金額だけの問題だけではなく，信頼性や過去の実績など，色々なことが加味される[40]。

スポンサー自身が，ビッドに参加し，株式取得を行う場合，当該スポンサーの当該 DIP 型被会社更生法適用会社は，当該スポンサーに支配されていると

考えるのが妥当と考えられるため，当該スポンサーの子会社に該当することになると思われる。

被民事再生法適用子会社においては，以下の理由により，原則，親会社と子会社の支配従属関係は遮断されない場合が比較的多いと考えるのが妥当である。

a) 監督委員の監督を受ける場合はあるが（民事再生法第54条以下），再生手続が開始された後も，再生債務者が業務を遂行し，その財産を管理する権限を継続できること。

b) 民事再生の場合は，原則として組織上の変化は生じないため，手続開始後も株主総会もあり，取締役会・監査役会，会計監査人監査（会社法上の大会社等の場合）もあること[41]等。

(2) 特別目的会社-資金調達型

(A) 会計基準の規定

「連結財務諸表に関する会計基準」第7-2項では，一定の要件を満たした特別目的会社に関しては，「支配力基準」において子会社に該当するとしても，「子会社に該当しないものと推定する」という規定を置いている。一定の要件とは，以下の条件を全て満たすことである。

a)「資産の流動化に関する法律」（平成10年（1998年）法律第105号）[42]第2条第3項に規定する特別目的会社及び事業内容の変更が制限されているこれと同様の事業を営む事業体であること。

b) 適正な価額で譲り受けた資産から生ずる収益を当該特別目的会社が発行する証券の所有者に享受させることを目的として設立されたものであること。

c) 特別目的会社の事業がその目的に従って適切に遂行されていること。

(B) 企業の証券化における会計上の問題の所在

企業の資金調達手段として，伝統的な，銀行等からの借入や社債の発行，株式の発行等による資金調達手段に加え，近年は，自社の所有する資産の証券化

等を通じて流動化させ，資金調達を行う事例が多くなってきた。

　一方で，資金調達手段に証券化が用いられるとしても，それはあくまで，資金の融通，すなわち，取り込みが目的であるということは，伝統的な，借入・社債・株式による資金の融通と，目的において何ら異なることものではないことは，明らかである。

　にもかかわらず，企業会計においては，資金調達手段が，証券化を通じて行われる場合，資産が，証券化のためのSPV（Special Purpose Vehicle：特別目的ビークル）を通じて行われるため，企業の個別財務諸表に，証券化の基礎となっている自社の資産および資金調達の手段（SPVにおける借入金・社債・受益証券など）が，表示されず，企業の資金調達手段が，債権者・投資家等の利害関係者に見えないという現象が生じている。

　このような場合，企業が，資産の証券化に利用したSPVを，連結すれば，企業の連結財務諸表に証券化の基礎となっている自社の資産および資金調達の手段（SPVにおける借入金・社債・受益証券など）が，表示され，伝統的な資金調達手段における場合と同様，企業の資金調達活動が，債権者・投資家等の利害関係者に見える。

　企業の資金調達活動を，債権者・投資家等の利害関係者が，財務諸表において，明確に把握するということは，「企業会計原則」[43]の「第一　一般原則　四」において示されている「企業会計は，財務諸表によって，利害関係者に対し必要な会計事実を明瞭に表示し，企業の状況に関する判断を誤らせないようにしなければならない。」とする，『明瞭性の原則』に則って当然のことである。

　しかしながら，近年における，会計不祥事の一因として，企業が，証券化を通じた資金調達を，不良資産等の問題資産の隠蔽の手段として，悪用していたことが挙げられる。

　個別財務諸表において，その内容が債権者・投資家等の利害関係者に見えず，また，連結財務諸表においても，SPVを連結しない場合，やはり，その内容が債権者・投資家等の利害関係者に見えず，その結果，不良資産等の問題資産が，債権者・投資家等の利害関係者に隠蔽されてしまっていたのである。

(C) 資産証券化という資金調達手段の意義
　(ⅰ) 資産の証券化の目的
　　　証券化の目的を広く一般的にいえば，格付けもなく信用度が低くてかつ流動性にも乏しい個別の金融債権や不動産という資産を，格付けがあり信用度が社会的に認知された流動性の高い証券取引に転換することであり，間接金融を直接金融に転換しながら，個別の金融債権や不動産に付随する価格危険や利子率危険を，他機関に転嫁・分散することである[44]。
　この証券化の目的をもう少し具体的に見ると，例えば，次のとおりであると言える[45]。
　金融機関の証券化の目的は，主として，以下の4項目と言える。
① 保有金融債権（原資産）を貸借対照表から切り離して簿外（オフバランス）化により財務構成を軽装化し，債権保有に伴う金利変動危険を回避しつつ自己資本比率の上昇を図ること。
② オリジネーター（証券化組成者）となり，その原資産集積体をその受け皿として設置したSPVに資産売却して，資産の流動化（現金化）による資金回収を行うこと。
③ SPVに証券を発行させて自己金融する仕組みを構築し，一方でSPVのサービサー（債権・債権管理代行業者）となって，原資産の元利払い徴収と発行証券の元利払い執行の業務を代行して手数料を稼ぐ新ビジネスを創出すること。
④ 保有資産の証券化を通じて，自らの総合的資産・負債管理による財務内容の優良化を図りつつ，回収資金を新規の投資に振り向けて企業成長を図ること。
　一方，非金融機関である一般事業会社の場合は，SPVの機能に係わる共通項に加えて，証券化の目的は，以下の5項目において，対象事業の不動産や施設設備や予想収益を担保として必要資金の一部または全部を自己金融化すること等に尽きるとされる。
① 保有資産を流動化して株式発行以外の直接金融の方途を得ること。
② 売掛金回収期間の短縮による使用総資本回転率向上を図ること。

③ 有利子負債の減額による資本コストの低減化を図ること。
④ 一部資産切離しにより自己資本比率を向上させること。
⑤ 大規模不動産開発や大規模事業計画の資金調達（プロジェクト・ファイナンス）。
（ⅱ）我が国の証券化の問題点
　我が国の証券化の問題点として，次のようなことが挙げられている。

■　証券化が内部化している事例が多いこと
　特定企業グループや系列企業間でのみで証券化事業が完結してしまうことが，証券化が内部化しているということである。
　証券化の目的は，保有資産を流動化して「外部から新たな資金を獲得すること」なのである。
　しかし，大手不動産会社の商業用不動産の例を挙げると，その不動産への入居者は殆どが発行体の子会社か傘下の系列企業で，発行証券の購入者もこれらテナント企業と系列銀行や保険会社等が大半というものである。
　また，大手銀行の本社ビルと一等地にある自己保有ビルを証券化した例では，発行証券の買手は，発行体が大株主である系列保険会社や投資信託会社，子会社の証券会社や信託銀行や信販会社のみであったという事例もある。
　これらは，受益証券の流通市場が完全に成立していないことと係わりがあるものの，当初から，証券化による会計技術的便益利用を目的とした特定グループ内の証券媒介の資金回しとなっている事例も数多くある[46]。
　会計技術的便益利用とは，不動産等の資産を，SPVに移転する際に，「固定資産売却益」等の収益が計上され，結果として，そこで利益が生じるが，不動産が，ただ単にSPVに移転しただけで，その使用の実態が，SPVへの不動産の移転の前後で，変わらないのに，収益及び利益を計上することを，企業会計が，必ずしも明確に否定していないことを利用した「益出し行為」を言う。
　この場合，「企業会計原則」の「第二　損益計算書原則　A」の「…ただし，未実現収益は，原則として，当期の損益計算に計上してはならない。…」という『実現主義』の原則に違反しているのではないか，という疑義が生じる。
　先の大手不動産会社の商業用不動産の例，大手銀行の本社ビルと一等地にあ

る自己保有ビルを証券化した例等では，企業会計では，収益及び利益計上を明確に否定しているものではないが，その実態を考慮した時，会計処理としても，また，会計監査上の判断においても，グレーゾーンにあるものと考えられる。

- ビックカメラ事件[47]

近時の事例としては，ビックカメラ事件がある。

ビックカメラ事件は，東京都に保有する本社ビルを含む主たる事業所を流動化し，利益を計上した会計処理に関し（「売買処理」），その会計処理を含め会計監査人（監査法人）は無限定適正意を表明する監査報告書を発行していたが，その後，国税当局（内閣府）は会計監査人（監査法人）と同様の判断をした[48]。一方で，金融当局（内閣府）の調査・検査において，「金融取引」と認定され，利益計上が否定された。しかし，結論として，裁判所の最終的な判断としては，以下のとおり「売買処理」を容認している。

会計監査人（監査法人）及び裁判所，並びに国税当局は，本社ビル等の流動化により，利益を計上することは問題ないとする一方，金融当局は問題ありとの判断をした事例であり，同一取引に関し，見解が分かれた異例な事例である。

この事例が示唆するところは，流動化・証券化に関する論点に関しては，十分な連結範囲規制を含む会計統制が確立されていないことを示すものであると言えよう。

以下，当該事件に関し，概要を説明する。

[1] 事案の概要[49]

株式会社ビックカメラ（以下「B」と言う。）は，2002年8月23日に，(1) 信託銀行に対し，所有する池袋本店及び本部ビルの各土地建物（本件対象不動産）を信託譲渡し，この信託譲渡に係る信託受益権（本件信託受益権）を有限会社Mに譲渡すること等を内容とする不動産の流動化（本件流動化）を実行し，本件信託受益権の譲渡を売却取引として会計処理（本件オフバランス取引）。その後，2007年10月に，Mから本件信託受益権を買い戻すことにより本件流動化を終了させ，Mに対し匿名組合出資をしていたため，Mから匿名組合清算配当金

の支払いを受け，これを 2008 年 2 月中間期及び 2008 年 8 月期に，特別利益として計上し（本件利益計上。本件オフバランス処理と併せて，「本件会計処理」と言う。），2008 年 8 月期の有価証券報告書等を提出した。

ところが，2008 年 12 月に証券取引等監視委員会から行政指導を受けて[50]，2002 年 8 月期に遡って本件信託受益権の譲渡を金融取引として認識し本件会計処理を取り消すこと等を内容とする過年度決算の自主訂正（本件決算訂正）を行い，2009 年 2 月 20 日，これを踏まえた上記有価証券報告書等の訂正報告書等を提出した。そして，金融庁長官により，上記有価証券報告書等に虚偽記載があったことなどを理由として，課徴金（本件課徴金）の納付命令を受けた[51]ので，これを納付した。

そこで，B の株主である X が，本件流動化の実行に係る本件会計処理等に係る任務懈怠を理由とする，当時取締役又は監査役であった Y1 ないし Y5 に対する 2005 年改正前商法第 266 条第 1 項第 5 号に基づく損害賠償請求及び本件流動化終了に係る本件会計処理等に係る任務懈怠を理由とする，当時取締役又は監査役であった Y1 及び Y8 ないし Y8 に対する会社法第 423 条第 1 項に基づく損害賠償請求などを主位的請求とし，また，本件課徴金の納付の意思決定をしたことに任務懈怠があったことを理由とする，当該取締役又は監査役であった Y1 及び Y3 ないし Y8 に対する会社法第 423 条第 1 項に基づく損害賠償請求を予備的請求として，代表訴訟を提起したのが本件である。

なお，B は，本件流動化当時，商法特例法上の大会社であったが，証券取引法（当時）に基づく有価証券報告書提出義務は負っておらず，新規株式公開のために 2006 年 7 月 12 日に初めて有価証券届出書を提出し，同年 8 月 10 日に JASDAQ 証券取引所にその普通株式を上場した。

また，Y2 は，本件流動化当時，B の代表取締役社長であり，その議決権を直接に又は間接に 100％ 保有していた（直接保有 86％，Y2 が全株式を保有していた株式会社 K を通じた間接保有 14％）。そして，Y2 は T が M に対して優先匿名組合出資をするために金融機関 4 行から合計 75 億 5,000 万円の借入れを行うに際して，①自己が保有する B 株式及び ②10 億 5,000 万円の Y2 名義の定期預金に担保を設定した（本件担保提供）。この借入れに対して，B は T が H 銀行から

優先匿名出資資金の借入れを行っていることを確認すること，BはTがH銀行からの借入金債務の履行が滞ることがないように，最大限の指導をすることを内容とするTの指導に関する確認書（本件確認書）を提出していた。さらに，②Y2名義の10億5,000万円の定期預金の原資として，2002年8月21日付けで，BからKに対して10億5,000万円の短期貸付がなされ，さらに，KからY2への同額の短期貸付がなされた。

[2] 第1審判決[52]

ここでは，判決のうち会計処理に関する部分をピックアップしている。

I　TがBの子会社となるか否か等に関する事実の評価について

「Y2は，本件流動化の実行当時，Bの代表取締役であったから，Bの代表取締役であったから，Bの「緊密者」に該当するといえるところ，そのY2が本件出資によって実質的にTの全ての株式を保有するとともに，Tの資金調達額の総額の過半について本件担保提供を行っていたことに照らせば，BとTとの関係は，財務諸表等規則8条4項3号，2号ニに掲げる場合に該当し，形式的には，TがBの子会社に該当するとも考えられる。

そこで，BがTの「意思決定機関を支配していないことが明らかであると認められる会社」（同規則4項柱書但書）に該当するか否かを検討するに，前記のとおり，本件流動化の実行当時Y2は，Bの代表取締役であるとともに，Bの株式の全てを実質的に保有する株主であったから，Y2がBの意思決定機関を完全に支配していたものと認められる一方，BがY2の意思決定を支配するという関係にはなかったものと認められるから，結局，BがY2を通じてTの意思決定機関を支配することはなかったものということができる。

そうすると，Bは，Tにとって「意思決定機関を支配していないことが明らかであると認められる会社」（同項柱書但書）に該当するという余地も十分にあると考えられるから，本件流動化の実行当時において，TがBの子会社に該当するものと断定することはできないというべきである。

なお，この点につき，Xは，本件流動化の当時Bの代表取締役であり，か

つ，Bの株式の全てを実質的に保有する株主であったY2が，Tの株式の全てを実質的に保有する株主であった以上，Bの議決権行使の意思は，Y2の議決権行使の意思と同一となり，BがTを支配していうことは明らかであるから，TはBの子会社に該当する旨主張する。しかしながら，Y2とBの議決権行使の意思が結果的に同一になるとしても，それは，Y2がBを支配していることによるものであって，BがY2を支配していることによるものであって，BがY2を支配していることによるものとはいえないから，結局，BがY2を通じてTを支配しているということはできない。」

Ⅱ　日本公認会計士協会「会計制度委員会報告第15号「特別目的会社を活用した不動産の流動化に係る譲渡人の会計処理に関する実務指針」第40項の規定と本事件への当てはめ

「流動化実務指針第40項なお書きが，譲渡人の親会社の子会社がリスクを負担する場合には，当該リスクを含まないで算定するとしている趣旨は，かかる場合には，当該子会社が負担するリスクを最終的に負担するのは当該親会社であり，譲渡人がかかるリスクを負担することにはならないため，実質的にリスク移転の有無を判断するに当たっては，当該リスクを譲渡人が負担するリスクに含める必要はないとの考え方に基づくものと解される。

そうすると，仮に，TがBの子会社に該当するとしても，本件流動化の実行当時，B及びTの全ての株式を実質的に保有していたY2は，B及びTの親会社類似の立場にあり，Tが負担するリスクは，実質的な出資者であるY2が最終的に負担することとなり，Bがかかるリスクを負担するものではないから，流動化実務指針第40項なお書きの上記趣旨に照らし，Tが負担するリスクをBが負担するリスクに加算しないことも，流動化実務指針上，許容されているものと考えられる。…Tが負担するリスクをBが負担するリスクに加算しないという見解によれば，…Tが負担するリスクをBが負担するリスクに加算しないという見解によれば，…Bのリスク負担割合は，本件対象不動産の価格（290億円）の「概ね5％の範囲内」[53]となるから，本件オフバランス処理は，流動化実務指針には反しないことになる。そして，西村あさひ法律事務

所の弁護士・公認会計士が本件出資の事実及び本件担保提供の事実を前提としても本件オフバランス処理が認められるとの意見を述べ…，あずさ監査法人も本件出資の事実及び本件担保提供の事実を前提として平成20年8月期の連結財務諸表及び財務諸表につき適正意見を表明している…など，複数の専門家からも本件オフバランスが処理が適法であるとの見解が示されていることからすれば，かかる見解は，当時の専門家の間でも相応の正当性が認められるものとして受け入れられていたものといえる。」

Ⅲ　担保提供が本判決に影響を与え得るものであったかの可否
　「…本件担保提供に係る定期預金10億5,000万円に係るB，K及びY2の消費貸借関係は平成17年には全て精算されていることに加え，Y2がBの株式の全てを実質的に保有する株主であったこと等からY2には10億5,000万円を返済する能力があったと言えることに照らせば，同消費貸借関係は，一時的なものであったと認めるのが相当である上，Tが破綻した場合に担保喪失のリスクを負っているのは飽くまで担保提供者であるY2個人であり，Tが破綻した場合にBがKから上記10億5,000万円を回収することができなかったことを認めるに足りる証拠ではないから，BがTに対して実質的に担保を提供したと評価することはできない。また，Bが差し入れたという…確認書の内容は明らかではないし，これによって保証類似の効力が発生することを認めることもできないから，BがTと同額の経済的リスクを負っていると評価することもできない」。本件流動化を金融取引として処理することを内容とする本件有価証券報告書等の訂正報告書および訂正届出書を提出し，本件課徴金の納付命令の一切の異をとどめず，本件課徴金を納付したというようなBの各行動は，「上場廃止を回避し，本件決算訂正をめぐる問題を収束させるために経営上の判断として行われたものであることは前記認定のとおりであり，Bが法律上の判断としても本件会計処理の違法性を認めたものとはいえない。また，そもそも本件会計処理の適法性は，最終的には，本件流動化の内容，仕組み等から客観的に判断されるべきものであって，Bが違法性を認める行動を取っていたか否かによって判断が左右されるものえはないから，いずれにしても原告の主張には

理由がない。…以上によれば，流動化実務指針がＢにとって唯一の公正な会計慣行であったか否かにかかわらず，本件オフバランス処理が流動化実務指針に反する違法なものであったと認めることはできず，また，これを前提とする本件利益計上も違法であったものと認めることはできない。」

主位的請求は，「被告らは，株式会社ビックカメラに対し，連帯して22億5,353万円及びこれに対する被告Y1及びY5については平成22年3月14日から，被告Y2，被告Y4，被告Y6，被告Y7及び被告Y8については同月13日から，被告Y3については同月15日から，それぞれ支払済みまで年5分の割合による金員を支払え。」，というものであった。

また，予備的請求は，「被告1，被告Y3，被告Y4，被告Y5，被告Y6，被告Y7及び被告Y8は，株式会社ビックカメラに対して，連帯して2億5,353万円及びこれに対する平成24年1月31日から支払済まで年5分の割合による金員を支払え。」，というものであった。

原判決（主文）は，「1　被告Y2に対する主位的請求に係る訴えのうち民法415条に基づく損害賠償請求に係る部分を却下する。2　原告のその余の主位的請求をいずれも棄却する。3　被告Y1及びY3に対する予備的請求に係る訴えを却下する。4　原告のその余の予備的請求をいずれも却下する。5　訴訟費用は原告の負担とする。」と判断したので，原告Xは，これを不服として控訴した。

[3]　控訴審の判断[54]

控訴審判決は，控訴を棄却した[55]。

控訴審判決は，原審判決を若干の補正を加えて全面的に引用し，以下の判示を加えた。会計処理に関する主要な補正は以下の2点である[56]。

(1) 原判決50頁12行目から15行目までを次のとおり改める。

「(6) 以上に加え，東京国税局が，本件流動化の実行が売却処理と認められないのではないかとの疑問を持ち調査を行ったが，最終的には特に問題とすることもなく調査が終了し，また，弁護士及び公認会計士に確認したところ，本件信託譲渡を売買取引であるとし，本件利益計上を相当とするとの意見を得られたことからすれば，本件オフバランス取引が流動化実務指針に反するもので

なかったとすることや，これを前提とする本件利益計上をすることについて相当の根拠が認められるので，これを違法とすることはできない。」

(2) 原判決 50 頁 20 行目末尾の次に改行して次のとおり加える。
「また，流動化実務指針の子会社の解釈につき異なる見解が対立し，実務上の取扱いも分かれており，TがBの子会社に当たるか否かについてもそのいずれの見解にも相当の根拠が認められる場合に，取締役又は監査役がその一方の見解を正当と解しこれに立脚して職務を行ったときは，後に上記取締役又は監査役に過失があったものとすることは相当ではないと解するべきである（最高裁昭和46年6月24日第一小法廷判決・民集25巻4号574頁参照）。そして，前判示のとおり，本件オフバランス処理が流動化実務指針に反するものでなかったとすることや，これを前提とする本件利益計上をすることについて相当の根拠が認められるのであるから，本件流動化の実行についてY2に過失があったとは認められない。したがって，この点から見てもXの主張は採用することができない。」

なお，主位的請求は，「被控訴人らは，株式会社ビックカメラに対し，連帯して22億5353万円及びこれらに対する被控訴人Y1及び被控訴人Y1及び被控訴人Y5については平成22年3月14日から，被控訴人Y2，被控訴人Y4，被控訴人Y6，被控訴人Y7及び被控訴人Y8については同月13日から，被控訴人Y3については同月15日からそれぞれ支払済みまで年5分の割合による金員を支払え。」であり，主文は「1 本件各控訴をいずれも棄却する。2 控訴費用は控訴人の負担とする。」であった[57]。

なお，上告・上告受理申立てはなされず，確定した[58]。

[4] ビックカメラ事件判決と連結範囲規制
① 意思決定機関を支配していないことが明らかであると認められる会社
第1審判決及び控訴審判決（以下，「本判決」と言う。）は，会計のルールについて，詳細に解釈を行った数少ない裁判例であり，しかも，財務諸表等規則第8条第4項柱書但書にいう「財務上又は営業上若しくは事業上の関係からみて他の会社等の意思決定機関を支配していないことが明らかであると認められる会

社等」についての解釈を示した点で意義を有する[59]。

本件においては，Y2はTの発行済株式全部を保有するとともに，Bの発行済株式をも実質的に100％保有する株主であり，Y2がBの意思決定機関を支配していたから，Tを実質的に支配していたのはY2個人でありBではない[60]。すなわち，Y2がTの意思決定を支配するに当たって，BがY2の意思決定を支配したり，Y2の意思決定に重要な影響を与えるという関係にはなく，BがY2を介してTの意思決定機関を支配するという関係は存在していなかった[61]。

そもそも，例えば，複数の株式会社がある自然人による共通支配下にあり，当該自然人がそれらの会社の（代表）取締役であるような場合に，財務諸表等規則第8条第4項を形式的に適用し，同項柱書但書の適用がないとして，一方の会社が他方の会社の子会社に当たると解すると，極めて奇妙な帰結が導かれることになる[62]。すなわち，本件において，Y2が，Tの役員も兼務し，Bの借入れの過半につき連帯保証をしていたという事実があったとすると，BはTの子会社になってしまったはずである[63]。しかし，BとTが相互に他方の会社の子会社になるという帰結は明らかに不合理である[64]。

② 流動化実務指針とオフバランス処理の可否並びに連結範囲規制

日本公認会計士協会会計制度委員会報告第15号「特別目的会社を活用した不動産の流動化に係る譲渡人の会計処理に関する実務指針」[65]（「流動化実務指針」と判決では記載されている。）は，子会社・関連会社のリスク負担は譲渡人のリスク負担割合に加えるとする（第16項）。

一方で，第3項では，「リスク・経済価値アプローチによって判断することが妥当である。」としている。

したがって，リスク・経済価値アプローチの考え方に沿うように，第12項[66]以下の規定は解釈されなければならないが，本判決は，この点を念頭に置いて，第40項なお書きを適用するというアプローチを採用したものとしたものということができる，と言われる[67]。BとTは，本件流動化当時，Y2が議決権を100％保有する会社同士であり，実質的にはY2の下での兄弟会社の関係にあった[68]。企業会計基準委員会・企業会計基準第21号「企業結合に関する会計基準」[69]（かつての企業会計審議会「企業結合に係る会計基準」[70]）における「共通支配下の取引」の

定義（第16項[71]）では，支配する株主が会社等の法人であるか自然人であるかによって差異を認めていない。

　流動化実務指針の第40項なお書きの合理性を説明しようとすれば，兄弟会社[72]間では，通常は，リスクは波及しないので[73]，注意的に定めたとでも説明することになろうから，実質的に考えても，支配株主が法人であるか自然人であるかによって異ならないことになる[74]。そうであれば，本件の事実関係の下では，第40項なお書きが妥当するという本判決には説得力がある[75]，という見解があり，筆者も賛成である。

　但し，本社や重要拠点の流動化を行う場合は，金融当局・国税当局が主張した金融取引なのか，会計監査人（監査法人）・弁護士・判示が容認した売買取引なのか，極めて慎重に，取引の目的をあらゆる角度から検証し，文書化しておくことが重要であることが周知された事件であったことには，今後も流動化における要注意先例として経済界，公認会計士等に警鐘を鳴らした取引事案・事件であったと考える。

■　発行証券の流動性の高い流通市場が成立していないこと
　証券化商品においては，発行証券の流動性の高い流通市場が成立していないために，多数の個人投資家を含む第三投資家を市場に呼び込むことができないと言われる。
　日本証券業協会のホームページに証券化商品の店頭売買気配値が掲載されているが，取引の量的な不足で流動性が低く，換金性がよくないとされる[76]。この状況により，資産の証券化が，内部化するケースが存在する一つの要因になっているものと考えられる。

■　真実の資産売却（真正売却）になっていない事例が多いこと
　真実の売却（真正売却）になっていないというのは，優先劣後構造を設定した場合に，その劣後部分を発行体自身が保有している場合が多いことである。米国の投資会社等のように，ハイリスク・ハイリターンの資本投資をする経済主体が，我が国には，ほとんどないため，発行体自身が持たざるを得ないこと

も一因と言われる。

しかし，これでは，実質的に資産を発行体の本体の貸借対照表から切り離したことにならず，元の資産の危険性を抱えたままになってしまう。

一例では，発行体の所有劣後割合が，3割近いものもあるとされる[77]。

資産の貸借対照表からの消滅の認識に関しては，不動産及び金融商品に関し，次のような規定がある。

● 不動産

2000年7月31日に日本公認会計士協会は，「会計制度委員会報告第15号『特別目的会社を活用した不動産の流動化に係る譲渡人の会計処理に関する実務指針』」[78]を公表した。

その第5項において，「不動産が特別目的会社に適正な価額で譲渡されており，かつ，当該不動産に係るリスクと経済価値のほとんどすべてが，譲渡人である特別目的会社を通じて他の者に移転していると認められない場合には，譲渡人は不動産の譲渡取引を金融取引として会計処理する。」と規定した。

そして，第13項において，「…リスクと経済価値の移転についての判断に当たっては，リスク負担を流動化する不動産がその価値のすべてを失った場合に生ずる損失であるとして，以下に示したリスク負担割合によって判定し，流動化する不動産の譲渡時の適正な価額（時価）に対するリスク負担の金額の割合がおおむね5％の範囲内であれば，リスクと経済価値のほとんどすべてが他の者に移転しているものとして取り扱う。そのリスク負担割合は，次のように規定している。」

$$\text{リスク負担割合} = \frac{\text{リスク負担の金額}}{\text{流動化する不動産の譲渡時の適正な価額（時価）}}$$

その結果，証券化する際に，対象資産の5％を超える割合を発行体が自己保有した場合は，証券化と認定せず，貸借対照表から不動産を消滅させる（オフバランスさせる。）ことができない。

● 金融商品

「企業会計基準第 10 号　金融商品に関する会計基準」（以下，「金融商品に関する会計基準」）[79] 第 8 項では，「金融資産の契約上の権利を行使したとき，権利を喪失したとき又は権利に対する支配が他に移転したときは，当該金融資産の消滅を認識しなければならない。」と規定している。

また，第 9 項では，「金融資産の契約上の権利に対する支配が他に移転するのは，次の要件がすべて充たされた場合とする。
(1) 譲渡された金融資産に対する譲受人の契約上の権利が譲渡人及びその債権者から法的に保全されていること。
(2) 譲受人が譲渡された金融資産の契約上の権利を直接又は間接に通常の方法で享受できること。
(3) 譲渡人が譲渡した金融資産を当該金融資産の満期日前に買戻す権利及び義務を実質的に有していないこと。」
と規定している。

なお，第 9 項の「(2) 譲受人が譲渡された金融資産の契約上の権利を直接又は間接に通常の方法で享受できること」に関し，同会計基準（注 4：譲受人が特別目的会社の場合について）では，「金融資産の譲受人が次の要件を充たす会社，信託又は組合等の特別目的会社の場合には，当該特別目的会社が発行する証券の保有者を当該金融資産の譲受人とみなして第 9 項 (2) の要件を適用する。
(1) 特別目的会社が，適正な価額で譲り受けた金融資産から生じる収益を当該特別目的会社が発行する証券の保有者に享受させることを目的として設立されていること
(2) 特別目的会社の事業が，(1) の目的に従って適正に遂行されていると認められること」としている。

(ⅲ) 証券化と連結範囲規制問題

SPV を利用した資産担保証券の特徴は，証券の返済原資が証券化される特定の資産（例えば，住宅ローン，自動車ローン）が生むキャッシュ・フローだけとなる点であり，これが社債であれば，企業の資産全体が生み出すキャッシュ・

フローとなる[80]。

したがって，企業の保有する証券化対象の資産が他の資産に比べて相対的に優良な資産であるとすると，資産を証券化することによって資産担保証券は企業が発行する社債よりも高い格付けを獲得できるメリットもある[81]。

但し，社債についてもSPVを利用した資産担保証券による場合もいずれも，資金調達である点は共通であり，この事実を，オンバランスにて利害関係者に対して表示することが合理的であると考えられる。

(3) 特別目的会社 - 事業遂行型

1998年に企業会計審議会から公表された「具体的な取扱い」の「三 特別目的会社の取扱い」において，以下のような規定が設けられた（「金融商品に関する会計基準」第9項と同質の規定である，と考えられる。）。

●特別目的会社(特定目的会社による特定資産の流動化に関する法律（平成10年（1998年）法律第105号）[82] 第2条第2項に規定する特定目的会社及び事業内容の変更が制限されているこれと同様の事業を営む事業体をいう。以下同じ。)については，適正な価額で譲り受けた資産から生ずる収益を当該特別目的会社が発行する証券の所有者に享受させることを目的として設立されており，当該特別目的会社の事業がその目的に従って適切に遂行されているときは，当該特別目的会社に対する出資者及び当該目的会社に資産を譲渡した会社（以下「出資者等」という。）から独立しているものと認め，上記一にかかわらず[83]，出資者等[84]の子会社に該当しないものと推定する[85]。

1998年に，「特定目的会社による特定資産の流動化に関する法律」（以下，「旧SPC法」と言う。）が施行された当時は，大きな金融不況の真っただ中であり，立法目的は，金融機関が不良不動産担保付不良債権処理に苦悩する中での，特定目的会社を利用した資産流動化の促進による債権回収等であった[86]。より具体的には，旧SPC法は，特に不良債権の処理がバブル崩壊に伴う担保不動産の下落による流動性の欠如により進まなかったことを踏まえ，金融機関等からそのリスクを解放し，流動化させて投資家にリスクの転嫁を行い，金融機関

等の自己資本比率の改善を図ろうとしたものである[87]。

その後，旧SPC法はスキーム上の制約も多く，不動産証券化ニーズに適合することが困難であったため等の理由により，2000年に改正法が施行された。しかし，「具体的な取扱い」の「当該特別目的会社に対する出資者及び当該特別目的会社に資産を譲渡した会社（出資者等）」が広く解釈されることになってしまい，特別目的会社を設立し，これに一定の事業（例えば，資産の購入，資金調達，開発事業等）を行わせ，これを連結対象外とする実務が，例えば不動産業等において，発達していった，[88]と言われる。

これは，特別目的会社を子会社としない趣旨がその「事業体としての受動的性格」や「資産から生ずる収益を証券の保有者に享受させる目的のビークル」であったことよりも，「出資者及び資産を譲渡した会社」に偏った解釈が行われたことによるものと思われるとの見方がある[89]。

「連結財務諸表に関する会計基準」第49-5項において，2011年改正基準公表前の検討過程において，「…注記による開示は本表を補足するものであって，事業の一環として営む特別目的会社については，連結財務諸表に含めることが経済的実態を反映する会計処理であるとする意見もあった。」との記述がある。特に問題があると考えられる事業として開発型不動産事業が挙げられる。

企業会計基準委員会では，2007年3月に，出資者等の子会社に該当しないものと推定された特別目的会社について，その概要や取引金額等の開示を行うことを定めた企業会計基準適用指針第15号「一定の特別目的会社に係る開示に関する適用指針」を定めた。

しかし，有価証券報告書における開示では，特別目的会社の利用目的として，バリューアップ，事業の一環，プロジェクト管理の明確化等の説明がなされており，本業の色彩が強いという指摘がある[90]。

本業の延長線あるいは本業そのものでも遂行されている場合における，特別目的会社は，本来の「連結財務諸表に関する会計基準」及び「具体的な取扱い」の規定の趣旨に従い子会社と考えるのが妥当であると考える。

（4）ベンチャーキャピタルなどの投資企業（投資先の事業そのものによる成果ではなく、売却による成果を期待して投資価値の向上を目的とする業務を専ら行う企業）の特例

（A）会計基準の規定

「企業会計基準適用指針第22号 連結財務諸表における子会社及び関連会社の範囲の決定に関する適用指針」（企業会計基準委員会，2008年，以下，「連結適用指針」と言う。）[91] 第16項（4）では，ベンチャーキャピタルなどの投資企業が投資育成や事業再生を図りキャピタルゲイン獲得を目的とする営業取引として，他の企業の株式や出資をしている場合において，「連結財務諸表に関する会計基準」第7項にいう他の企業の意思決定機関を支配していることに該当する要件を満たしていても，次のすべてを満たすとき（但し，当該他の企業の株主総会その他これに準ずる機関を支配する意図が明確であると認められる場合を除く。）には，子会社に該当しないことにあたる，とされている。

① 売却等により当該他の企業の議決権の大部分を所有しないこととなる合理的な計画があること。
② 当該他の企業との間で，当該営業取引として行っている投資以外の取引がほとんどないこと。
③ 当該他の企業は，自己の事業を単に移転したり自己に代わって行うものではないこと。
④ 当該他の企業との間に，シナジー効果も連携関係も認められないこと。

なお，他の企業の株式や出資を有している投資企業は，実質的な営業活動を行っている企業であることが必要である，とされる。また，当該投資企業や金融機関が含まれる企業集団に関連する連結財務諸表にあっては，当該投資企業が含まれる企業集団に関する連結財務諸表にあたっては，当該企業集団内の他の連結会社（親会社及びその他の連結子会社）においても上記②から④の事項を満たすことが適当である，とされる[92]。

当該規定は「ベンチャーキャピタル条項」と呼ばれる[93]。

①の要件の「売却等により当該他の企業の議決権の大部分を所有しない」の具体的な内容

「連結適用指針」第41項（1）では，「…売却等により，一義的には関連会社

にあたらない程度にまで当該他の企業の議決権を所有しないこととなる必要があるものと考えられる。…」とされている。

①の要件の「合理的な計画」の意義

「合理的な計画」の具体的な内容については，営業取引の性質に見合う売却等の方法や時期その他の事項を考慮しているのみで具体的判断基準に欠ける記載となっている。

ベンチャーキャピタル（以下，「VC」（Venture Capital）と言う。）は投資時点において，出口戦略として売却方法，売却時期及び投資採算についての合理的な計画に基づき投資を決定しているはずである[94]。

一般的に実現可能な出口戦略として IPO（Initial Public Offering）[95]が想定されるが，5年程度が目安とされている[96]。

ファンド方式での投資の場合，組合契約の期間は10年が一般的であり，その期間内での投資の回収であるので5年程度が妥当な期間と言える[97]。

②の要件の「ほとんどない」の意義

「ほんとんどない」とは，たとえ連結しても相殺消去による未実現利益等の影響がない程度に僅少な金額を意味するものと考えられる，とされる[98]。

②の要件の「投資」「営業取引」の意義

「連結適用指針」第41項（2）では，「…ここでいう投資は，第16項（4）で示されている営業取引として有している他の企業の株式や出資を指し，…。そのような営業取引が独立して行われており，それ以外の取引がない場合には，他の企業の意思決定機関を支配していることに該当する要件を満たしていたとしても，それはキャピタルゲイン獲得を目的とする営業取引としてのものにすぎず…」と規定されている。

③の要件の「自己の事業を単に移転したり自己に代わって行うものではない」の具体的な意義

ここでの具体的な要検討事項は，自己の事業と投資先企業の事業の相関性の排除の問題である，とされる[99]。

「連結適用指針」第41項（3）によれば，「…公開草案では，「当該他の会社等の事業の種類は，自己の事業の種類と明らかに異なるものであること」とし

ていたが，…新設分割や自己が主体となって他の企業を設立したりすることにより，当該他の企業において単に事業を移転したり自己に代わって行うものとみなせるような場合には，営業取引としてではなく，自己と一体となった運営が行われる可能性が高いため，この点を指摘することが適切と考え修正したものである。」とされている[100]。

④の要件の「シナジー効果も連携関係も認められない」の意義

「連結適用指針」第41項（4）によれば，「…他の要件とともに，このような要件も満たす場合には，投資先である他の企業とは別々に運営され，他の企業の意思決定機関を支配する意図はないと判断できるものと考えられる。また，シナジー効果も連携関係も見込まれない場合には，当該他の企業を連結の対象としないこととしても，連結財務諸表に重要な影響を及ぼす見込がないため，その弊害も少ないものと考えられる。」とされている。

しかしながら，VCを含む投資企業等は，通常，そのリソースを用いて投資先企業等の企業価値向上を図るケースが多く見られ，特にハンズオン活動（一般的に，自ら社長や社外取締役などを派遣し，経営に深く関与するスタイルを言う。）は，シナジー効果や連携効果の強化によりキャピタルゲインの早期の獲得をめざすものと言えるため，当該要件は，VCにとって活動の自由を奪う制約であり影響は大きいという指摘がある[101]。

このようなベンチャーキャピタル条項により子会社にならないファンドが明確化された一方で，ライブドア事件を契機としてファンド，特に投資事業組合の連結範囲規制は強化されている。

具体的には，「実務対応報告第20号　投資事業組合に対する支配力基準及び影響力基準の適用に関する実務上の取扱い」（2006年9月8日，企業会計基準委員会最終改正：2011年3月25日）により，ファンドの業務執行権の過半の割合を実質的に有している場合は，支配しているものとし，連結する必要があることになった。

この結果，2007年3月期連結決算において，大手VC（JAFCO, NIF, JAIC, SBI）4社のうち，SBIを除く3社はファンドの多くを連結範囲に含める処理を実施した[102]。

(B) ベンチャーキャピタル条項における会計上の問題の所在

ベンチャーキャピタル条項の悪用がされ社会問題となった事件としては，(旧) 株式会社日興コーディアルグループの 100％子会社である (旧) 日興プリンシパル・インベストメンツ株式会社 (NPI) が，その子会社である NPI ホールディングス (以下「NPIH」) ((旧) 日興コーディアルグループの孫会社) を利用してベルシステム 24 というテレマーケティングの優良上場会社を NPI ホールディングスを完全親会社とする株式交換を行い，ベルシステム 24 を完全子会社としたが，NPIH 及びベルシステム 24 を連結せず，粉飾決算として金融当局から認定された事例がある。(旧) 日興プリンシパル・インベストメンツ株式会社は，(旧) 日興コーディアルグループの 100％子会社であった[103]。

当該事件は，NPI が，NPIH を子会社にしなくてよいというベンチャーキャピタル条項を利用し，連結をはずれるという SPC を意のままに操作して，NPI の間で評価益の立つベルシステム 24 株を対象とした EB 債[104]を用いた取引を行わせ，その上さらに NPI 側に生じる評価益を水増しして計上する目的のために EB 債の発行日を遡らせるという意図的な操作を行ったものであり，NPI は，ベルシステム 24 案件以前の事案においても，SPC を非連結にできるというベンチャーキャピタル条項を利用し，連結からはずれる SPC を意のままに用いて，EB 債を用いた取引を行わせ，NPI で交換益を計上する行為が行われていた事実も明らかになっているという事態が以前から存在していたことを示していると事実認定されている[105]。

当該事件が発生したのは，「連結適用指針」公表前であるが，当時は，同様の規定が (旧)「監査委員会報告第 60 号　連結財務諸表における子会社及び関連会社の範囲の決定に関する監査上の取扱い」(日本公認会計士協会, 1988 年) 2 (6) ⑥に規定されていたため，基準変更による会計・監査・法令上の問題に関して影響を受けた事件ではない[106]。

(5) 銀行などの金融機関の特例

(A) 会計基準の規定

「連結適用指針」第 16 項 (4) では，金融機関が債権の円滑な回収を目的と

する営業取引として，他の企業の株式や出資を有している場合において，「連結財務諸表に関する会計基準」第7項にいう他の企業の意思決定機関を支配していることに該当する要件を満たしていても，次のすべてを満たすとき（但し，当該他の企業の株主総会その他これに準ずる機関を支配する意図が明確であると認められる場合を除く。）には，子会社に該当しないことにあたる，とされている。

① 売却等により当該他の企業の議決権の大部分を所有しないこととなる合理的な計画があること。
② 当該他の企業との間で，当該営業取引として行っている融資以外の取引がほとんどないこと。
③ 当該他の企業は，自己の事業を単に移転したり自己に代わって行うものではないこと。
④ 当該他の企業との間に，シナジー効果も連携関係も認められないこと。

なお，他の企業の株式や出資を有している金融機関は，実質的な営業活動を行っている企業であることが必要である，とされる。また，当該投資企業や金融機関が含まれる企業集団に関連する連結財務諸表にあっては，当該投資企業が含まれる企業集団に関する連結財務諸表にあたっては，当該企業集団内の他の連結会社（親会社及びその他の連結子会社）においても上記②から④の事項を満たすことが適当である，とされる。

当該規定は「銀行等融資先支援条項」と呼ばれる[107]。

銀行等融資先支援条項に関しては，ベンチャーキャピタル条項と一緒に整理されている論文・書籍が多数見受けられるものの，その趣旨は異なるものであると考える。

銀行等融資先支援条項は，銀行法や保険業法などの要請から，会計理論上整理されたものと考えられる。

我が国では，銀行は健全性維持の観点から，他業を原則禁止されている（銀行法第12条）が，これは伝統的な銀商分離等の規制である[108]。

しかしながら，実務上は，例えば，銀行等の融資先の回収が順調に進まず，融資先の経営改善の一環として役員を派遣したり，デッド・エクイティ・スワップあるいは第三者増資を通じて株式を引き受けたり，疑似エクイティ・ス

ワップを実施することにより，融資先の財務及び営業又は人事の方針を決定している機関を支配していることがあり，銀行等融資先支援条項により，当該融資先を子会社としない規定を置くことが必要であると考えられたためと思われる[109]。

この点，金融監督法という法令上の要請から規定された規定である点でベンチャーキャピタル条項とは，規定の趣旨は異なると考えられる。

(B) 銀行等融資先支援条項における問題の所在

銀行等融資先支援条項の規定の問題点は，「連結適用指針」という会計基準で子会社としないという規定を定めている点にある。すなわち，特定目的会社等のように，財務諸表等規則（金融商品取引法の政省令），会社計算規則（会社法の政省令）といった法令での特例措置ではない点である。

実際，(旧)「監査委員会報告第60号　連結財務諸表における子会社及び関連会社の範囲の決定に関する監査上の取扱い」(日本公認会計士協会，1988年) 2 (6) ⑥も，同規定の⑤と同様「できる」規定であった。銀行等融資先支援条項における「できる」規定は，前述の銀行法等金融監督法上の銀・商分離等の規定に配慮したものではないかと考えられる。

この点，「連結適用指針」という会計基準により，子会社としないという形で，銀行法等金融監督法上の銀・商分離等の規定及びその法律の趣旨等に配慮していない点に関し，会計基準自体が，金融監督法に違反し，無効なものではないかとの反論が生じても釈明は困難ではないかと考える。

特に銀行法においては，連結自己資本比率規制算定のため，金融関連子会社の全部連結も求められている[110]。

会計基準，特に，金融監督法に関連するものは，会計基準策定主体が，金融庁の金融監督部局に対しても十分な事前の説明責任を果たし，金融監督法改正への働きかけをすべきと思われるが，その点，不十分な手続きであったのではないかとの懸念が生じる。

1-4．本章の結語

　連結範囲規制に関する議論は，日本のみならず，IFRS等の国際的な会計基準でも規定は存在するものの，どのような連結範囲規制があるべき形であるのか十分に解明されていないと言える。所謂「連結範囲のグレーゾーンの存在」である。

　IFRSにおいては，その歴史が浅いため，IFRS10号（第二章で記述。）等の連結範囲規制が有効に機能するのか未知数な部分がある。

　会計先進国である米国においてさえ，エンロン事件等の巨大な会計不正は連結範囲規制の盲点を利用したものであった。

　日本においても，日興コーディアル事件，ライブドア事件，オリンパス事件，東芝事件など，連結範囲規制に関する大型会計不正が後を絶たないというのが現状である。

　第2章及び第3章でも問題提起している以下の点に関し，特に今後，国際的な会計基準の動向も踏まえて研究が進められるべきであると考えており，日本における連結範囲規制の解明は，困難であるが急務な課題である。

① 株式会社以外の会社や組合その他これらに準ずる事業体（外国におけるこれらに相当するものを含む。）の範囲に入れるという会計規制をかけるべき事業体にはどのようなものがあるのか。
② 連結範囲に関する会計規制をかけるべき子会社は，議決権以外のどのような指標により「支配」の有無を判断すべきなのか。
③ 連結の要件の1つである「営利事業」の判定要件は何か。
④ 破産会社・更生会社等に関する除外条項，ベンチャーキャピタル条項，銀行等金融機関の融資先支援条項という特例（子会社としない特例）等の子会社としないとする推定規定あるいはみなし規定は存続させるべきか。

　以後の章で国際的な会計基準の動向等も踏まえ検討する。

【注】

1）企業会計基準委員会 2008年12月26日（最終改正 2013年9月13日）。
2）昭和23年（1948年）4月23日法律第25号（最終改正 平成29年（2017年）6月2日法律第46号）。
3）昭和38年（1963年）11月27日大蔵省令第59号（最終改正 平成29年（2017年）6月30日内閣府令第35号）。
4）平成17年（2005年）7月26日法律第86号（最終改正 平成28年（2016年）6月3日法律第62号）。
5）平成18年（2006年）2月7日法務省令第12号（最終改正 平成28年（2016年）1月8日法務省令第1号）。
6）平成18年（2006年）2月7日法務省令第13号（最終改正 平成28年（2016年）1月8日法務省令第1号）。
7）兼田克幸「子会社及び関連会社の範囲の見直し等に係る省令改正の概要」『JICPAジャーナル』（No.524）（1999年3月）87頁参照。なお，兼田は，当時，政省令の立法担当の大蔵省金融企画局市場課の課長補佐であった。
8）「みなす（見做す）」とは，「A（ある事柄や物等）と性質の異なるB（他の事柄や物等）を一定の法律関係について同一のものとして，Aについて生ずる法律効果と同一の効果をBについて生じさせること。その規定を「みなし規定」という。…「推定」異なるところは，同一のものであるということについての反証を許さない点である…」（法令用語研究会編『有斐閣 法律用語辞典（第2版）』（2000年，有斐閣）1319頁）。
9）法令用語研究会編，前掲書参照。なお，ここで規定されている企業は，一般的に「孫会社」と言われている（桜井久勝『財務会計講義（第16版）』（2015年，中央経済社）334頁。）。
10）渡部裕亘，片山　覚，北村敬子編著『検定簿記講義／1級商業簿記・会計学 下巻［平成26年度版］』（2014年，中央経済社）144頁。
11）名義株とは，「他人の承諾を得てその名義を用い株式を引き受けた場合」における当該株式をいう（最高裁，1967年11月17日判決，『判例タイムズ』（215号）（1968年3月）101頁。）。名義株に関しては，そもそも，名義借人が株主なのか（「実質説」），名義人が株主なのか（「形式説」）について争いがあったが，最高裁は，1967年11月17日判決において，次のとおり判示し，実質説であることを明らかにした（同上誌101頁。）。

「他人の承諾を得てその名義を用い株式を引き受けた場合においては，名義人すなわち名義貸与者ではなく，実質上の引受人すなわち名義借用者がその株主となるのが相当である。けだし，商法第201条は第1項において，名義のいかんを問わず実質上の引受人が株式引受人の義務を負担するという当然の事理を想定し，第2項において，特に通謀者の連帯責任を規定したものと解され，単なる名義貸与者が株主たる権利を

取得する趣旨を規定したものと解されないから，株式の引受及び払込については，一般私法上の法律行為の場合と同じく，真に契約の当事者として申し込みをした者が引受人としての権利を取得し，義務を負担するものと解すべきである。」

12)「監査・実務保証委員会実務指針第88号　連結財務諸表における子会社及び関連会社の範囲の決定に関する監査上の留意点についてのQ&A」(日本公認会計士協会，2000年1月19日(最終改正2012年3月22日))Q3のA参照。

13)『判例タイムズ』(471号)(1982年9月1日)220頁参照。

14) 桜井，前掲書，333頁参照。なお，「支配力基準」に対峙する考え方としては，「持株基準」又は「議決権基準」がある。「支配力基準」導入前の「持株基準」又は「議決権基準」とは，会社の議決権(株式会社では株式)の所有割合(持株比率)に着目し，議決権の過半数を所有すれば，当該会社の最高意思決定機関(株式会社では株主総会)における意思決定を支配できるという法形式を前提として，連結の範囲を決定しようとするものである。「持株基準」又は「議決権基準」では，例えば，ある会社の持株比率を51%から50%へと1ポイント減少させることで，当該会社を連結範囲から除外することが可能となり，こうした"連結はずし"により，連結の範囲を意図的にかつ比較的容易に操作しうる余地があることがあることも批判の対象とされていた(八田進二，橋本尚『財務会計の基本を学ぶ(第11版)』(2016年，同文舘出版)296頁参照。)。

15) 例えば，桜井，前掲書，334頁，及び，広瀬義州『財務会計(第11版)』(2012年，中央経済社)609頁などを参照。

16) 大蔵省企業会計審議会，1975年6月24日。

17) 武田隆二『連結財務諸表(第12版)』(1993年，国元書房)105頁参照。
当時は，親子会社関係を，「議決権基準」で定義していたため，更生会社や破産会社などで，親会社が議決権の過半数を所有している場合は，子会社となるため，支配従属関係は，当該更生子会社や破産子会社などが，連結子会社に該当するのか否かという連結範囲規制の問題として捉えられていた。現行の連結財務諸表に関する会計基準では，「支配力基準」により親子関係を定義しているため，子会社に該当するのか否かという問題として捉えることになった点に留意が必要である。
なお，武田，前掲書，105頁に記載されている会社更生法に関する条文は，会社更生法改正前の条文であるため，筆者が会社更生法改正後の条文に置き換えている。

18) 平成14年(2002年)12月13日法律第154号(最終改正 平成29年(2017年)3月31日法律第4号)

19) 例えば，桜井，前掲書，334頁，及び，広瀬，前掲書，609頁などを参照。

20) 1997年：「倒産処理法制に関する改正検討事項」の公表と意見照会，1999年：「民事再生法」「特定債務者等の調整の促進のための特定調停に関する法律」制定(いずれも施行は2000年)，2000年：民事再生法改正(個人再生手続の導入)，「外国倒産処理

手続の承認援助に関する法律」制定（いずれも施行は 2001 年），2002 年：会社更生法改正（施行は 2003 年），2004 年：新破産法制定，倒産法全体の改正（いずれも施行は 2005 年），2005 年：会社法制定（施行は，2006 年。特別清算の見直し，会社整理の廃止）（田頭章一『倒産法入門』(2006 年，日本経済新聞社) 20 頁参照。

21) 朝日監査法人編『連結財務諸表の実務—関連法規等の解説と具体的会計処理—』(1996 年，中央経済社) 23 頁～24 頁，26 頁参照。なお，IFRS 第 5 号「売却目的で保有する非流動資産及び非継続事業（Non-current Assets Held for Sale and Discontinued Operations）」において同様の規定があり，IFRS では，破産会社・更生会社等を連結範囲から除外することは想定していないと考えられる。

22) 同上書。本書が出版された当時は，連結財務諸表原則・連結財務諸表規則は，持株基準を採用していたため，子会社の定義には該当するが，連結範囲に含めるべきか否かという点が問題になっていた。支配力基準を採用している，現行の連結財務諸表に関する会計基準のもとでは，そもそも子会社の定義に該当するか否かが問題となる点に留意が必要である。

23) 同上書。

24) 難波孝一，瀬戸英雄，永沢　徹，杉本　茂，名古屋信夫，小宮山満「座談会　大きく変わる会社更生手続」『会計・監査ジャーナル』(No.647)（2009 年 6 月）26 頁，永沢（弁護士，あおみ建設申立代理人）発言。

25) 破産法第 78 条第 2 項，同法第 93 条 3 項による第 78 条第 2 項の準用。

26) 難波孝一，瀬戸英雄，永沢　徹，杉本　茂，名古屋信夫，小宮山満，前掲論文，26 頁。

27) 会社法第 510 条ないし第 574 条，同法第 879 条ないし第 902 条。

28) 法人税法第 52 条第 1 項は，内国法人が，会社更生法の規定による更生計画認可の決定に基づいてその有する金銭債権の弁済を猶予され，又は賦払により弁済される場合その他の政令で定める場合その他の政令で定める場合において，その一部につき貸倒れその他これに類する事由による損失が見込まれる金銭債権（以下，「個別評価金銭債権」という）のその損失の見込額として，各事業年度において，損金経理により貸倒引当金勘定に繰り入れた金額のうち，当該事業年度終了の時において，取立て又は弁済の見込がないと認められる部分の金額を基礎として政令で定めるところにより計算した金額に達するまでの金額は，当該事業年度の所得の金額の計算上，損金の額に算入する，としている。これは，個別金銭債権についての貸倒引当金であり，個別貸倒引当金と法人税法上定義されている。

その他政令で定める場合に関しては，法人税法施行令第 96 条第 1 項において，更生計画認可の決定，再生計画の認可の決定，特別清算に係る協定の認可の決定などが規定されている。

29) 田頭，前掲書，36 頁参照。

30) 難波，瀬戸，永沢，杉本，名古屋，小宮山，前掲論文，17 頁，小宮山（公認会計士，

日本公認会計士協会経営研究調査会担当常務理事）発言。
31) 柴原　多「DIP 型会社更生事件と債権者の意向」『事業再生ニュースレター』（2009 年 8 月号）（西村あさひ法律事務所）1 頁参照。
32) 平成 11 年（1999 年）12 月 22 日法律第 225 号（最終改正 平成 29 年（2017 年）6 月 2 日法律第 45 号）。
33) 柴原，前掲論文，1 頁参照。
34) 難波孝一，渡部勇次，鈴木謙也「会社更生事件の最近の実情と今後の新たな展開─債務者会社が会社更生手続を利用しやすくするための方策─ DIP 型会社更生手続の運用の導入を中心に─」『旬刊　金融法務事情』1853 号（2008 年 12 月 15 日，きんざい），24 頁〜 39 頁。
『NBL』895 号（2008 年 12 月 15 日，商事法務），10 頁〜 24 頁。
35) 柴原，前掲論文，1 頁参照。
36) 難波，瀬戸，永沢，杉本，名古屋，小宮山，前掲論文，17 頁〜 18 頁，難波（東京地方裁判所民事第 8 部　部総括判事）発言。
37) 同上論文，18 頁，難波発言。「平成 20 年 12 月 31 日までは，会社更生手続を開始する以上は経営陣の総取替えが行われてきました。会社の経営に当たっている人は，最後の最後まで自分の力で会社が生き延びる道を探そうとしていますが，結局は万策が尽きて初めてほかの人に経営権を譲ろうということで会社更生の申立てをするのが通常でした。これまでの会社更生事案を見ていると，現経営陣に本当の責任があるのかとの思いもありました。倒産に至った責任は大なり小なりありますが，すべての案件で辞める必要があるのだろうか疑問がないわけではありません。会社が倒産したときに民事再生にいく事案は経営陣には問題がなく，会社更生にいく事件は問題があったとまでいえないのではないかと思ったりしていました。そのようなことを考えているうちに，せっかく会社更生法の第 67 条と第 70 条で DIP 型が認められているのだから，経営意欲に燃えている現経営陣には事業を続けてもらい，法律的な面は弁護士のサポートを受けるという DIP 型で会社更生手続を進めるということも事案によっては，あるのではないかと思った次第です。先ほどから会社更生手続はスピード感に欠けるといわれておりますが，どうしてスピード感に欠けるかというと，第三者である弁護士の方が保全管理人，管財人として更生会社に入って 1 から全部調査をするからだと思います。DIP 型で行えば更生計画認可まで 6 か月でできるのではないか，6 か月と民事再生の 5 か月では 1 か月しか違わないのではないかと思います。スピード感もあるし，事業の継続性という面でも DIP 型は優れているので DIP 型の運用を始めてみようと思った次第です。」
38) 緊密者とは，「自己と出資，人事，資金，技術，取引等において緊密な関係があることにより自己の意思と同一の内容の議決権を行使すると認められる者」を言う（「連結財務諸表に関する会計基準」第 6 項 (3)）。

39) 同意者とは、「自己の意思と同一の内容の議決権を行使することに同意している者」を言う（「連結財務諸表に関する会計基準」第6項 (3)）。
40) 難波，瀬戸，永沢，杉本，名古屋，小宮山，前掲論文，17頁，永沢発言参照。
41) 同上論文，22頁，瀬戸（弁護士，クリード監督委員兼調査委員）発言参照。条文としては，民事再生法第183条の3第1項等参照。
42) 最終改正 平成29年（2017年）6月2日法律第46号。
43) 経済安定本部企業会計制度対策調査会，昭和24年（1949年）（最終改正 企業会計審議会，昭和57年（1982年））。
44) 土田壽孝『テキスト現代金融』（2004年，ミネルヴァ書房）97頁参照。
45) 以下，土田，前掲書，97頁参照。
46) 同上書，121頁～122頁参照。
47) 東京高裁控訴審 平成26年（2014年）（ネ）第734号 損害賠償（株主代表訴訟）請求控訴事件（2014年4月24日判決言渡），東京地裁原審 平成22年（2010年）（ワ）第3960号。
48) 『日本経済新聞』2008年7月15日，2010年3月17日，2010年8月10日参照，
49) 弥永真生（2017a）「連載 会計処理の適切性をめぐる裁判例を見つめ直す 第6回 資産の認識の中止―ビックカメラ事件―」『会計・監査ジャーナル』(No.743)（2017年6月）46頁～47頁参照。
50) 証券取引等監視委員会「株式会社ビックカメラに係る有価証券報告書等の虚偽記載及び同社役員が所有する同社株券の売出しに係る目論見書の虚偽記載に係る課徴金納付命令勧告について」（2009年6月26日）（http://www.fsa.go.jp/sesc/news/c_2009/2009/20090626.htm ［2017年11月20日閲覧］）。
51) 金融庁「株式会社ビックカメラに係る有価証券報告書等の虚偽記載に対する課徴金納付命令の決定について」（2009年7月30日）（http://www.fsa.go.jp/news/21/syouken/20090730-1.htm ［2017年11月20日閲覧］）。
52) 平成25・12・26東京地裁判決，平成22年（ワ）第3960号 損害賠償（株主代表訴訟）請求事件（『金融・商事判例』(No.1451)（2014年10月15日）17頁～33頁）（原文収録）。主として，弥永（2017a），前掲論文，47頁～48頁参照。
53) 日本公認会計士協会「会計制度委員会報告第15号「特別目的会社を活用した不動産の流動化に係る譲渡人の会計処理に関する実務指針」（平成12年（2000年）7月31日（最終改正 平成26年（2014年）11月4日）13項参照。
54) 平成26・4・24東京高裁第21民事部判決，平成26年（ネ）第734号損害賠償（株主代表訴訟）請求控訴事件，控訴棄却【確定】（『金融・商事判例』(No.1451)（2014年10月15日）8頁～17頁参照。）。なお，主として，弥永（2017a），前掲論文，48頁～49頁参照。
55) 『金融・商事判例』，前掲論文，15頁。

56) 弥永（2017a），前掲論文，48頁〜49頁参照。
57) 『金融・商事判例』，前掲論文，15頁参照。
58) 弥永（2017a），前掲論文，46頁。
59) 同上論文，49頁参照。
60) 同上論文，49頁参照。
61) 同上論文，49頁参照。
62) 同上論文，49頁参照。
63) 同上論文，49頁参照。
64) 同上論文，49頁参照。
65) 平成12年（2000年）7月31日 （最終改正 日本公認会計士協会会計制度委員会，平成26年（2014年）11月4日）。
66) 第12項は，次のように規定されている。「不動産の流動化が，譲渡人の子会社に該当する特別目的会社を譲受人として行われている場合には，譲渡人は売却処理を行うことができない。」
67) 第40項は，次のように規定されている。「不動産の流動化スキームにおいて譲渡人の子会社又は関連会社が当該不動産に関する何らかのリスクを負っている場合には，売却処理を行うか否かの判断に当たり，譲渡人が支配している子会社又は影響を与えることができる関連会社が負担するリスクの存在を考慮することが適切であり，当該子会社又は関連会社が負担するリスクを譲渡人が負担するリスクに加えてリスク負担割合を算定して判断することが必要と考える。
なお，譲渡人の親会社及び親会社の子会社がリスクを負担する場合には，当該リスクは含めないで算定する。他方，出資証券の保有者等として何らかのリスクを負担する連結財務諸表においては，子会社が流動化した不動産の連結会社が負担するリスクを含めてリスク負担割合を判定することに留意する。」
68) 弥永（2017a），前掲論文，49頁参照。
69) 平成20年（2000年）12月26日 （最終改正 企業会計基準委員会，平成25年（2013年）9月13日，企業会計基準委員会）。
70) 平成20年（2000年）12月26日。なお，企業会計基準委員会・企業会計基準第21号（前述）に引き継がれた。
71) 「共通支配下の取引」とは，結合当事企業（又は事業）のすべてが，企業の前後で同一株主により最終的に支配され，かつ，その支配が一時的ではない場合の企業結合をいう。親会社と子会社の合併及び子会社同士の合併は，共通支配下の取引に含まれる。」
72) 企業会計基準適用指針第13号「関連当事者の開示に関する会計基準の適用指針」（企業会計基準委員会，平成18年（2006年）10月17日），第13項（3）に「兄弟会社等（財務諸表作成会社の上位に位置する法人の子会社グループ）」との記載がある。

73) 弥永（2017a），前掲論文，50 頁＜注 5 ＞において，リスク負担の金額は「流動化した不動産がその価値のすべてを失った場合に譲渡人に生ずる損失」に基づいて算定するとしており，譲渡人が子会社又は関連会社に対して投資や融資を行っていない場合には，子会社又は関連会社が負担するリスク割合を合算する必要はないと解さないと，流動化実務指針の中で矛盾が生ずることになる。本件では，本件不動産がその価値のすべてを失い，T の匿名組合出資持分の経済価値がゼロになっても，T に出資及び担保提供をしていた Y2 に損失が生じるだけであり，B には本件不動産に係る損失は生じないのであれば，T のリスク負担割合を B において合算する必要はないことになる。」と述べている。
74) 同上論文，50 頁。
75) 同上論文，50 頁。
76) 土田，前掲書，122 頁参照。
77) 同上書，122 頁～ 123 頁参照。
78) 最終改正 2014 年 11 月 4 日。
79) 企業会計審議会，1999 年 1 月 22 日（最終改正 企業会計基準委員会，2008 年 3 月 10 日）。
80) 大野早苗，小川栄治，地主敏樹，永田邦和，藤原秀夫，三隅隆司，安田行宏『金融論』（2007 年，有斐閣）141 頁参照。
81) 同上書，141 頁参照。
82) 平成 14 年（2000 年）改正時に，名称変更があり，「資産の流動化に関する法律」となった。
83) 「上記一」とは，所謂支配力基準による子会社の判定要件を指す。
84) 「出資者等」の「等」は，資産を譲渡した企業を指すとされていたが，2011 年の「連結財務諸表に関する会計基準」の改正において，出資者に係る定めは削除され，資産を譲渡した企業（当該企業が出資者を兼ねている場合を含む）に限定されることになった（「連結財務諸表に関する会計基準」第 54-2 項参照）。
85) この規定の趣旨に関して，企業会計基準委員会は，「連結財務諸表に関する会計基準」第 49-3 項において，次のように説明している。
「…同取扱いは，資産流動化法上の特定目的会社については，事業内容が資産の流動化に係る業務（資産対応証券の発行により得られる金銭により資産を取得し，当該資産の管理，処分から得られる金銭により資産対応証券の元本や金利，配当の支払いを行う業務）及びその附帯業務に限定されており，かつ，事業内容の変更が制限されているため，特定目的会社の議決権の過半数を自己の計算において所有している場合等であっても，当該特別目的会社は出資者等から独立しているものと判断することが適当であることから設けられたものと考えられている。
特別目的会社について，このような取扱いが設けられているのは，実質的な支配関係

の有無に基づいて子会社の判定を行う支配力基準が広く採用されていることを前提に，通常は支配していないと考えられる形態をあらかじめ整理したものと考えられている。

また，資産の流動化を目的として一定の要件の下で設立された特別目的会社が子会社に該当し連結対象とされた場合には，譲渡者の個別財務諸表では資産の売却とされた取引が，連結財務諸表では資産の売却とされない処理となり，不合理ではないかという指摘にも対応したものといわれている。」

なお，当該「具体的な取扱い」に関して，その草案が公表された際には，「特定目的会社に資産を譲渡した会社が，特定目的会社に譲渡した資産に関して，原債務者の債務不履行若しくは資産価値の低下が生じた場合に損失の全部若しくは一部の負担を行い，又は重要な利益を享受することとなるときは，当該資産を譲渡した会社の子会社に該当するものとする。」とされ，リスクと便益の考慮に基づいた提案がなされていた（原田 達「特別目的会社（SPC）の連結範囲等に関する検討の経緯」『企業会計』（Vol.65 No.8）（2013年8月）29頁参照。）。

86）橋上 徹「特別目的会社・信託等を巡る開示問題（第1回）―開示規制の現状―」『企業会計』（Vol.59 No.7）（2007年7月）106頁参照。
87）同上論文，106頁。
88）小宮山賢「連結範囲の基準差異を辿る」『早稲田商學（大塚宗春教授 古稀祝賀・退職記念論文集)』（第434号）817頁。
89）同上論文，817頁。
90）同上論文，818頁参照。
91）最終改正 2011年3月25日，企業会計基準委員会。
92）「連結適用指針」第43項では，「…実質的な営業活動を行っているかどうかは，第三者からの資金拠出が多くなされているかどうか，複数の投資先へ幅広く投資を行っているかどうかなどの観点から判断され，法人格や物的施設の有無のみによって判断されるものではないと考えられる。」とされている。
93）小林伸行「ベンチャーキャピタルの連結上の扱いについて」『企業会計』（Vol.60 No.10）（2008年10月），26頁～34頁参照。
94）同上論文，30頁。
95）株式の公開に際して"募集"や"売出し（大株主が保有株式を分売すること）"を行う場合を特にIPOと呼ぶ（黒沼悦郎『金融商品取引法入門』（2006年，日本経済新聞社）48頁参照。）。
96）同上書，48頁参照。
97）同上書，48頁参照。なお，「連結適用指針」の公開草案に対する日本公認会計士協会のコメントでも「合理的な計画」としての具体的判断基準では，所有期間の明示が必要であり，おおむね5年が適当な期間としている。

第 1 章　我が国の連結範囲規制を巡る課題 | 53

98) 小林，前掲論文，31 頁。なお，この論文，31 頁においては，「VC は上述したように投資方針にそった一連の投資先企業価値向上のための取引（派遣役員報酬，コンサルティング報酬，M&A アドバイザリー報酬等）や定型的，取引条件が一般の取引と同様な条件の取引（VC が業務を執行するファンドへの出資など）を営業投資先企業と行うのが通例であり，こうした一連の取引を制約されることは VC にとって想定外であったと思われる。適用指針の考え方は，これらの取引がないことが，他の会社等の意思決定機関を支配していることに該当する要件を満たすように当該他の会社等の株式や出資を有していても，営業取引としての保有であり傘下に入れる目的ではないことの有力な証拠とするものである。」と記載がなされている。
99) 同上論文，31 頁参照。
100) 同上論文，31 頁では，この点に関し，「… VC が含まれる企業集団において投資先と同じような事業を営む場合に，事業の種類の定義の問題もあり，当初の要件は投資先の選定に厳しい枠をはめることになる可能性が大きいため，恣意的な運用を避けることを主眼に規制されるケースを限定したものと考えられる。」としている。
101) 同上論文，32 頁参照。
102) 同上論文，28 頁参照。
103) 事実関係に関し，短くまとめている文献としては，細野祐二『法廷会計学 vs 粉飾決算』(2008 年，日経 BP 社) 11 頁～34 頁があるが，当該文献は，連結はずしの理由を，ベンチャーキャピタル条項ではなく，財務諸表等規則第 8 条第 7 項に求めている点に解釈の誤りがあると考えられる。正確には，ベンチャーキャピタル条項を利用した連結はずしであり，株式会社日興コーディアルグループが公表した「株式会社日興コーディアルグループ　調査報告書」(2007 年 1 月 30 日公表) を参照。
104) EB 債とは，他社株転換社債のことをいい，償還日以前の決められた期間（あるいは期日）に対象企業の株価がある株価水準になると，償還時に現金ではなく対象企業の株式で償還されるような債券のことをいい，最も一般的な EB 債は，債券の満期時直前に，転換対象株式の株価が，あらかじめ決められた一定価格を上回れば元本部分を現金で償還し，逆に下回れば転換社債となる債券で償還するというものである（井出正介，高橋文郎『ビジネスゼミナール　証券投資入門』(2001 年，日本経済新聞社) 248 頁～249 頁参照。
105) 『株式会社日興コーディアルグループ　調査報告書』(2007 年 1 月 30 日公表) 20 頁参照。
106) 正確には，(旧)「監査委員会報告第 60 号　連結財務諸表における子会社及び関連会社の範囲の決定に関する監査上の取扱い」(日本公認会計士協会，1988 年) 2 (6)⑥の規定は，「できる」規定であったので，子会社として，特段の事情がない限り，子会社として，会計監査上も取扱うべきだったと思われるが，会計監査を担当していた (旧) 中央青山監査法人は，「できる」規定による会計処理を容認した点に，大き

な問題があったと思われる。
107) 橋上　徹「法規制からみた融資先支援条項の留意点」『企業会計』(Vol.60 No.10)(2008年10月) 35頁〜43頁参照。
108) 同上論文，36頁参照。
109) 同上論文，36頁参照。
110) 金融庁告示第19号（銀行法第14条の2の規定に基づき，銀行がその保有する資産等に照らし自己資本の充実の状況が適当であるかどうかを判断するための基準）第3条第1項参照。

第2章
国際財務報告基準（IFRS）を巡る連結範囲規制の動向と課題

2-1. 本章の位置づけ

　第1章の中で，日本の株式会社以外の事業体に関する連結範囲規制の課題と課題解決のための着眼点を記述した。

　我が国の制度会計は，現在，国際財務報告基準（International Financial Reporting Standards: 以下「IFRS」と言う。）とのコンバージェンス（収斂化）が行われている。そのため，いずれ連結範囲規制に関しても，IFRS等国際的な会計基準の考え方が我が国にも導入されることが想定されており[1]，関連IFRS規定等を研究し，あらかじめ問題点等を検討しておくことには意義があり，本章では，IFRSが抱える連結範囲規制の問題点をあぶり出し，検討を加えることとする。

2-2. IFRS第10号（連結財務諸表：International Financial Reporting Standard 10：*Consolidated Financial Statements*）策定の背景と目的

2-2-1. IFRS第10号　策定の背景

　2011年5月にIFRS第10号が公表される以前，IFRSにおける連結範囲規制は，主として，IAS第27号「連結及び個別財務諸表」（International Accounting Standard[2] 27：Consolidated and Separate Financial Statements），SIC第12号［連結―特別目的事業体］（Standing Interpretations Committee[3] 12：Consolidation-Special Purpose Entities）により規制されていた。

IAS 第27号は，報告企業に支配されている企業を連結することを要求し，支配を，ある企業からの便益を受けるために，その企業の財務及び営業の方針を左右する力と定義していた（IFRS10 BC3，以下，特に断りがなければBCはIFRS第10号のBCである。）。

　一方，SIC 第12号は，IAS 第27号の要求事項を特別目的事業体の文脈において解釈したものであったが，リスクと経済価値により大きな重点を置いていた（BC3）。

　このような重点の置き方の食い違いにより，支配の概念の適用に不整合が生じていた（BC3）。

　この不整合をさらに悪化させていたのは，どの投資先がIAS 第27号の範囲に含まれ，どの投資先がSIC 第12号の範囲に含まれるのかについて，明確なガイダンスが欠如していた結果，支配の判定が，投資者がリスクの過半を有しているかどうかという定量的な評価になる場合があり，このような明確な「境界線」の区分に基づくテストは，特定の会計上の結果を得るための操作の機会を生じさせていた（BC3）。

　さらに2007年に始まった世界的な金融危機で，投資者が証券化ビークルなどの「オフバランス・ビークル」（自らが設立又は出資したものを含む）への関与により晒されているリスクに関する透明性の欠如が注目された（BC4）。

　その結果，G20首脳，金融安定理事会（the Financial Stability Board）等から，こうした「オフバランス・ビークル」に関する会計処理及び開示の要求事項の見直しが要請された（BC4）。

　このような背景から，IFRS 第10号を開発する際に，IASB（the International Accounting Standards Board：国際会計基準審議会）（以下，「IASB」と言う。）は，2008年12月に公表した公開草案（Exposure Draft，以下「ED」と言う。）第10号「連結財務諸表」に対するコメントを検討した（IFRS10 BC5）。

　ED 第10号へのコメント提出者は，IASB と FASB（Financial Accounting Standards Board：米国財務会計基準審議会）（以下，「FASB」と言う。）が，両者の覚書において，2011年までに連結に関する共通の基準の開発に向けて合意したことを指摘し，このため彼らは，両審議会が追求している基準の要求事項が類似す

るだけではなく同一となるように，連結プロジェクトを共同で議論することを要望し，その結果 IASB の IFRS 第 10 号の開発にあたっての審議は，2009 年 10 月から FASB と共同で行われた（BC5）。

2－2－2．IFRS 第 10 号の目的

IFRS 第 10 号の目的は，ある事業体（an entity）が，1 つあるいは複数の他の事業体（one or more other entities）を支配（control）している場合，連結財務諸表の表示（presentation）と作成（preparation）に関する原則を定めることである（第 1 項）[4]。第 1 項の目的を達成するため，IFRS 第 10 号は，次のことを行っている（第 2 項[5]）。

(a) 1 つあるいは複数の他の事業体（子会社）を支配している事業体（親会社）に，連結財務諸表の表示（presentation）を要求する。
(b) 支配（control）の原則を定義し，支配を，連結の基礎として確立する。
(c) 投資者が投資先を支配しており，そのため，当該投資先を連結しなければならないかどうかを識別するために，支配の原則の適用方法を呈示する。
(d) 連結財務諸表の作成に関する会計処理上の要求事項を呈示する。
(e) 投資企業（an investment entity）を定義し，投資企業の特定の子会社の連結に対する例外を呈示する。

なお，IFRS 第 10 号は，企業結合（business combinations）の会計処理上の要求事項とそれらの連結への影響（企業結合時に生じるのれんを含む）（IFRS 第 3 号「企業結合」(International Financial Reporting Standard 3, Business Combinations) 参照）は取り扱っていない。

2－3．連結範囲を規制する「支配」の定義

2－3－1．総　論

IFRS 第 10 号第 7 項は次のような記述を行い「支配」の概念を整理している。"投資先を「支配」"している状況とは，投資者が，次の各要素をすべて有している場合にのみである。

(a) 投資先に対するパワー（power over the investee）（第10項から第14項参照）
(b) 投資先への関与により生じる変動リターンに対するエクスポージャー又は権利（exposure, or rights, to variable returns from its involvement with the investee）（第15項及び第16項参照）
(c) 投資者のリターンの額に影響を及ぼすように投資家に対するパワーを用いる能力（the ability to use its power over the investee to affect the amount of the investor's returns）（第17項及び第18項参照）

投資者は，第7項に列挙した支配の3要素のうち1つ以上に変化があったことを示す事実や状況がある場合には，投資先を支配しているかどうかを再検討しなければならない，としている。

第8項では，投資者は，投資先を支配しているかどうかの判定に際しては，すべての関連性のある事実（facts）と状況（circumstances）を考慮しなければならない，としている。

我が国における会計基準では，支配力基準の適用に当たっては，意思決定機関の支配に焦点が当てられている（連結財務諸表に関する会計基準第7項）。

一定の要件を満たす場合は，特別目的会社に資産を譲渡した企業から独立しているものと認め，資産を譲渡した企業の子会社に該当しないものと推定されている（同会計基準第7-2項）。

これに対して，IFRS第10号では，すべての事業体に適用可能な支配の概念を確立し，支配の定義により特別目的会社等を含むすべての投資先に適用される単一の連結モデルが投資先の支配の決定に際して策定されている，と解釈されている[6]。

他方で，特別目的会社等，議決権または類似の権利が決定的な要因とならないように設計された企業とそうでない企業ではパワーの判断要因が異なるとされており，パワーの判断要因が例示されている。

特に，議決権等が投資先の支配の決定に際して決定的な要因とならないように設計された企業は，意思決定機関の支配が必ずしもパワーをもたらすわけではなく，関連性のある活動を指図する権利を有する当事者がパワーを有するとする投資先の意思決定の実態に応じた支配の判定が求められる，とされる[7]。

パワーをもたらす権利を有している当事者が必ずしも投資先への支配を有していているわけではなく，当事者が本人か代理人かの判定（パワーと変動リターンの関連性）が必要で判断が難しい場合がある，とされる[8]。

なお，IFRS 第 10 号では開示対象特別目的会社に該当する規定はない。

2−3−2．パワー

IFRS10 第 10 項では，「投資者は，関連性のある活動（the relevant activities）（すなわち，投資先のリターンに重要（significantly）な影響を及ぼす活動）を指図する（direct）現在の能力（ability）を与える既存の権利（existing rights）を有している場合には，投資先に対するパワーを有している。」としている。

そして，第 11 項ないし第 14 項では，当該パワーの複雑性に着目している。関連性のある活動は，投資先から生じるリターンに重要な影響を与える活動で

図表 2−1　パワーの複雑性の評価と具体例の整理

パワーの複雑性	具体例
評価が単純な場合	・例えば，投資先に対するパワーを株式等の資本性金融商品によって付与される議決権（voting rights）から直接に得ていて，それらの株式保有による議決権を考慮することによって評価できる場合（第11項）
評価がより複雑となり，複数の要因を考慮することが必要となる場合	・例えば，パワーが複数の契約上の取決めから生じている場合（第11項） ・関連性のある活動を指図する現在の能力を有する投資者は，その指図する権利をまだ行使していなくても，パワーを有している場合（第12項） ・複数の関連のない投資者がそれぞれ，異なる関連性のある活動を指図する一方的な能力を与える既存の権利を有している場合には，投資先のリターンに最も重要な影響を及ぼす活動を指図する現在の能力を有する投資者が，投資先に対するパワーを有している（第13項） ・投資者は，たとえ関連性のある活動の指図に参加する能力を与える既存の権利を他の企業が有している場合（例えば，他の企業が重要な影響力を有している場合）であっても，投資家に対するパワーを有している場合（第14項） ・上記にかかわらず，防御的な権利（protective rights）のみを有している投資者は，投資先に対するパワーを有していないので投資者に対する支配を有していない場合（第14項）

出典：筆者作成。

あり日常業務に関する意思決定はリターンに重要な影響を与える活動には該当しない（B17）。

IFRS 第 10 号では，パワーは，投資先の活動を指図する法律上または契約上の権利として定義されておらず，関連性のある活動を指図する現在の能力を有することとする「能力」アプローチが採用されている（BC45-BC50）。

投資者は，意思決定を行う必要があるときに当該意思決定を行うことができる場合には，関連性のある活動を指図する能力を有する（BC51）。

パワーは現在の能力をもたらす権利から生じ，投資者および他の当事者が保有する実質的権利のみを考慮する（B22）。

権利が実質的であるためには，関連性のある活動に関する決定を行う時点でその権利が行使可能であり，かつ，保有者がその権利を行使する実際の能力を有している必要がある（B23）。

権利が実質的か否かを判定する際は，IFRS 第 10 号 B23 に示されている次のような具体的例示事項を含むすべての入手可能な事実および状況を考慮することが求められる（B23 項）。

(1) 保有者の権利行使を妨げる何らかの障害（経済的又はその他の障害）があるかどうか。そのような障害の例としては，次のものがある（但し，これらに限らない。）
 (ⅰ) 保有者の権利行使を妨げる（又は抑制する）財務的なペナルティ及びインセンティヴ。
 (ⅱ) 保有者の権利行使を妨げる（又は抑制する）財務的な障害を生じさせる行使価格又は転嫁価格。
 (ⅲ) 権利行使の可能性を低くする契約条件（行使の時期を狭くする条件など）。
 (ⅳ) 投資先の設立文書又は適用可能な法令の中に，保有者に権利行使を認める明示的で合理的なメカニズムがないこと。
 (ⅴ) 権利の保有者が，当該権利の行使に必要な情報を取得できないこと。
 (ⅵ) 保有者の権利行使を妨げる（又は抑制する）運営上の障害又はインセンティヴ（例えば，専門的なサービス又は現職の管理者が提供しているサービス及びその

他の関与を引き受ける意思又は能力のある他の管理者がいないこと)。
(vii) 保有者の権利行使を妨げる法律上又は規制上の要求（例えば，外国投資者がその権利行使を禁止されているなど)。
(2) 権利行使に複数の当事者の同意が必要な場合，又は権利を複数の当事者が保有している場合に，当該当事者が権利の共同行使を選択すればそうできる実質上の能力を与えるメカニズムがあるかどうか。そのようなメカニズムがないことは，権利が実質的でない可能性があるという指標となる。権利行使への同意が必要な当事者が多いほど，その権利が実質的である可能性は低い。しかし，構成員が意思決定者から独立している取締役会が，多数の投資者が権利行使を共同で行うメカニズムとして機能する場合もある。したがって，独立の取締役会が行使できる解任権は，同じ権利を多数の投資者が個々に行使可能な場合よりも，実質的である可能性が高い。
(3) 権利を保有している者が当該権利の行使により利益を享受するかどうか。例えば，投資先の潜在的議決権の保有者は，当該金融商品の行使又は転換価格を考慮しなければならない。潜在的議決権の諸条件が実質的である可能性が高いのは，潜在的議決権がイン・ザ・マネーであるか又は投資者が他の理由で（例えば，投資者と投資先の間でのシナジーの実現によって）潜在的議決権の行使又は転換により利益を享受する場合である。

他方，投資先の活動の根本的な変更に関連するものであるか，または例外的な状況においてのみ適用される権利は防御的な権利であるとされており，これは，その保有者にパワーを付与することも，他の当事者がパワーを入手して投資先を支配することを妨げることもできない（第14項，B26，B27)。
IFRS第10号のもとでは，自社が保有する権利か他の当事者が保有する権利かを問わず，投資者はその権利について，実質的権利か，防御的な権利かを分析する必要がある，と指摘されている[9]。

図表2－2　関連性のある活動によるパワーの評価

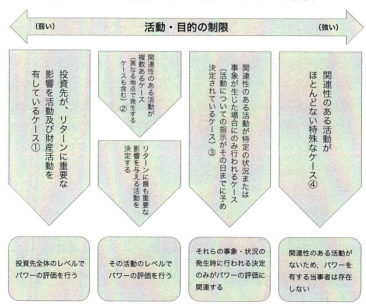

出典：田中弘隆「SPC等に対する支配力基準の適用について―IFRS第10号の取扱いを含めて―」『企業会計』(Vol 65 No.8)(2013年8月)38頁。

2－3－3．リターン

　投資者は，その関与により生じる投資者のリターンが投資先の業績の結果によって変動する可能性がある場合，投資先への関与により生じる変動リターンに対するエクスポージャー又は権利を有している，とされる（第15項）。

　投資者のリターンは，正の値のみ，負の値のみ，又は正と負の両方の場合がある（第15項）。

　投資者は，投資先からのリターンに変動性があるかどうか，及び，当該リターンがどのように変動するかについて，リターンの法的形態にかかわらず，取決めの実質に基づいて評価する（B56）。

　例えば，投資者は，固定金利の債券を保有する場合がある。この固定金利の支払は，本基準の目的上は変動リターンである。債務不履行リスクがあり，投資者を債券発行者の信用リスクに晒すことになるからである。変動性の量（す

なわち，当該リターンの変動性がどれだけあるか）は，当該債券の信用リスクに左右される。同様に，投資先の資産の管理に対する固定の業績報酬は，投資者を投資先の業績リスクに晒すことになるため，変動リターンである。変動性の量は，投資先が報酬を支払う十分な収益を生みだす能力に左右される（以上，B56）。

リターンの例示は，B57に示されているが以下のとおりである。

(a) 配当，投資先からのその他の経済的便益の分配（例えば，投資先が発行した債券からの金利）及び投資者の当該投資先に対する投資価値の変動。

(b) 投資先の資産又は負債のサービス業務の報酬，信用又は流動性の供与による報酬及び損失エクスポージャー，当該投資先の清算時の投資先の資産及び負債に対する残余持分，税務上の便益，及び投資先への関与により投資者が有する将来の流動性に対するアクセス。

(c) 他の持分保有者には利用できないリターン。

　　投資先を支配できるのは1人の投資者のみであるが，複数の当事者が投資先のリターンを共有することはあり得，例えば，非支配持分の保有者は投資先の利益又は分配に参加することができる，とされている（第16項）。

投資者の変動リターンのエクスポージャーは，投資者の変動性を吸収する金融商品を通じての関与（変動性を生じさせるリスクに対する投資先のエクスポージャーを当該金融商品が減少させるという意味での関与）を意味し，リスクを報告企業から他の企業に移転させる，他の企業にとってのリターンの変動性を生じさせる関与は，投資者が投資先のリターンの変動性にさらされていることにはならない（BC65-BC67）。

パワーを有する投資者が特定される場合には，パワーを有する投資者が投資先のリターンの変動性にさらされているか否かを判定することになる[10]。

IFRS第10号では，パワーを有する投資者がその変動性のすべてまたは過半数に晒されていることは求められず，変動リターンの一部に晒されているかを検討する[11]。

パワーの判定において，投資者の権利が投資先に対するパワーを与えるのに十分かどうかの決定が困難な場合には，投資先のリターンの変動性に大きくさらされているかが，投資先に対するパワーを投資者が有するかの指標の1つと

なる[12]，と要約できるが，より具体的には以下のとおりである (B57)。
(a) 配当，投資先からのその他の経済的便益の分配（例えば，投資先が発行した債券からの金利）及び投資者の当該投資先に対する投資価値の変動。
(b) 投資先の資産又は負債のサービス業務の報酬，信用又は流動性の供与による報酬及び損失エクスポージャー，当該投資先の清算時の投資先の資産及び負債に対する残余持分，税務上の便益，及び投資先への関与により投資者が有する将来の流動性に対するアクセス。
(c) 他の持分保有者には利用できないリターン。例えば，投資者は資産を投資先の資産と組み合わせて使用するかもしれない（規模の経済を得るための営業機能の統合，コスト節減，希少な製品の調達，独占的な知識へのアクセス獲得，又は投資者の他の資産の価値を増大させるための一部の営業若しくは資産の制限等）。

2－3－4．パワーとリターンの関連

「支配」の要件である「パワー」と「リターン」の関連に関しては，投資者は投資先に対するパワー及び投資先への関与により生じる変動リターンに対するエクスポージャー又は権利を有するだけでなく，投資先への関与により生じるリターンに影響を及ぼすように投資先に対するパワーを用いる能力を有している場合に，投資先を支配している，とされている（第17項）。すなわち，支配を有するためには，パワーを有すること，および，投資先への関与から生じるリターンの変動性に晒されていることに加え，パワーと変動リターンとが関連していることが必要となる[13]，ということである。

このため，意思決定権を有する投資者は，自らが本人なのか代理人なのかを決定しなければならない，とされる（第18項）。

具体的には，パワー（意思決定権）が代理人に委任されている場合であっても，代理人がパワー（の行使）から生じるリターンの変動性にさらされていないのであれば，企業に対する支配を有せず，このような場合は，パワーを行使する代理人が被投資企業を連結するのではなく，意思決定権を委任した本人が連結することとなる (B59)[14]。

2－3－5. 支配の判定要因

下記に示す図表では，投資者が投資先に対する支配の有無を判定するために行う分析の概要を示している。

IFRS第10号はすべての分析を行うことを投資者に義務付けているわけではなく，また，IFRS第10号の支配モデルは一連の支配の指標から構成されているが，ヒエラルキーは設定されていない[15]。

企業は，すべての事実および状況を分析し，支配の有無を判断することが求められる[16]。

IFRS第10号では，下記図表のフローの中で「投資者がそれらの活動に対するパワーを有するか否かを評価する」と記載されているとおり，パワーの評価に議決権が関連しているか否かによって，検討する要因が異なっている[17]。

図表2－3　単一の支配モデルの概要

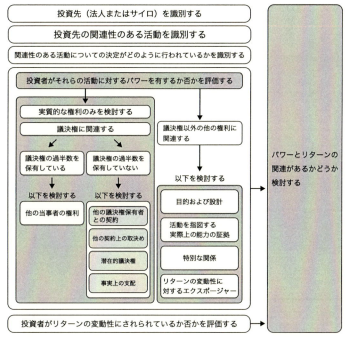

出典：田中弘隆「SPC等に対する支配力基準の適用について―IFRS第10号の取扱いを含めて―」『企業会計』（Vol 65 No.8）（2013年8月，中央経済社）37頁。

IFRS 第 10 号は，すべての事業体に対する単一の基準書ではあるが，支配を判断するために必要なことは，投資先の性質によって異なるものと考えられている（BC75）。

　IFRS 第 10 号では，投資先の支配の決定に際して，議決権が決定的な要因とならないように設計されている場合があるとし，それは，例えば，議決権の管理業務のみに関係し，関連性のある活動が契約上の取決めによって指図される場合であるとしている（B8）。

　これを IFRS 第 12 号「他の企業への関与の開示」（International Financial reporting Standard 12:Disclosure of Interests in Other Entities）では組成された企業と定義[18]している。

　IFRS 第 12 号 BC85 では，次のとおり，事業を営む伝統的な会社は，通常，組成された企業と見做されないことが示唆されている。

　すなわち，企業のリスク資本が不十分な場合は常に組成された企業と見做すとは述べていない。これには，2 つの理由があるとされる。

　第 1 に，そうした定義は，US-GAAP と同じく，資本の十分性の判断を助けるための広範な適用ガイダンスが必要となる。IASB は，IFRS 第 12 号 BC83 で述べた理由[19]でこれに反対した。

　第 2 に，伝統的な事業会社の一部が，IASB がそうする意図がない場合に，こうした定義に含まれるおそれがあることを IASB は危惧した。例えば，事業活動の低迷の後に資金調達の再編をした伝統的な事業会社が，組成された企業と見做される可能性があり，これは IASB の意図ではなかった。

　投資先に対する支配の判定に際して，投資者は，関連性のある活動を識別し，当該活動に関する意思決定がどのように行われるか，投資活動を指図する現在の能力を誰が有しているか，及び当該活動により生じるリターンを誰が受けるかを識別するために，投資先の目的及び設計を考慮しなければならない（B5）。

　投資先の目的及び設計の考慮に際して，保有者に比例的な議決権を与える資本性商品（投資先の普通株など）を通じて，投資先が支配されていることが明らかな場合もあり，この場合，意思決定を変更する追加的な取決めがなければ，支配の判定は，いずれの当事者が投資先の営業及び財務の方針を決定するのに

十分な議決権を行使できるかが焦点となる（B6, B34 ないし B50 参照）。

最も単純な場合，議決権の過半を有する投資者が，他の要素がない限り，投資先を支配している（B6 項）。

しかし，より複雑なケースにおいて投資者が投資先を支配しているかどうかを決定するためには，B3 におけるその他の要因の一部又は全部を考慮することが必要な場合がある（B7）。

B3 においては次のような事項が要因として掲げられている。

- 投資先の目的及び設計（B5 ないし B8 参照）。
- 関連性のある活動は何か，及び当該活動に関する意思決定がどのように行われるか（B11 ないし B13 参照）。
- 投資者の権利が，当該活動を指図する現在の能力を投資者に与えているかどうか（B14 ないし B54 参照）。
- 投資者が，投資先への関与により生じる変動リターンに対するエクスポージャー又は権利を有しているかどうか（B55 ないし B72）。
- 投資者が，投資先のリターンの額に影響を及ぼすように投資先に対するパワーを用いる能力を有しているかどうか（B58 ないし B75）。

また，例えば，投資者に議決権または類似の権利が付与されており，投資者が投資先の戦略的な営業及び財務の方針を決定できる者を解任する権利を有していたとしても，その権利が実質的権利なのか防御的権利なのか判断が難しい場合がある[20]。

さらに，議決権を与える資本性金融商品によって投資先が支配されていない場合には，どのような活動がパワーをもたらすか，つまり関連性のある活動の特定が重要であるが，判断が難しいケースもある[21]。

2－4．連結の範囲

2－4－1．総　論

他の企業（子会社）を支配している企業（親会社）は，連結財務諸表を表示しなければならないとされている（第2項，第4項）。ただし，次の場合には，連

結財務諸表の表示は求められない（第4項）。
・親会社は，次の条件のすべてを満たす場合は，連結財務諸表を作成する必要がない。
（ⅰ）親会社が他の企業の100％子会社であるか，又は他の企業の100％未満の子会社であり，他の所有者（それ以外では議決権が与えられない者も含む）が，親会社が連結財務諸表を表示しないことを知らされていて，それに反対していないこと。
（ⅱ）親会社の負債性又は資本性金融商品が，公開市場（国内又は外国の株式市場又は店頭市場，ローカル及び地域市場を含む）で取引されていないこと。
（ⅲ）親会社が，財務諸表を証券委員会その他の規制機関に公開市場で何らかの種類の証券を発行する目的で提出しておらず，提出する過程にもないこと。
（ⅳ）親会社の最上位の親会社，又は，いずれかの中間親会社が，子会社が連結されているか，子会社がIFRSに準拠して損益を通じて公正価値で測定される公表用のIFRSsに準拠した財務諸表を作成していること。

　下線部分は，第五節で述べる2014年12月18日，IASBは，「投資企業：連結の例外の適用（IFRS第10号，IFRS第12号及びIAS第28号の改訂）：Investment Entities：「Applying the Consolidation Exception（Amendments to IFRS10, IFRS12 and IAS28)」の公表により追加された部分である。

2－4－2．連結財務諸表作成免除規定の議論の背景

（1）100％子会社又は実質的に100％子会社である親会社の連結財務諸表作成免除

　IAS第27号（2000年改訂）第7項では，連結財務諸表の表示を要求していたが，第8項では，100％子会社又は実質的に100％子会社である親会社が連結財務諸表を作成しないことを認めていた。

　2003年に，IASBは，この一般的要求の免除を廃止又は修正するかどうかを検討した（BCZ 12）。

　IASBは，免除を維持することを決定した（BCZ13）。これは，法律により，連結財務諸表に加えて，IFRSに従った公表用の財務諸表の作成を要求され

ている企業集団内の企業に，過大な負担が生じないようにするためである（BCZ13）。

IASB は，状況によっては，利用者は，個別財務諸表か連結財務諸表のいずれかで，子会社について目的に十分な情報を得られることに留意した（BCZ14）。さらに，子会社の財務諸表の利用者は，もっと多くの情報を有しているか又はアクセス可能であることが多い（BCZ14）。

免除を維持すべきだとの結論を下した後，IASB は，企業が適用を免除される状況を見直すことを決め，非支配株主持分の所有者全員の同意を要件とするか否かを検討した。

2002 年の公開草案では，議決権を与えられていない者も含めて，非支配株主持分の所有者が全員同意する場合には，100％所有でない親会社にも免除を拡大することを提案した（BCZ16）。

一部のコメント提出者は，主に，非支配株主の全員から返答を得ることが実務上困難であることを理由に，この提案に反対した（BCZ17）。

この議論を認めて，IASB は，連結財務諸表を表示しないことについて非支配株主持分の所有者が通知を受け，それに反対しない場合には，100％子会社でない親会社にも適用免除を認めるべきだと決定した（BCZ17）。

（2）非公開企業のみが適用可能な適用免除

IASB は，負債性金融商品や資本性金融商品が公開市場で売買されている企業の財務諸表の利用者の情報ニーズは，子会社，共同支配企業及び関連会社への投資を IAS 第 27 号，IAS 第 28 号（International Accounting Standard 28 : Investments in Associates and Joint Ventures〔関連会社及び共同支配企業に対する投資〕）及び IAS 第 31 号（International Accounting Standard 31 : Interests in Joint Ventures（ジョイント・ベンチャーに対する持分））[22] に従って会計処理する場合に最もよく満たされると考えた（BCZ18）。

したがって，IASB は，連結財務諸表の作成の免除を，そのような企業又は公開市場で金融商品を発行する過程にある企業には認めないことを決定した（BCZ18）。

2−4−3. 連結範囲除外

　IAS第27号（2000年改訂）第13項は，支配が一時的と意図されている場合又は子会社が長期の厳しい制限の下で営業活動を行っている場合には，子会社を連結除外とすることを要求していた（IFRS10 BCZ19）。

① 一時的な支配

　2003年にIASBは，この範囲除外を廃止して，その直前に同様の範囲除外を削除していた他の基準設定主体とのコンバージェンスを行うかどうかを検討した（BCZ20）。

　IASBは，資産の処分を扱う包括的な基準の一部としてこの問題を検討することにし，IASBは，子会社を12ヵ月以内に処分する意図で取得し，経営者が積極的に買手を探しているという証拠がある場合には，子会社の連結の免除を維持することを決定した（BCZ20）。

　IASBの公開草案ED第4号「非流動資産の処分及び非継続事業の表示：ED4 Disposal of Non-current Assets and Presentation Discontinued Operations」では，売却目的で保有する資産を，保有しているのが投資者なのか子会社なのかに関係なく，首尾一貫した方法で測定して表示することを提案した（BCZ20）。

　したがって，ED第4号は，支配が一時的と意図されている場合についての連結免除の削除を提案し，これを達成するためのIAS第27号の修正案を含んでいた（BCZ20）。

　2004年3月にIASBは，IFRS第5号「売却目的で保有する非流動資産及び非継続事業：International Financial Reporting Standard 5, Non-current Assets Held for Sale and Discontinued Operations」を公表した。

　IFRS第5号はこの範囲除外を廃止し，支配が一時的と意図されている場合の連結免除を削除した。

　米国の旧SFAS（Statement of Financial Accounting Standard）第144号（Accounting for the Impairment of Disposal of Long-Lived Assets）[23]は，一時的に保有する子会社に関するUS GAAP（米国会計基準）の連結除外の取扱いを削除したが，これは，一部の資産は連結し一部は連結しないというのではなく，売却目的保有の

すべての資産を同じ方法で処理すべきだという理由によるものである（IFRS5 BC53）。

IASB も FASB と同様，すべての子会社については連結し，売却目的保有として分類される要件を満たす，すべての資産（及び処分グループ）については同じ方法で処理すべきであると結論付けた（IFRS5 BC53）。

② 資金を親会社に送金する能力を損なう長期の厳しい制限

IASB は，子会社の資金の送金を親会社に送金する能力を損なう長期の厳しい制限が存在している場合の子会社の連結除外を廃止することを決定した（BCZ21）。そのような状況が支配を妨げない場合もあるからである（BCZ21）。

IASB は，親会社が子会社を支配する能力を評価する際に，子会社から親会社への資金の送金に関する制限について考慮すべきだと判断した（BCZ21）。そのような期限は，それ自体では支配を妨げるものではない（BCZ21）。

2－5.「投資企業」の連結の例外規定

2－5－1. 背　景

2014年12月18日，IASB は，「投資企業：連結の例外の適用（IFRS10号，IFRS12号及びIAS第28号の改訂）：Investment Entities : Applying the Consolidation Exception（Amendments to IFRS10, IFRS12 and IAS28）」を公表した。

2012年10月に，IASB は，「投資企業」として定義される種類の企業に対して連結の例外規定を設け，それに代えて，投資企業は，子会社に対する投資を IFRS 第9号に従って，純損益を通じて公正価値で測定することに関し，IFRS 第10号を改訂していた。

IASB は，2002年に，IAS 第27号の公開草案に対するコメント提出者が，ベンチャー・キャピタル組織，プライベート・エクイティ企業及び類似の組織について連結の例外を設けるよう IASB に要望した（BC216）。

その時点では，IASB は，そうした例外を導入しないと決定したが，それは，連結の支配モデルを適用する際に，企業の種類又は投資の種類を区別すべきで

はないと考えたからである（BC216）。

また，経営者が投資を保有する理由によって当該投資を連結すべきだという考えにも同意しなかった（BC216）。

IASB は，ベンチャー・キャピタル組織，プライベート・エクイティ企業及び類似の組織における投資について，利用者の情報ニーズを最もよく満たすのは，それらの投資を連結して，支配している企業の営業の範囲を明らかにした財務諸表であるとの結論を下した（BC216）。

ED 第 10 号における提案の範囲は，IAS 第 27 号の提案の範囲と同じであった（BC217）。

IAS 第 27 号は，報告企業の性質を問わず，すべての支配している企業を連結することを報告企業に要求していたが，ED 第 10 号へのコメント提出者は，投資企業が支配している投資先を連結した投資企業の財務諸表の有用性を疑問視した（BC217）。

彼らは，US GAAP を含むいくつかの他の国内会計基準が，歴史的に，投資企業に対して，支配している投資を含めてすべての投資を公正価値で測定することを要求する業種特有のガイダンスを設けてきたことを指摘した（BC217）。

コメント提出者たちは，投資企業は資本増価，投資収益（配当や利息など）又はその両方の目的のためだけに投資を保有していることを主張した（BC217）。

これらの投資企業の財務諸表の利用者は，IASB に，投資の公正価値と，投資企業が投資の公正価値をどのように測定しているかについての理解が最も有用な情報だと述べた（BC217）。

さらに，ED 第 10 号に対するコメント提出者は，投資企業の連結財務諸表は，投資企業ではなく投資先の財政状態，業績及びキャッシュ・フローを強調しているので，利用者が投資企業の財政状態と業績を評価する能力を阻害するおそれがあると主張した（BC218）。

多くの場合，投資企業は，公正価値で報告される一部の企業に対する非支配持分を，IFRS の現行の原則に従って連結される他の企業に対する支配持分とともに保有している（BC218）。

投資企業がすべての投資を類似した目的（資本増価，投資収益又はその両方から

のリターン)のために保有している投資を複数の測定基礎で報告することは財務諸表内での比較可能性を損なうと指摘し,さらに,連結される項目の中には取得原価で測定されるものもあり,これは投資企業の業績評価を歪め,企業の事業が管理されている方法を反映しないと指摘した(BC218)。

また,ED 第 10 号へのコメント提出者は,投資企業が支配している企業を連結する場合には,支配している投資を公正価値で測定したならば要求されるであろう公正価値測定に関する開示の提供が要求されないことになると主張した(BC219)。

具体的には,例えば,IFRS 第 7 号「金融商品:開示」(International Financial Reporting Standard 7, Financial Instruments : Disclosures)は,認識された金融資産及び金融負債のみに関係し,連結されている投資についての公正価値に関連した開示を提供するという要求はない(BC219)。

コメント提出者は,公正価値及びその算定に用いた方法とインプットに関する情報は,利用者が投資企業に対する持分の公正価値に関心があり,公正価値ベースで取引されていることが多い(すなわち,投資企業に対する投資は当該企業の純資産に対する取り分を基礎としている)と指摘し,投資企業の純資産のほとんどすべてを公正価値で報告することにより,当該企業に対する投資者が,それら純資産に対する取り分の価値をより容易に識別できるようになると指摘した(BC219)。

このフィードバックに対応して,IASB は,公開草案「投資企業」(Exposure Draft, Investing Entities)(以下,「投資企業 ED」と言う。)を 2011 年 8 月に公表した(BC220)。

投資企業 ED は,投資企業が子会社に対する投資(投資関連のサービスを提供する子会社を除く)を IFRS 第 9 号「金融商品」(International Financial Reporting Standard 9, Financial Instruments)に従って純損益を通じて公正価値で測定することを要求すると提案していた(BC220)。

投資企業 ED に対するコメント提出者の過半数が,BC217 項から BC219 項に示した理由により,連結への例外の提案を支持した(BC220)。

IASB は,投資企業 ED の公表及び最終的な投資企業の要求事項に至る審議

を，FASB と共同で行った (BC221)。

そして，IASB は，2012 年 10 月に，「投資企業」(IFRS 第 10 号，IFRS 第 12 号及び IAS 第 27 号の修正) (Investments Entities〔Amendments to IFRS10, IFRS12 and IAS27〕) を公表し，「投資企業」として定義される種類の企業に対して連結の例外を認めることとした。

具体的には次のとおりである。
(1) 投資企業による会計処理
　［１］原則的処理 (IFRS 第 10 号第 31 項)
　　投資企業は子会社を連結せず，子会社への投資を IFRS 第 9 号に従って純損益を通じて公正価値で測定する。
　［２］例外的処理 (IFRS 第 10 号第 32 項)
　　投資企業の投資活動に関連するサービスを提供する子会社を投資企業が有している場合，当該子会社を連結する。
(2) 投資企業の親会社による処理 (IFRS 第 10 号第 33 項)
　投資企業の親会社は，自身が投資企業である場合を除き，投資企業である子会社を通じて支配している企業を含め支配している企業をすべて連結する。

その後，IASB は，2014 年 6 月に公開草案「連結の例外の適用」(Exposure Draft, Investment Entities : Applying the Consolidation Exception - Proposed Amendments to IFRS and IAS28) を公表した。2012 年の IFRS 第 10 号の改訂の適用が実務において進められるなか，その適用について生じた次のような特徴が IFRIC に提出された[24]。
(1) 連結財務諸表の作成免除基準 (IFRS 第 10 号第 4 項)
　連結財務諸表の作成免除要件の 1 つに，最上位の親会社（又は中間親会社のいずれか）が IFRS に準拠した連結財務諸表を作成し公表しているというものがある。

　このため，連結財務諸表を作成しない投資企業を親会社とする子会社は，形式的にはこの作成免除基準に該当せず，連結財務諸表を作成しなければならないかどうか，という点が課題となっていた。

(2) 投資活動関連サービス子会社の連結要否（IFRS 第 10 号第 32 項）

投資企業は，原則としてその子会社を連結しないが，投資企業の投資活動に関連するサービスを提供する子会社は例外的に連結が求められる。ここで課題となっていたのは，投資企業の活動に関連するサービスを提供する子会社が投資企業であっても，当該子会社を連結することが求められるかどうかである。

(3) 投資企業である関連会社などへの持分法の適用方法（IAS 第 28 号第 35 項）

投資企業の場合は，自身が投資企業である場合を除き，連結を行うことが求められ，子会社による投資企業としての処理を維持することはできない。一方，自身が投資企業ではない親会社が，投資企業である関連会社などに対して持分法を適用するに当たり，関連会社などに対して持分法を適用するに当たり，関連会社などによって行われた投資企業としての処理（純損益を通じた公正価値測定）を維持できるのかどうかは明確ではなかった。

これらの点に関して，次のような提案がなされ，最終的に，「投資企業：連結の例外の適用（IFRS 第 10 号，IFRS 第 12 号及び IAS 第 28 号の改訂）」（Investment Entities : Applying the Consolidation Exception〔Amendments to IFRS10, IFRS12 and IAS28〕）を公表するに至った。

(1) IASB は，投資企業の子会社である親会社は，投資企業がそのすべてを公正価値で測定している場合にも（かつ，第 4 項 (a) [25] のその他のすべての条件も満たされている場合に），IFRS 第 10 号第 4 項 (a) に定められる連結財務諸表の作成の免除を適用できるということを明確にするよう，IFRS 第 10 号を改訂した。

(2) IFRS 第 10 号第 31 項により，投資企業は子会社に対する投資を IFRS 第 9 号に従って純損益を通じて公正価値で測定しなければならない。IASB は，この規定に関する例外として，その子会社自体が投資企業には該当せず，その子会社が投資企業の活動に関係するサービスを提供することで投資企業の延長としてその行為を行う場合にのみ，投資企業はその子会社を連結することを明確にした。

(3) 企業自体が投資企業ではなく，かつ投資企業である関連会社又は共同

支配企業に対する持分を有する企業は，投資企業である関連会社又は共同支配企業がその子会社に対する持分に適用した公正価値測定をそのまま維持することが可能となった（強制はされない）。

2－5－2．投資企業に関するプロジェクトの範囲

　投資企業EDは，投資企業について限定的な範囲での連結の例外措置を提案していた（IFRS第10号BC222, 以下，特に断りがなければBCはIFRS第10号のBCを指す。）。

　投資企業EDに対する多くのコメント提出者が，提案の範囲を拡大するようIASBに要望した（BC222）。

① 公正価値測定の対象範囲の拡大に関する要望

　一部のコメント提出者は，IASBが，投資企業がすべての投資を公正価値で測定することを要求するようにプロジェクトの範囲を拡大することを要望した（BC223）。

　しかし，IASBは，ほとんどの場合，現行のIFRSは投資企業が保有する投資を公正価値で測定することを要求又は許容していることに留意した（BC223）。

　例えば，企業は，

(a) IAS第40号「投資不動産」（International Accounting Standard 40, Investment Property）における公正価値オプションを選択できる。

(b) 金融資産を公正価値ベースで管理している場合には，IFRS第9号（又はIAS第39号（International Accounting Standard 39, Financial Instruments：Recognition and Measurement））に準拠し当該資産を純損益を通じて公正価値で測定することを要求される。

　したがって，IASBは，プロジェクトの範囲を限定して，投資企業についての連結の例外を設けるのみとすることを決定した（BC223）。

② 連結の例外の拡大の要望

　提案した連結の例外の拡大を要望したコメント提出者もいた（BC224）。

　特に，保険業界からのコメント提出者は，保険投資ファンドに対する持分の連結への例外を要望し（BC224）。

　彼らの主張では，保険投資ファンドに対する持分の公正価値を，当該投資ファ

ンドからのリターンを受け取る保険契約者への負債の現在の価値について単一の表示科目とともに，単一の表示科目で表示することにより，利用者に対して連結よりも有用な情報を提供することになる，と指摘していた（BC224）。

IASB は，保険投資ファンドに対する保険者の持分について連結の例外を設けることは，投資企業について連結の例外を設けることを意図した投資企業プロジェクトの範囲外となることに留意した（BC224）。

さらに，連結に対する追加的な例外は，そうした例外を適用する可能性のある企業を定義するための追加的な作業を IASB が行うことが必要となり，IASB は，連結に対するこうした追加的な例外は，当プロジェクトの範囲で考慮されておらず，コメントの対象にもなっていないことに留意した（BC224）。

したがって，IASB は，連結に対する例外の提案を拡張しないことを決定した（BC224）。

③ 投資企業の1株当たり純資産価値（NAV：Net Asset Value）のガイダンス規定への要望

投資企業に対する投資者が，当該投資企業の報告された1株当たりの純資産価値（NAV）を，当該投資企業に対する投資の公正価値を測定するための実務的便法として認めるガイダンスを設けるよう，IASB に要望したコメント提出者もいた（BC225）。

同様のガイダンスが US-GAAP に存在している[26]。

IASB は，IFRS 第13号「公正価値測定」（International Financial Reporting Standard 13：Fair Value Measurement）に関する審議の中で，こうした実務的便法を設けることを検討したが，それは行わないと決定した（BC225）。

これは，IFRS において投資企業に関する具体的な会計処理ガイダンスがなく，世界の各法域で NAV の計算においてさまざまな実務があるためである（BC225）。

IASB は，投資企業に対する投資についての公正価値測定のガイダンスを設けることは投資企業プロジェクトの範囲外であると判断した（BC225）。

IASB が投資企業の定義を開発したのは，どの企業を連結に対する例外に適格とすべきなのかを識別するためであり，この定義は，どの企業を公正価値測

定の実務的便法に適格とすべきなのかを決定するために設計したものではない（BC225）。

　さらに，IASB は依然として，NAV は異なる法域では異なって計算される可能性があるという懸念を有している（BC225）。

　したがって，IASB は，投資企業プロジェクトの一部として公正価値測定について NAV による実務的便法を設けることはしないと決定した（BC225）。

　その他の論点として，以下の事項が IASB により検討された。

・企業ベースのアプローチか，資産ベースのアプローチかについて

　IASB は，連結に対する例外について企業ベースのアプローチを採用することを決定した（BC226）。すなわち，連結に対する例外は，子会社を所有している企業の種類を基礎とする（BC226）。

　IASB は，連結に対する例外について資産ベースのアプローチを設けることを検討した（BC226）。資産ベースのアプローチでは，企業は子会社のそれぞれ（すなわち，個別の資産）との関係及びそれらの性質を考慮して，公正価値測定の方が連結よりも適切なのかどうかを判断することになる（BC226）。

　しかし，IASB は投資企業 ED で提案した企業ベースの連結に対する例外を維持することを決定した（BC226）。

　IASB は，資産ベースのアプローチでは，関連性のある資産を保有するあらゆる企業が例外を利用できるようになることにより，連結に対する例外が大幅に拡大することとなることを懸念した（BC226）。これは IASB が，本基準で開発した連結モデルに対する大幅な概念的変更となる（BC226）。

　さらに，IASB の考えでは，投資企業は，子会社を公正価値で測定する方が連結よりも適切となるような独特の事業モデルを有している（BC226）。

　企業ベースのアプローチは，この投資企業の独特の事業モデルを補足するものである（BC226）。

・投資企業に子会社を連結するのか純損益を通じて公正価値測定で測定するのかのいずれかを認める選択肢を設けるのか，について

　IASB は，投資企業に子会社を連結するのか純損益を通じて公正価値で測定するのかのいずれかを認める選択肢を設けることも検討した（BC227）。

しかし，IASBの考えでは，この選択肢を設けることは，公正価値情報がすべての投資企業について最も目的適合性の情報であるという考えと不整合となり，さらに，選択肢を設けることは異なる投資企業の間での比較可能性を低下させることになる（BC227）。

したがって，IASBは，投資企業には子会社を純損益を通じて公正価値で測定することを要求すべきであると決定した（BC227）。

2－5－3．投資企業の定義

IFRS第10号第27項では，投資企業は，次のすべてに該当する企業である，と定義している。

(a) 投資者から，当該投資者に投資管理サービスを提供する目的で資金を得ている。
(b) 投資者に対して，自らの目的は資本増価，投資収益，又はその両方からのリターンのためだけに資金を投資することであると確約している。
(c) 投資のほとんどすべての測定及び業績評価を公正価値ベースで行っている。

以上のように投資企業を他の種類の企業と区別する3つの基本的な要素があるとしているが，具体的ないくつかの検討の内容は次のとおりであった。

① 投資管理サービス

IASBは，投資企業の不可欠な活動の1つは，投資者に投資管理サービスを提供するために投資者から資金を得ることであることに留意した（BC237）。

IASBは，この投資管理サービスの提供が投資企業と他の企業とを区別するものであると考えている（BC237）。

したがって，IASBは，投資企業の定義では，投資企業が投資者から資金を得て投資者に投資管理サービスを提供することを記述すべきだと決定した（BC237）。

② 事業目的

IASBが，企業の活動と事業目的が，当該企業が投資企業なのかどうかを判定する際に決定的なものであると考えている（BC238）。

投資企業は投資者から資金を集めて,それらの資金を資本増価,投資収益,又はその両方からだけリターンを得るために投資するというものであるため,IASB は,投資企業の定義では,投資企業が投資者に対して,その事業目的は投資管理サービスを提供し資本増価,投資収益,又はその両方からのリターンのみを目的として資金を投資することであると約束していることを記述すべきだと決定した (BC238)。

投資企業 ED では,企業が第三者に対して実質的な投資関連のサービスを提供している場合には,投資企業として適格となることを認めていなかった。

一部のコメント提出者はこれに同意したが,他は,投資企業がこうしたサービスを第三者に提供することを認めるべきだと主張した (BC239)。

彼らは,こうした投資関連のサービスの第三者への提供は,単純に投資企業の投資活動の延長であり,企業が投資企業に適格となることを妨げるべきではないと主張した (BC239)。

IASB は,これらの主張に同意して,こうしたサービスの提供は投資企業の事業モデルの範囲に含まれるという結論を下した (BC239)。

こうした企業は投資関連サービスの提供により手数料収益を獲得するかもしれないが,その唯一の事業目的は,依然として,資本増価,投資収益,又はその両方のためのものである(それが自身のため,投資者のため,あるいは外部者のためのいずれであっても)(BC239)。

IASB は,投資企業が自らの投資活動のための投資関連サービスを提供する子会社に対する持分を有する場合があることに留意している (BC240)。

IASB は,こうしたサービスを投資企業の営業活動の延長と見ているため,当該サービスを提供する子会社は連結すべきだという結論を下した (BC240)。

IASB は,投資企業が一定の活動に従事することを禁止することを検討した (BC241)。

例えば,投資先に対する財務的支援の適用や,投資先の積極的な経営管理などである (BC241)。

しかし,IASB の理解では,投資企業は,他の便益を得るためではなく,投資先の全体的な価値を最大化するため(すなわち,資本増価を最大化するために)に,

これらの活動を行う場合があり，したがって，IASB の考え方では，これらの活動は投資企業の全体的な活動と整合し得るものであり，別個の実質的な事業活動又は資本増価以外の収益の源泉を表すものでない限り禁止すべきではない（BC241）。

　IASB は，投資企業の定義を満たす企業が，特定の会計上の結果を得るために，より大きな会社組織に組み込まれる可能性があることを懸念した（BC242）。

　例えば，親会社が「内部」の投資企業である子会社を使って損失を計上している企業（例えば，グループ全体のための研究開発活動）に投資して，基礎となる投資先の活動を反映せずに，その投資を公正価値で計上する可能性がある（BC242）。

　こうした懸念に対処し，投資企業の事業目的を強調するために，IASB は，投資企業，又は当該企業を含む企業集団の他のメンバーは，投資先と関連のない他の者には利用可能でない投資先からの便益を得るべきではないという要求を含めることを決定した（BC242）。

　IASB の考え方では，これは投資企業を投資企業ではない保有会社と区別する要因の 1 つである（BC242）。

　企業又は当該企業を含む企業集団の他のメンバーが他の投資者には利用可能でない投資先からの便益を得る場合には，その投資は何らかの営業上の又は戦略的な立場での当該企業又は企業集団に便益を与えることになるので，当該企業は投資企業として適格とならない（BC242）。

　しかし，IASB は，投資企業が投資の資本増価を増大させるシナジーから便益を得るために，同一の業種，市場又は地域において複数の投資を有する場合があることを明確化した（BC243）。

　IASB は，こうした事実関係はプライベート・エクイティ業界では一般的な場合があることに留意した（BC243）。

　一部の IASB メンバーは，投資間の取引又はシナジーを認めると，それぞれの投資の公正価値を人為的に増大させる可能性があり，したがって，投資企業が報告する資産を不適切に増加させるおそれがあるとの懸念を示した（BC243）。

　しかし，IASB は，投資企業の投資の間で生じる売買取引又はシナジーを禁

止すべきではないと決定した（BC243）。それらの存在は，必ずしも投資企業が資本増価，投資収益，又はその両方以外のリターンを受け取っていることを意味しないからである（BC243）。

投資企業として適格であるためには，出口戦略を有することが必要である。

IASB の考えでは，営業子会社を有する親会社は，当該営業からのリターンを実現するために子会社を無期限に保有する企業を投資企業として適格とすべきではないと考えている（BC244）。

したがって，IASB は，投資企業が保有する投資のほとんどすべて（債券投資を含む）について出口戦略を要求することを検討した（BC244）。

しかし，投資企業 ED に対するコメント提出者は，そうでなければ投資企業として適格となるはずの一部の投資ファンドが，相当量の債券投資を満期まで保有しているために，当該債券投資について出口戦略を有していないことになると指摘した（BC245）。

例えば，IASB の理解では，場合によっては，プライベート・エクイティ・ファンドが投資先に対して債券投資と持分投資の予想期間よりも短く，満期まで保有される場合がある（BC245）。

さらに，投資企業は，流動性リスクを管理するため，又は変動性のより大きい他の種類の投資を保有することによるリスクを軽減するため，負債性金融商品を満期まで保有する場合がある（BC245）。

当該企業はこれらの債券投資について出口戦略を有していないが，無期限に保有する予定はない（BC245）。

企業がこれらの投資を満期前に売却することを予定していないとしても，債券投資の大多数は期限が有限である（BC245）。

IASB は，こうした企業が，ほとんどすべての投資（債券投資を含む）を公正価値で測定する場合には，投資企業として適格となることを禁止すべきではないと決定した（BC245）。

IASB は，負債投資は出口戦略がない場合であっても IFRS 第 9 号又は IAS 第 39 号に従って公正価値で測定される場合があることに留意した（BC246）。

しかし，IASB は，投資企業は無期限に保有される可能性のある投資（典型

的には，持分投資及び非金融資産）のほとんどすべてについて出口戦略を有していなければならないと決定した（BC247）。

IASB は，企業が持分投資を無期限に保有していて当該投資からの資本増価を実現することを計画していない場合には，企業を連結に対する例外に適格とするのは適切ではないと考えている（BC247）。

出口戦略は状況によって異なり得るが，投資企業の定義を満たすためには，投資の処分に関する実質的な時間枠を含めた，持分投資及び非金融投資に関する潜在的な出口戦略を，やはり特定し文書化すべきである（BC248）。

IASB は，企業が投資企業の定義のこの部分を満たせない可能性があることに留意した（BC248）。

それは，企業が法律上，規制上，税務上又は他の事業上の理由により投資企業である投資先と関連して設立されていて（例えば，「ブロッカー」企業や「マスター・フィーダー」構造[27]），当該投資先が企業に代わって投資を保有している場合である（BC248）。

IASB は，投資先が投資企業であり自らの投資について適切な出口戦略を有している場合には，企業が単に投資先についての出口戦略を有していないという理由だけで投資企業として適格となることを禁止すべきではないと決定した（BC248）。

③ 公正価値測定

IFRS 第 10 号及び投資企業 ED の開発中に，IASB は，公正価値情報が投資企業の経営者及び投資者の両方の意思決定プロセスの主要な決定要因であると聞かされた（BC249）。

多くのコメント提出者が，経営者と投資者の両方が投資企業の業績を投資の公正価値を参照して評価していると述べた（BC249）。

IASB は，投資会社への投資者の一部は投資企業の連結財務諸表を無視しており，その代わりに GAAP 非準拠の公正価値報告書に依拠していると聞かされた（BC249）。

投資企業に提供されている連結に対する例外の根拠は，公正価値情報が投資企業の投資（子会社に対する投資を含む）について最も目的適合性が高いというも

のである（BC250）。

　したがって，IASB は，投資企業の定義の本質的な特徴の1つは，企業が現行の IFRS の要求事項又は会計方針の選択肢を用いて，投資のほとんどすべてを公正価値で測定するということを決定した（BC250）。

　IASB は，IAS 第 28 号「関連会社及び共同支配企業に対する投資」(Investments in Associated and Joint Ventures) 又は IAS 第 40 号「投資不動産」(Investment Property) で利用可能な公正価値オプションを選択していない企業や，僅少とはいえない金額の金融資産を IFRS 第 9 号又は IAS 第 39 号において償却原価で会計処理している企業は，投資企業として適格とすべきではないと考えている（BC250）。

　IASB は，一部の投資が財政状態計算書において公正価値で測定されて公正価値変動が純損益ではなくその他の包括利益に認識される場合があることに留意し，これは投資企業の定義の公正価値測定の要素を満たすことに同意した（BC251）。

　IASB は，投資企業を区別する重要な特徴の1つは，投資企業に対する投資者が主として公正価値に関心があり，投資の意思決定を投資企業の基礎となる投資の公正価値に基づいて行うことであると考えている（BC252）。

　したがって，IASB は，投資企業の定義を満たす場合には，企業は，公正価値が内部的にも外部的にも，投資の業績を評価するために使用される主要な測定基礎であることを証明すべきだと決定した（BC252）。

2－6．投資企業に関する連結範囲規制における例外規定の評価

　筆者が，投資企業に関する連結範囲規制における例外規定設定について，現時点で懸念するのは，連結範囲規制の例外規定を業種に認めた唯一のものとなっている点である。

　改めて述べるまでもないが，IFRS は，原則主義（Principle-based）の会計基準であり，細則主義（Rule-based）と言われてきた US-GAAP のような報告企業の

属する業種業態等により会計処理のガイダンスを設けることは、策定当初から否定的であった。

　実際，この章で示した旧 IAS 第 27 号等の検討経緯や，IFRS 第 4 号「保険契約」(International Financial Reporting Standard 4：Insurance Contracts) の策定過程において，IFRS 第 4 号を「保険会社の保険負債（保険契約準備金）」の認識・測定の会計基準にするか，あるいは「保険契約」に関する会計基準にするかに関し検討され，IASB としては特定業種のための会計基準の策定はしないということで「保険契約」の会計基準となったこと等と、相矛盾してしまう。

　また，経営者や投資者の関心が持分の公正価値にあるという理由を敷衍すると、保険会社における保険投資ファンド（日本の生命保険会社における「特別勘定」[28]に近い概念と考えられる）も、投資企業の例外規定と同様な規定を設けてもいいのではないかとの見解も一定の説得力がある。

　この点に関しては、IASB は投資企業プロジェクトの対象範囲外とし、また、保険投資ファンドに関する適用の問題を IASB が検討する立場にないとしているが，投資企業の投資先に関し、投資企業の経営者及び出資者の関心が公正価値にあることを連結の例外規定の理由の 1 つにしているのであれば、保険会社における保険投資ファンドも同様の性格を有していると考えられるが、明確に相違点を IASB は示す必要があると思われる。

　そうでなければ、「経営者及び出資者の関心」という視点を普遍化し、原則主義との IFRS の立場を強く主張できなくなる懸念がある。

　また、IFRS をいち早く 2005 年に EU 域内上場企業の連結財務諸表からアドプションした EU 域内上場企業における連結範囲に関する慣行に変更を加える規定となる。

　筆者は、EU 域内における IFRS の投資企業等の連結範囲規制等に関し、英国及びオランダの国際的会計事務所でヒアリングする機会があったが、世界的な大手投資銀行グループにおける連結財務諸表に銀行等金融機関では通常みられない「棚卸資産」を含めているものがあることを確認した。これは、投資銀行グループ傘下の投資企業の投資先の保有する在庫であった。

　このように EU でも金融機関等が、将来の出口戦略を持っている投資先で

あっても例外なく連結をしているという実務慣行を否定することになるが，IFRS策定の当初の理念を否定してまで，今回の例外規定を設ける必要性に関し，未だ十分な説得力を有する根拠はないとも考えられる。

すなわち，「支配」の概念に例外規定を許容することは，IFRSの生命線ともいえる，原則主義（Principle-based）を崩し，IFRSの会計基準としての特性，特に「目的適合性」「忠実な表現」等の基本原則の存在意義を揺るがす可能性を懸念したものと考えられる。

現実，第五節で述べたように，投資企業の例外規定適用のためには，会計不正操作懸念上の理由から，複雑な適用要件が想定され，細則主義的側面が強く出ているが，むしろ細則を持つことが，会計不正を誘発することは，米国におけるエンロン事件や日本における旧日興コーディアルグループ事件などをみると歴史が物語っているとも言える。

なお，投資企業の投資先を公正価値で評価する場合，金融商品のように"一物一価"は成立せず，"一物多価"となる懸念が生じ，これが利益操作につながる可能性は否定できない。

原則主義の代表であるIFRSに，なぜ，例外規定が必要なのか，等に関し，示されてきた懸念を十分カバーできるだけの理論構築は崩壊しつつあり，IFRSの礎である原則主義を揺るがす会計処理が容認され細則主義の迷路に陥ってきているとの認識が共有されることがまず必要と考えられる。

【注】
1）我が国の企業会計基準委員会とIASB（International Accounting Standards Setting Board，以下，「IASB」と言う。）は，2005年3月からコンバージェンスに向けた共同プロジェクトを開始した（八田進二，橋本　尚『財務会計の基本を学ぶ（第11版）』（2016年，同文舘出版）349頁参照。）。当初は，着手しやすいものから逐次テーマとして取り上げていく「フェーズド・アプローチ」を採用していたが，2006年3月からは，差異のあるすべての会計基準について広く今後の取組みを明示する「全体像アプローチ」へと移行し，「短期プロジェクト」と「長期プロジェクト」の双方のプロジェクトの検討を進めている（八田，橋本，同上書，349頁～350頁参照。）。短期プロジ

ェクト項目は，当面，2008年までに解決するか，少なくともその方向性を決めようとするものであり，長期プロジェクト項目は，解決に時間を要するものからなる（八田，橋本，同上書，350頁参照。）。このような中，2007年8月8日，企業会計基準委員会とIASBは，「東京合意」（会計基準のコンバージェンスの加速化に向けた取組みへの合意）を締結した（八田，橋本，同上書，350頁参照。）。また，企業会計基準委員会ウェブサイト https://www.asb.or.jp/jp/other/archive/convergence/2007-0808.html［2017年11月20日閲覧］。

その内容は次のとおりである（八田，橋本，前掲書，350頁参照，企業会計基準委員会 Press Release「企業会計基準委員会と国際会計基準審議会は2011年までに会計基準のコンバージェンスを達成する「東京合意」を公表」（https://www.asb.or.jp/jp/wp-content/uploads/pressrelease_20070808.pdf［2017年11月20日閲覧］参照。）。① 2008年までの短期コンバージェンス・プロジェクトの完了 -2005年7月にCESR（Committee of European Securities Regulators）（欧州証券当局委員会））が補完措置を提案した項目についての重要な差異を解消するか，又は，会計基準が代替可能となるような結論を得る。② 2011年6月30日までの目標期日の設定 - 2011年6月30日までの目標として，これまで両者の間で識別されてきた差異のうち，2008年までのプロジェクトに含まれない残りの項目（IASBとFASB［Financial Accounting Standards Board（（米国）財務会計基準審議会）］が合意したMOU（Memorundam Of Understamding）に列挙されている項目のうち，2011年6月30日までに適用される会計基準に関連する項目）の差異について，コンバージェンスを行う（同日までに適用されないプロジェクトについては，それらのプロジェクトの完成・適用開始まで，日本基準とIFRSとのコンバージェンスは先送りされるが，新IFRSの適用開始までにはコンバージェンスを達成する。）。③ディレクターを中心とした作業グループの設置（IFRSの設定プロセスに貢献，歩調を合わせた基準開発）。

2）IASは，現在のIFRSの策定主体であるIASB設置以前，世界の主要国の会計士が主体となって設立したIASC（International Accounting Setting Committee）が策定した国際会計基準であり，IASBにIASとして引き継がれている。IAS27は，2001年に"Consolidated Financial Statements and Accounting for Investments in Subsidiaries"としてIASBに引き継がれ，2003年にタイトルが，"Consolidated and Separate Financial Statements"に変更された。さらにIFRS第10号の公表により，タイトルが"Separate Financial Statements"に変更された。

3）IASCの時代のIASに対する解釈指針策定委員会であり，今はIFRIC（International Financial Reporting Interpretations Committee）に置き換えられている。

4）IFRS Foundation,2015 International Financial Standards, IFRS official pronouncements issued at January 2015.Includs Standards which an effective date after 1 January 2015 but not the Standards they will replace –PART A the

Conceptual Framework and requirements, pA383.
　日本語翻訳に関しては，IFRS 財団編，企業会計基準委員会・公益財団法人 財務会計基準機構 監訳『2014 国際財務報告基準 PART A 概念フレームワーク及び要求事項―2014 年 1 月 1 日現在で公表されている基準書等（発効日が 2014 年 1 月 1 日より後の IFRS を含むが，それらが置き換える IFRS は含まない）―』を参照にしているが，①日本語訳に誤解が生じるため基本的に筆者の翻訳となっている点，②執筆日現在，IFRS Foundation『International Financial Reporting Standards IFRS PART A the Conceptual Framework and requirements　official pronouncements issued at 1 January 2015 .Includes Standards which an effective date after 1 January 2015 but not the Standards they will replace』と記述内容に変更があるため，筆者が基本的に訳している。

5）*Ibid*, p.A383.
6）田中弘隆「SPC 等に対する支配力基準の適用について― IFRS 第 10 号の取扱いを含めて―」『企業会計』（Vol 65 No.8）（2013 年 8 月），34 頁参照。
7）同上論文，34 頁参照。
8）同上論文，34 頁参照。
9）同上論文，36 頁参照。
10）同上論文，36 頁参照。
11）同上論文，36 頁参照。
12）同上論文。36 頁参照。
13）同上論文，36 頁参照。
14）あずさ監査法人編，山田辰巳責任編集『詳細解説 IFRS 実務適用ガイドブック』（2014 年，中央経済社）961 頁参照。
15）田中，前掲論文，36 頁〜 37 頁。
16）同上論文，37 頁。
17）同上論文，37 頁。
18）IFRS 第 12 号の組成された企業（structured entity）の定義（IFRS 第 12 号付録 A，B21）と類似している。IFRS 第 12 号では，組成された企業とは，誰が企業を支配しているのかを決定する際に，議決権または類似の権利が決定的な要因とならないように設計された企業である（IFRS 第 12 号付録 A，B21）とされている。
19）IFRS 第 12 号 BC83 では，次のような検討が行われている。
　　IASB は，組成された企業を，US-GAAP における持分変動事業体（VIE）と似た方法で定義すべきかどうかを検討した。US-GAAP では，VIE を，本質的に，活動が議決権又は類似の権利により指図されない企業として定義している。さらに，VIE のリスク資本の合計は，追加の劣後的財政支援なしに企業が活動資金を調達するのに十分ではない。US-GAAP では，企業の資本が十分かどうかを判断するために一般的に使

第 2 章　国際財務報告基準 (IFRS) を巡る連結範囲規制の動向と課題 | 89

用される 10% の資本閾値など，資本の十分性を判断するのに役立てるための広範なガイダンスを含んでいる。IASB は，このアプローチを含めないと決定した。開示のためだけに，IFRS にこれまでになかった複雑なガイダンスを導入するものとなるからである。

20) 同上論文，38 頁参照。
21) 同上論文，38 頁参照。
22) IAS 第 31 号は，2011 年 5 月に IFRS 第 11 号 (International Financial Reporting Standard 11, Joint Arrangements：共同支配の取決め) により廃止された。
23) FASB は，2009 年 6 月 3 日に新基準書である Accounting Standards Codification (ASC) を承認し，2009 年 9 月 15 日以後に終了する期中期間と年度から適用されている。SFAS 第 144 号は，ASC360 (Property, plant and equipment) に置き換えられた。
24) 岩崎伸哉「IFRS10 号・IAS28 号の修正案 IASB 公開草案「投資企業：連結の例外の適用」の解説」『旬刊 経理情報』(2014 年 8 月 10 日) 44 頁参照。
25) IFRS 第 10 号第 4 項 (a) は，次のように規定している。
　(ⅰ) 親会社が他の企業の 100% 子会社であるか，又は他の企業の 100% 未満の子会社であり，他の所有者 (それ以外では議決権を与えられない者も含む) が，親会社が連結財務諸表を表示しないことを知らされていて，それに反対していないこと。
　(ⅱ) 親会社の負債性又は資本性金融商品が，公開市場 (国内又は外国の株式市場又は店頭市場，ローカル及び地域市場を含む) で取引されていないこと。
　(ⅲ) 親会社が，財務諸表を証券委員会その他の規制機関に公開市場で何らかの種類の証券を発行する目的で提出しておらず，提出する過程にもないこと。
　(ⅳ) 親会社の最上位の親会社又はいずれかの中間親会社が，IFRS に準拠した公表用の連結財務諸表を作成しており，その中で本基準に従って子会社を連結するか又は純損益を通じて公正価値で測定していること。
26) US-GAAP では，以前からファンドについては投資会社会計という業界に特別な会計慣行が認められており，作成される財務諸表や注記事項について特別な定めを設けているとともに投資先について公正価値で評価することを求めている。投資会社会計の経緯であるが，投資会社の定義は，元々米国会計士協会監査及び会計ガイド "投資会社" に規定されていた。当該ガイドでは，投資会社は，投資会社ではない投資先は連結せず，保有する金融資産は公正価値により評価することが求められていた。当該ガイドは US-GAAP の体系化に伴い，Topic946 として引き継がれている。(PwC あらた有限責任監査法人，「あらた AM ニュース「米国会計基準における投資会社の取扱いの見直しと投資不動産事業体について」」(2012 年 1 月) 1 頁～2 頁参照。
27) 米国で広く行われている運用方式の投資信託。実質的にファミリーファンド方式と同じ仕組みで，ファミリーファンドで言うところの「マザーファンド」と「ベビーファンド」を，マスターフィーダーファンドでは「マスターファンド」と「フィーダーフ

ァンド」と呼んでいる（ソニー銀行ウェブサイト　http://moneykit.net/visitor/glss/glss05_7_1.html［2017 年 11 月 20 日閲覧］）。

28）保険業法（平成 7 年（1995 年）法律第 105 号〔最終改正　平成 29 年（2017 年）法律第 37 号〕）第 108 号。なお，特別勘定設定の経緯に関しては，武田久義「生命保険会社の経営破綻（4）」『桃山学院大学経営論集（稲別正晴教授退任記念号)』（第 46 巻第 3 号）（2004 年 12 月）315 頁 ~335 頁参照。

第3章
米国会計基準（US/GAAP）を巡る連結範囲規制の動向と課題
―東芝のウェスチングハウス社連結除外の件に関する考察を中心として―

3－1．本章の趣旨

　株式会社東芝（以下，「東芝」と言う。）は，2016年度3月期の年次財務諸表から海外連結子会社であるウェスチングハウスエレクトリックカンパニー社及びその米国関係会社並びに米国外の事業会社群の持株会社である東芝原子力エナジーホールディングス（英国）社を連結除外することを公表した。

　連結除外の理由として，東芝は，海外連結子会社同社が，米国倒産法第11章（Chapter 11, Title 11, United States Code, USC Chapter 11-Reorganization）に基づいて再生手続きを裁判所に申し立てたことを理由に挙げている。

　しかしながら，米国倒産法第11章では，原則として，管財人は選任されず，債務者が財産を管理しながら事業の継続を行う[1]。このように，連邦倒産法第11章の手続の債務者のことを「占有を継続する債務者」(debtor in possession)，所謂DIPと呼ぶ[2]。債務者は，申立と同時に又はその直後に，できる限り申立前と同様な状態で事業を継続するため，様々な事項について裁判所に許可を申立て，これをファーストデイ・モーション（first day motion）と呼ぶ。また，債務者は，事業継続に必要な資金を確保するために，担保の対象となっている現金や銀行預金などの現金担保（これをキャッシュ・コラテラル（cash collateral）と言う。）の使用を裁判所に求め，DIPファイナンスによって新たな資金の借入れを行うべく裁判所に許可を求める[3]。

　つまり，連邦倒産法第11章の申立て自体，即，東芝の当該会社からの支配からの離脱が起こっているとは言い切れないとも考えられ，特に，今回のケースにおいては，申立てが行われた2017年3月29日から間もない2017年3月

31日（東芝の連結貸借対照表日）に支配の離脱が確定しているとは考えにくく，東芝の連結財務諸表から当該海外連結子会社を連結範囲から除外することは妥当とは言えないのではないかと考えられる。

本章では，当該海外連結子会社の連結範囲からの除外に関して米国倒産法第11章の申立と米国会計基準の連結除外規定の関係の検討を中心論点として検討を加えてみる。

3－2．東芝の海外子会社連結除外の公表

東芝は，2017年3月29日に「当社海外連結子会社ウェスチングハウス社等の再生手続の申立について」と題するプレスリリースを行った。

このプレスリリースにおいて，次のような事項の記載がなされている[4]。

① 海外連結子会社の再生手続の申立

「当社海外連結子会社ウェスチングハウスエレクトリックカンパニー社（以下，WEC）及びその米国関係会社並びに米国外の事業会社群の持株会社である東芝原子力エナジーホールディングス（英国）社（以下，TNEH（UK））が，現地時間2017年3月29日に米国連邦倒産法第11章（以下，連邦倒産法）に基づく再生手続（以下，再生手続）を申し立てることを決議し，同日付でニューヨーク州連邦破産裁判所（以下，破産裁判所）に申し立てましたので，下記のとおりお知らせします。」

② 再生手続申立海外連結子会社の事業継続

「現在，WECグループは再生手続に則っての事業再編を念頭におきながら，当面現行事業をこれまでどおり継続する予定としております。またこの間の事業継続のために，WECは800百万米ドルの第三者からのファイナンス（DIPファイナンス）を確保し，当社はそのうち200百万米ドルを上限として債務保証を提供する予定です。」

③ 再生手続申立海外連結子会社の2016年度通期決算からの連結対象からの除外

「…WECグループは，再生手続の開始により，当社の実質的な支配か

ら外れるため，2016年通期決算より当社の連結対象から外れることになります。」

また，2017年4月11日，東芝は，2017年3月期会計年度に係る「四半期報告書」を関東財務局長宛て提出した。当該「四半期報告書」は，2016年10月1日より2016年12月31日までの期間，すなわち2017年3月期会計年度の第三四半期報告書である。この第三四半期報告書においても，WECグループが，米国時間2017年3月29日に米国倒産法第11章に基づく再生手続をニューヨーク州連邦破産裁判所に申し立てたことが記述されている（「(第三) 四半期報告書」第43頁参照）。そして，2017年3月31日に終了する事業年度に係る有価証券報告書における連結財務諸表においては連結子会社から除外する予定である旨を報告している。なお，会計監査人は，東芝の当該第三四半期報告書に対し，意見を表明せず（プレスリリース「四半期レビュー報告書の結論不表明に関するお知らせ」），2017年8月10日付けで，2017年3月に終了する会計年度（2016年4月1日～2017年3月31日）の有価証券報告書の連結財務諸表及び（東芝単体の）財務諸表に対して，それぞれ「限定付適正意見」[5]を表明している。

なお，当該連結財務諸表に対する限定付適正意見の根拠に関し会計監査人は次のように監査報告書に記載している。

「限定付適正意見の根拠」

会社は，特定の工事契約に関連する損失65億2,267万円を，当連結会計年度の連結損益計算書において非継続事業からの非支配持分控除前当期純損失（税効果後）に計上した。

しかし，当該損失の当連結会計年度における会計処理は，米国において一般に公正妥当と認められる企業会計の基準に準拠していない。当該損失が適切な期間に計上されていないことによる連結財務諸表に与える影響は重要である。

注記28.「企業結合」に記載されているとおり，会社の連結子会社であったウェスチングハウスエレクトリックカンパニー社（以下，「WEC」という。）は，2015年12月31日（米国時間）にCB&Iストーン・アンド・ウェブスター社（以下，「S&W社」という。）を取得したため，会社は2016年3月31日現在の連結財務諸表を作成

するにあたり，Accounting Standards Codification（以下，「ASC」という。）805「企業結合」に基づき，取得した識別可能な資産及び引き受けた負債を取得日の公正価値で測定し，取得金額を配分する必要があった。

　ASC805 は，公正価値の測定が完了するまでの期間中の決算期末においては，暫定的な見積りにより識別可能資産及び負債を計上することを要求している。また，ASC805 は，公正価値による測定及び取得金額の配分を取得日から 1 年以内に最終化することを認めている。

　会社は，2016 年 3 月 31 日現在の工事損失引当金の暫定的な見積りに，すべての利用可能な情報に基づく合理的な仮定を使用していなかった。会社が，工事損失引当金について，すべての利用可能な情報に基づく合理的な仮定を使用して適時かつ適切な見積りを行っていたとすれば，当連結会計年度の連結損益計算書に計上された 65 億 2,267 万円のうちの相当程度ないしすべての金額は，前連結会計年度に計上されるべきであった。これらの損失は，前連結会計年度及び当連結会計年度の経営成績に質的及び量的に重要な影響を与えるものである。

　会社が，2016 年 3 月 31 日現在の連結財務諸表を作成した時点（以下，「前期決算の当時」という。）において，利用可能であったが，工事損失引当金の暫定的な見積りに使用しなかった情報には次のようなものがある。

　工事原価の発生実績が当初の見積りを大幅に超過していたが，この実績が将来の工事原価の見積りに反映されていなかった。また，取得のための調査を行った専門家が工事原価見積りを分析した際，見積りに使用された生産性を達成できないことや建設工事スケジュールを遵守できないことによるコスト増加のリスクを識別したが，これらは暫定的な見積りに反映されておらず，さらに，WEC が契約により提出要求されていた S&W 社の最終の貸借対照表の分析に使用した生産性に関する仮定は，暫定的な見積りに使用した仮定と整合していなかった。

　前期決算の当時，すべての利用可能な情報に基づく合理的な仮定を使用して工事損失引当金を計上した場合，注記 28.「企業結合」の公正価値の要約表における工事損失引当金の公正価値 652,267 百万円のうちの相当程度ないしすべ

第 3 章　米国会計基準（US/GAAP）を巡る連結範囲規制の動向と課題 ｜ 95

ての金額は，比較情報である 2016 年 3 月 31 日現在の連結貸借対照表の非継続事業流動負債に計上する必要があった。この結果，当連結会計年度の連結損益計算書の非継続事業からの非支配持分控除前当期純損失（税効果後），非支配持分控除前当期純損失及び当社株主に帰属する当期純損失はそれぞれ過大に表示されている。

　WEC は，当連結会計年度末において会社の連結子会社ではないため，比較情報である前連結会計年度の WEC の財政状態及び経営成績は，非継続事業に組み替え表示されている。前期決算の当時，すべての利用可能な情報に基づく合理的な仮定を使用して工事損失引当金を計上した場合と比較し，比較情報である 2016 年 3 月 31 日現在の連結貸借対照表の非継続事業流動負債は過少に，連結損益計算書の非継続事業からの非支配持分控除前当期純利益（税効果後）は過大に，非支配持分控除前当期純損失及び当社株主に帰属する当期純損失はそれぞれ過少に表示されている。また，連結資本勘定計算書における株主資本合計の 2016 年 3 月 31 日現在残高は過大に表示されている。

　また，これらは，関連する注記 4.「非継続事業 WEC グループにおける原子力事業」及び注記 28.「企業結合」に影響を与える。」

　2017 年 3 月 31 日を連結貸借対照表日とする東芝の連結会計期間に関し，WEC の財政状態及び経営成績を非継続事業（ASC205-5）に区分するということは，WEC の財務諸表をグロスではなく，ネットで表示することに他ならないが，継続事業として，グロスで，WEC の財務諸表を連結すべきということであり，以後では，米国倒産法第 11 章の申立てにより，直ちに，2017 年 3 月 31 日を連結貸借対照表日とする連結財務諸表において，連結範囲から除外されることの適否について検討を行うものである。

3－3. 東芝の連結財務諸表導入の時期

　日本では，1977 年（昭和 52 年）4 月 1 日以後に開始される事業年度から連結財務諸表の提出が義務付けられるとともに，それについての監査証明を要する

ものとされた。

　東芝は，連結財務諸表を，米国会計基準で作成し，公表している[6]。これは1962年（昭和37年）2月にADR（American Depositary Receipts：アメリカ預託証券）方式で，アメリカ証券市場でその売出しを行い，米国会計基準に基づく連結財務諸表を公表し[7]，現在は，米国でのADRの売出しはなされていないものの，今日まで，引き続き有価証券報告書は，米国会計基準に基づいて作成した連結財務諸表を利用して開示している。なお，日本企業で最初に連結財務諸表を作成した会社は，ソニー株式会社であり，ソニー株式会社は日本で最初に米国でADRを売り出した会社である[8]。すなわち，東芝が米国基準で連結財務諸表を公表したのは，日本において連結財務諸表の作成が義務付けられた時期よりも前であり，連結財務諸表の開示に関しては，先進的な企業であったことが伺える。

３－４．米国会計基準における連結範囲規制

　ASC（Accounting Standards Codification）810（Consolidation）10（Overall）15（Scope and Scope Exceptions）に連結範囲規制に関する規定がある。

　まず，810-10-15-3において以下のような規定がある。

「All reporting entities shall apply the guidance in the Consolidation Topic to determine whether and how to consolidate another entity and apply the applicable Subsection as follows:

a. If the reporting entity is within the scope of Variable Interest Entities Subsections, it should first apply the guidance in those Subsections.

b. If the reporting entity has an investment in another entity that is not determined to be a VIE, the reporting entity should use the guidance in the General Subsections to determine whether that interest constitutes a controlling financial interest. Paragraph 810-10-15-8 states that the usual condition for a controlling financial interest is ownership of a majority voting interest, directly or indirectly, of more than 50 percent of the outstanding voting shares. Noncontrolling rights may prevent the owner of more than 50 percent of the voting shares from having a controlling financial interest.

c. If the reporting entity has a contractual management relationship with another entity that is not determined to be a VIE, the reporting entity should use the guidance in the Consolidation of Entities Controlled by Contract Subsections to determine whether the arrangement constitutes a controlling financial interest.」

これに従うと，連結範囲規制は以下のとおりである。

全ての報告事業体は，他の事業体を連結するか否か，どのように連結するかを決定するため連結トピックのガイダンスを適用し，下記に示す適切なサブセクションを適用するものとする。

a. 報告事業体が，持分変動事業体（VIE: Valuable Interest Entities, 以下，「VIE」と言う。）に該当するのか否か判定し，VIE であれば，最初に VIE のサブセクションの規定に従い連結を行う。

b. 報告事業体が，VIE のサブセクションの範囲ではない他の事業体への持分を有している場合，報告事業体は，当該持分が，支配財務持分（controlling financial interest）を構成するかどうかを決定する。パラグラフ 810-10-15-8 では，支配財務持分の通常の条件は，直接又は間接に，発行済議決権株式の過半数の議決権持分を所有する場合を指す。非支配権が，議決権株式の 50% を超える所有者が支配財務持分を所有することを妨げる場合があることがある。

c. 報告事業体が，VIE の定義を満たさない他の事業体と契約上の経営契約関係を有している場合は，当該報告事業体は，当該協定が支配財務持分を規定しているものか否かを決定するための契約サブセクションにより支配されている事業体の連結のガイダンスを使う。

次に，連結されている子会社が，連結範囲から除外される場合に関し，ASC810-10-15-10 に以下のような規定がある。

「A reporting entity shall apply consolidation guidance for entities that are not in the scope of the Variable Interest Entities Subsections (see the Variable Interest Entities Subsection of this Section) as follows:

1. A majority-owned Subsidiaries-all entities in which a parent has a controlling financial interest-shall be considered. However, there are exception to this general rule.

   i. The subsidiary is in legal reorganization.
   ii. The subsidiary is in bankruptcy.
   iii. The subsidiary operates under foreign exchange restrictions, controls, or other governmentally imposed uncertainties to serve that they cast significant doubt on the parent's ability to control the subsidiary.
   iv. In some instances, the powers of a shareholder with a majority voting interest to control the operations or assets of the investee are restricted in certain respects by approval or veto rights granted to the noncontrolling shareholder (hereafter referred to as noncontrolling rights). In paragraphs 810-10-25-2 through 25-14, the term *noncontrolling shareholder* refers to one or more noncontrolling shareholders. Those noncontrolling rights may have little or no impact on the ability of a shareholder with a majority voting interest to control the investtee's operations or assets or, alternatively, those rights may be so restrictive as to call into questions whether control rests with the majority owner.
   v. Control exists through means other than through ownership of a majority voting interests, for example as described in (b) through (e).」

報告事業体が，VIEのサブセクションの定義を満たさない事業体に対しては，そのための連結ガイダンスを適用するものとする。

1．過半数所有子会社，即ち親会社が支配財務持分を有している場合は，全ての事業体を考慮に入れるものとする。しかしながら，この一般的ルールの例外が存在する。

   ⅰ．子会社が法的に改組（reorganization）の状況にある。
   ⅱ．子会社が破産（bankruptcy）の状況にある。

第3章　米国会計基準（US/GAAP）を巡る連結範囲規制の動向と課題 | 99

　　ⅲ．子会社が外国為替の制限，統制，あるいは政府により課された不確実性の下で，活動しており，その外国為替の制限，統制，あるいは政府により課された不確実性が子会社を支配する親会社の能力に重大な疑問がある場合。
　　ⅳ．いくつかの場合においては，被投資先の事業あるいは資産の支配する過半数の議決権持分を有する株主のパワーが，非支配株主に対して認められた権利あるいは拒否権（今後は，非支配持分権利として言及される）により，いくつかの点において，制限されている。パラグラフ810-10-25-2 ないし 25-14 においては，支配株主とは，1人あるいはそれ以上の非支配株主に言及している。これらの非支配株主の権利は，被投資者の事業あるいは資産を支配する多数の株主の権利にほとんど，あるいは，全く影響がないであろうが，その一方で，これらの権利は，支配を多数株主が有しているか否かに関して，制限的ではあるが疑問を生じさせる可能性はある。
　　ⅴ．多数の議決権持分の所有を通じる場合以外の手段でも支配が存在する。

　この中で，子会社が Bankruptcy であれば連結範囲から除外されることが記載されている。
　ここで注意しなければならないのは，以下の3点である。
① 米国会計基準における連結除外の規制は，"bankruptcy" 時点のケース（破産時点のケース）であり，米国倒産法第11章の申立て，即ち，再生手続の時点ではないこと。
② DIP は "Debtor In Possession" の状態であり，債務者の経営者が引き続き経営に当たり，日本の破産法のように，完全に管理が裁判所に移っているわけではなく，親会社との事業・人事・財務の関係に大きな変化が生じているわけではないこと。
③ 親会社が DIP ファイナンスの相当額を引き受けている場合などは，米国倒産法第11章の申立て海外連結子会社が，引き続き親会社にとって VIE としての持分がなくなっているわけではないとも考えられること。

３－５．米国倒産法第 11 章の申立てと連結除外に対する私見

　連結除外の理由として，東芝は，海外連結子会社同社が，米国倒産法第 11 章に基づいて再生手続きを裁判所に申し立てたことを理由に挙げている。

　しかしながら，米国倒産法第 11 章は，原則として，管財人は選任されず，債務者が財産を管理しながら事業の継続を行う[9]。このように，チャプター 11 手続の債務者のことを「占有を継続する債務者」(debtor in possession)，所謂 DIP と呼ぶ[10]。債務者は，申立と同時に又はその直後に，できる限り申立前と同様な状態で事業を継続するため，様々な事項について裁判所に許可を申立て，これをファーストデイ・モーション（first day motion）と呼ぶ。また，債務者は，事業継続に必要な資金を確保するために，担保の対象となっている現金や銀行預金などの現金担保（これをキャッシュ・コラテラル〔cash collateral〕と言う。）の使用を裁判所に求め，また DIP ファイナンスによって新たな資金の借入れを行うべく裁判所に許可を求める[11]。

　つまり，チャプター 11 の申立て自体，即，東芝の当該会社に対する支配からの離脱が起こっているとは言い切れないとも考えられ，特に，今回のケースにおいては，申立てが行われた 2017 年 3 月 29 日から間もない 2017 年 3 月 31 日（東芝の連結貸借対照表日）に支配の離脱が確定しているとは考えにくく，東芝の連結財務諸表から当該海外連結子会社を連結範囲から除外することは妥当とは言えないのではないかと考えられる。

　確かに，米国破産法第 11 条は，裁判所の監督のもと，倒産会社の経営陣が事業を継続しながら進める再生手続きである。

　日本の民事再生法との類似が指摘されることもあるが，最大の相違は，米国連邦破産法第 11 条による手続きは，申し立てと同時に再生手続きに入り，債権者のほぼ全ての債権回収行為が禁止される点である。

　いずれにせよ，少なくとも 2017 年 3 月 31 日（2016 年度末）においては，米国破産法第 11 条申し立ての時点の経営陣が残って手続きを継続するため，前述第一章の日本の DIP 型会社更生法被適用会社ないしは日本の民事再生法被

適用会社と同様，支配の継続があるとみて，WEC グループを継続して連結子会社とすべきであり，東芝の WEC グループ非連結子会社化は妥当ではないと考えられる。

なお，2017 年 3 月 29 日の東芝の「当社海外連結子会社ウェスチングハウス社等の再生手続の申立について」と題するプレスリリースにおいて，米国破産法第 11 条申し立て後も，"…事業継続のために，WEC は 800 百万米ドルの第三者からのファイナンス（DIP ファイナンス）を確保し，当社はそのうち 200 百万米ドルを上限として債務保証を提供する予定です。…"と主体的な事業継続への取り組みの意思を示しており，この点も，WEC の非連結化を正当化する理由にならない点があると指摘でき得る。

また，今後，800 百万米ドルの DIP ファイナンス予定時における，その申出者の構成及び金額によるが，200 百万米ドルの DIP ファイナンスの出し手である東芝及び東芝の連結子会社又は（並びに）代理人が，primary beneficiary（主たる受益者）（ASC810-10-20）となる余地があるが，ファイナンスの状況が明確になっていないため，VIE の観点からも，2017 年 3 月 31 日（2016 年度末）において，WEC グループを連結除外することは，時期尚早で妥当ではないと考えられる。

【注】
1）阿部信一郎『わかりやすいアメリカ連邦倒産法』（2014 年，商事法務）14 頁。
2）同上書，14 頁。
3）同上書，14 頁。
4）東芝ウェブサイト（https://www.toshiba.co.jp/about/ir/jp/news/20170329_1.pdf）［2017 年 11 月 20 日閲覧］。
5）昭和 31 年（1956 年）12 月 25 日　大蔵省企業会計審議会中間報告　（最終改正　平成 26 年（2014 年）2 月 18 日　企業会計審議会）「監査基準」第四 意見に関する除外 1「監査人は，経営者が採用した会計方針の選択及びその適用方法，財務諸表の表示方法に関して不適切なものがあり，その影響が無限定適正意見を表明することができない程度に重要ではあるものの，財務諸表を全体として虚偽の表示に当たるとするほどではないと判断したときには，除外事項を付した限定付適正意見を表明しなければならない。この場合には，別に区分を設けて，除外した不適切な事項及び財務諸表に与えて

いる影響を記載しなければならない。」。
6）2016年6月22日に，東芝が関東財務局長に提出した2016年3月31日に終了する事業年度に係る有価証券報告書では，「第5【経理の状況】1.連結財務諸表及び財務諸表の作成方法（1）」において，「当社の連結財務諸表は，「連結財務諸表の用語，様式及び作成方法に関する規則」（昭和51年大蔵省令第28号。以下「連結財務諸表規則」という。）（平成14年内閣府令第11号附則第3項適用。）の規定により，米国において一般に公正妥当と認められた会計基準による用語，様式及び作成方法に準拠して作成しています。」と記載されている。なお，東芝が2017年5月15日にプレスリリースした「2016年度通期業績見通しに関するお知らせ」でも，米国会計基準で連結財務諸表が作成される予定であることが示されている。
7）武田隆二『連結財務諸表』（1977年，国元書房）4頁参照。
8）同上書，4頁参照。
　なお，東芝のIR部（広報部）の説明では，ADRは，米国銀行が流通させたものであり，東芝と当該米国銀行との間に契約関係はなく，また，米国証券市場には上場したことはないとのことである（2017年6月13日ヒアリング）。
9）阿部，前掲書，14頁。
10）同上書，14頁。
11）同上書，14頁。

第2部

連結範囲規制問題において特に検討が必要とされる個別論点と対応私案

第4章
一般社団・一般財団法人等の連結範囲問題

4-1. 本章の位置づけ

　昨今，所謂「パナマ文書問題」が話題になっているが，連結範囲規制問題は，企業会計における連結財務諸表の適正な開示を担保する意味で改めて重要な意味を依然として有していると考えられる。

　タックス・ヘイブン[1]諸国に企業を設立する際，慈善信託（チャリタブル・トラスト：charitable trust）[2]を通じて出資を行うと，本国親企業からの出資は，慈善信託への寄付金になり，タックス・ヘイブン諸国に設立した企業との資本関係が不明瞭になり，本国親企業と当該企業との「支配」関係が容易に検証できず，また，場合によっては，タックス・ヘイブン国で何らかの事業を本国親企業の意図のもと行っているにもかかわらず，連結範囲規制を受けず連結対象外となっていることもあり得るものと考える。

　さらに，国内で一般財団法人のような，所謂通称，非営利組織と呼ばれる事業体を通じて，仮に，このような投資が行われればますます，その実態は不明瞭となる可能性がある。

　また，そもそも，このような非営利組織と呼ばれる事業体には，連結範囲規制の観点からは，「営利を目的」とする要素がある事業体は，連結範囲規制の対象と成りうるものの[3]，踏みいった検討は，必ずしも，行われているとはいい難いというのが現実である。

　非営利組織における連結規制問題を検討するに当たり，まず，大きく2つの枠組みを考慮する必要がある。

　まず，第1に，上場会社等の金融商品取引法適用会社（及び会社法上の連結計

算書類作成義務会社）が，非営利組織を連結する件に関する検討である。

　第2に，非営利組織の子法人（例えば「一般社団法人及び一般財団法人に関する法律」（以下，「一般社団・財団法」と言う。）[4]第2条第4号）等を連結する件に関する検討である。

　上記2つの枠組みの検討に関しては，非営利組織が「営利を目的」とするか否かに関し，当該営利組織の関連組織を含めて「営利を目的」とするのか否かを検討することも必要と考えている。本章では，通称，非営利組織と呼ばれる事業体に関し，上述した問題意識のもと検討を加えていきたい。

　企業会計の問題としては，税務に関する問題，マネー・ローンダリング等の問題ではなく，あくまで適正な連結範囲規制のあり方を検討するものである。なお，解決すべき問題点を図示すると次のとおりとなるが，本論文では，【図表4−1】点線丸囲みの部分に関する連結範囲規制を取り上げる。

図表4−1　一般財団法人を利用したタックス・ヘイブン国等の事業体等への資金拠出の例

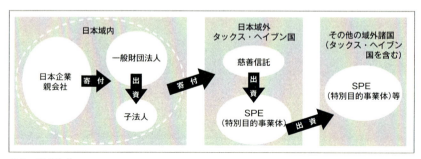

出典：筆者作成。

4−2．一般社団法人・一般財団法人

4−2−1．一般社団法人

a．特徴総論

　一般社団法人は，一般社団・財団法に基づいて設立された法人であり，所謂人の集合体に法人格が付与されたものということができる[5]，とされる。

　一般社団法人には，次のような特徴があるとされる[6]。

・簡易な設立手続
  ① 設立に際して主務官庁の認可を得る必要はなく，登記申請のみで設立することができる。
  ② 株式会社のように公証役場での定款認証と法務局での登記手続のみで設立することが可能であり，設立時社員も，最低2名いればよい。
  ③ 設立時に資本金にあたる金銭等の支出が求められない。
・自主的な運営が可能
  ① 設立登記のみで成立し，行政庁による監督を受けないため，自主的で身軽な運営が可能となる。
  ② 法人として最低限，社員，社員総会及び理事のみ設置すればよく，理事会，監事及び会計監査人の設置は任意となっている。但し，貸借対照表の負債の合計額が200億円以上の社団法人（大規模一般社団法人）においては，会計監査人の設置（及びそれに伴う監事の設置）が必須となる。
・様々な事業に活用可能
  事業目的の規制がないため，他の法律で禁止されない限りは，事業の種類に制限はなく，また，事業内容に公益性も求められていない。そのため，「公益事業」はもとより，構成員に共通する利益を追求する「共益事業」だけでなく，営利会社（株式会社等）のような自己の利益を追求する「収益事業」についても営むことができる。
  但し，法人の剰余金を社員や役員等に分配することは認められていない。
・税制上のメリット
  ① 公益性のある事業を行っている一般社団法人においては「公益社団法人」の認定を受けることにより，公益目的事業非課税やみなし寄付金制度，利子・配当等に関する源泉所得税非課税等，広く税制上の優遇措置が取られている。
  ②「公益社団法人」とならなくても「一般社団法人」は，定款の内容や理事に関する規制等を満たすことにより「非営利型法人」として収益事業についてのみ課税される法人になることができる。

b. 一般社団法人の機関の特徴

　一般社団法人（及び公益社団法人）は，人の集合体に法人格が付与されたものとされ，株式会社も，出資者たる社員（株主）により構成された法人であるため，その意味では，株式会社も社団法人の一種と言える[7]。

　但し，株式会社は法人が蓄積した剰余金を出資者に分配できるのに対して，一般社団法人（及び公益社団法人）は法人が蓄積した剰余金を出資者に分配ができない（一般社団・財団法第35条第3項参照），という違いがある。

　また，一般社団法人（及び公益社団法人）の社員には，株式会社の株主のような法人に対する持分はなく，議決権も原則として1人1議決権とされており（一般社団・財団法第48条第1項）[8]，保有する株式の内容及び数に応じ，原則として株主が議決権を有する株式会社とは異なっている。但し，すべての株式の譲渡を制限している株式譲渡制限会社においては，定款で定めることにより，議決権について株主ごとに異なる取扱いが認められている（会社法第105条第1項，同法第109条第2項）。

　上記のとおり株式会社と異なる点はあるが，法人自身による自主的な管理と運営を目的の1つとして施行された一般社団・財団法では，先に制度として運用がなされている会社法と機関設計，法人運営，役員の責任等について多くの類似する規定が見て取れる。

　社団法人と株式会社の主要な機関を比較すると次のとおりである。

図表4－2　社団法人と株式会社の主要な機関の比較

社団法人の機関		株式会社の機関
社員総会	⇔	株主総会
理事会	⇔	取締役会
理事	⇔	取締役
代表理事	⇔	代表取締役
監事	⇔	監査役
（監事会）＊	⇔	監査役会
会計監査人	⇔	会計監査人

※監事会は，任意に設置されるもので，法律により定義された機関ではない。
出典：太陽有限責任監査法人・太陽グラントソン税理士法人『一般法人・公益法人の制度・会計・税務』（2015年，同文舘出版，14頁。）

c. 一般社団法人の機関設計

　一般社団・財団法上，一般社団法人については，【図表4－3】の5つの機関設計が認められている。また，公益社団法人は，理事会の設置が必須となるため，③か⑤のいずれかの機関設計となる。

図表4－3　一般社団法人の機関設計

	社員総会	理事	理事会	監事	会計監査人
①	○	○	－	－	－
②	○	○	－	○	－
③	○	○	○	○	－
④	○	○	－	○	○
⑤	○	○	○	○	○

出典：同上書，14頁。

　一般社団法人の機関設計について一般法人法上，次のような規定がなされている。

① 社員総会と理事は，必ず設置が必要となる（一般社団・財団法第60条第1項）。
② 定款で定めた場合，理事会，監事及び会計監査人を設置することができる（一般社団・財団法第60条第2項）。但し，大規模一般社団法人（負債総額が200億円以上の一般社団法人）においては，会計監査人の設置が必要となるため（一般社団・財団法第62条），④か⑤のいずれかの機関設計となる。
③ 理事会又は会計監査人のいずれか又は両方を設置した場合には，監事の設置が必要となる（一般社団・財団法第61条）。

　　上記のとおり，一般社団法人には多様な機関設計が認められており，社員総会と1名の理事という機関設計も可能である。

d. 社員総会の地位

　社員総会は，一般社団法人を構成する社員全員で組織される会議体であり，一般社団法人を構成する社員全員で組織される会議体であり，一般社団法人における必置の最上位機関（一般社団・財団法第35条）である。

　株式会社でいう株主総会（会社法第295条）に相当する機関であり，一般社団法人の構成員たる社員は，いずれも平等な地位にあるものとされ（一般社団・財

団法第48条第1項参照），法人の運営については，社員全員の総意によって決定される。

　社員総会では，原則として一般社団法人に関する一切の事項（法律で規定されている事項，法人組織，運営，管理その他）について決議をすることができるが（一般社団・財団法第35条第1項），法人が機関設計において理事会の設置を選択した場合には，社員総会が決議できる範囲は，一般社団・法人法で規定された事項と定款で定めた事項に限定される（一般社団・財団法第35条第2項）。

　すべての一般社団法人は，一般社団・財団法人法の適用を受けるが，法人によってその規模は様々である。

　一般的に社員が少ない法人では，社員自らが運営に携わる機会が多く，社員と法人とが緊密な関係にある傾向が強い。反対に，社員が多い法人では，法人の権限の多くを理事や理事会に委ねることにより，より機動的かつ効率的な法人運営がしやすくなる反面，社員と法人との関係が希薄になりやすくなるため，決議すべき内容の社員への周知がより強く求められることとなる。

　このように法人における社員数の多寡や法人が求める管理水準あるいは法律上の要請等により，設置する機関と運営が変わり，社員総会の権限の範囲（決議すべき範囲）が異なってくる。

　一般社団・財団法人法では，法人が機関設計において理事会の設置を選択した場合には社員総会の決議事項の範囲を重要な事項に限定することにより，理事会による機動的でかつ効率的な法人運営を可能にしている。

　社員総会の決議については，上記以外にも次のような制限が定められている。

① 最上位機関である社員総会の決議であっても，社員に剰余金を分配することは認められない（一般社団・財団法第35条第3項）。
② 一般社団・財団法において社員総会で決議することが求められている事項については，他の機関へ決議権限を移譲することが禁止され，たとえ定款で定めたとしても無効とされる（一般社団・財団法第35条第4項）。

e. 理事会の権限等

　理事会は，3人以上の理事（一般社団・財団法第65条第3項，同法第177条）全員

により構成される機関である（一般社団・財団法第90条第1項，同法第197条）。

　一般社団法人においては，定款により設置することができる任意の機関であるが（一般社団・財団法第60条第2項），多くの法人において理事会を機関として設置している[9]。

なお，一般財団法人では，法律上の必置機関とされている（一般社団・財団法第170条第1項）。

　理事会が行う職務として次のものが例として示されている（一般社団・財団法第90条第2項，同法第197条）。

① 理事会設置の一般社団法人の業務執行の決定（一般社団・財団法第90条第2項第1号）。
② 理事の職務の執行の監督（一般社団・財団法第90条第2項第2号）。
③ 理事の中からの代表理事の選定及び解職（一般社団・財団法第90条第2項第3号）。

　理事会設置の一般社団法人においては，社員総会で決議できる範囲が一般社団・財団法人で規定する事項と定款で定めた事項に限定されている（一般社団・財団法第35条第2項）ため，実質的な業務執行の権限は，理事会が有することになる。

　次に掲げる事項及びその他重要な業務執行の決定は，理事に委任することができないとして，理事会の専決事項とされている（一般社団・財団法第90条第4項，同法第197条）。

① 重要な財産の処分及び譲受け（一般社団・財団法第90条第4項第1号）。
② 多額の借財（一般社団・財団法第90条第4項第2号）。
③ 重要な使用人の選任及び解任（一般社団・財団法第90条第4項3号）。
④ 従たる事務所その他の重要な組織の設置，変更及び廃止（一般社団・財団法第90条第4項4号）。
⑤ 理事の職務の執行が，法令及び定款に適合することを確保するための体制，その他，法人の業務の適正を確保するため必要なものとして，法務省令で定める体制の整備（一般社団・財団法第90条第4項5号，一般社団法人及び一般財団法人に関する法律施行規則[10]第14条）。

⑥ 定款の定めに基づく任務を怠った役員等の責任の一部免除（一般社団・財団法第90条第4項第6号，同法第111条第1項，同法第114条第1項）。

　以上，いずれも法人にとって，重要な事項であるため，理事全員の協議により適切な意思決定がなされることが期待されている[11]，と解釈されている。

　なお，一般社団法人が，連結範囲規制の対象となる事業体となるか否か，また連結範囲規制の対象となる事業体となる場合，その支配の指標は何かに関しては，第三節において検討を加える。

4－2－2. 一般財団法人

a. 特徴総論

　一般財団法人は，一般社団・財団法に基づいて設立された法人であり，所謂財産の集合体に法人格が付与されたものということができる[12]。

　一般財団法人には，次のような特徴があるとされる[13]。

・簡易な設立手続
① 設立に際して主務官庁の認可を得る必要はなく，登記申請のみで設立することができる。
② 株式会社のように公証役場での定款認証と法務局での登記手続により設立することが可能であり，設立者は1名でもかまわない。
③ 一般社団法人とは異なり設立時に設立者に対して，300万円以上の財産の拠出が求められる。

・自主的な運営が可能
① 設立登記のみで成立し，行政庁による監督を受けないため，自主的で身軽な運営が可能となる。
② 法人の機関として，評議員，評議員会，理事，理事会及び監事を設置することが求められる。また，会計監査人についても，定款の定めにより，設置することが可能である。但し，貸借対照表の負債の合計額が200億円以上の一般財団法人（大規模一般財団法人）においては，会計監査人の設置が必須となる。

・様々な事業に活用可能
　① 他の法律で禁止されている業種でない限り，どのような事業も行うことができ，また，事業内容に公益性も求められていない。そのため「公益事業」はもとより，構成員に共通する利益を追求する「共益事業」だけでなく，営利会社（株式会社等）のような自己の利益を追求する「収益事業」についても営むことができる。但し，法人の剰余金を役員等に分配することは認められていない。
　② 遺言による一般財団法人の設立が可能である。この場合，遺言執行人が法人の設立手続を行うこととなる。
・税制上のメリット
　① 公益性のある事業を行っている一般財団法人においては，「公益財団法人」の認定を受けることにより，公益目的事業非課税やみなし寄付金制度，利子・配当等に対する源泉所得税非課税等，広く税制上の優遇措置が取られている。
　②「公益財団法人」とはならなくても「一般財団法人」は，定款の内容や理事に関する規制等を満たすことにより，「非営利型法人」として収益事業についてのみ課税される法人になることができる。

b．一般財団法人の機関設計に関する規律
　一般財団法人には，評議員，評議員会，理事，理事会及び監事を置かなければならない（一般社団・財団法第170条第1項）。また，定款の定めによって，会計監査人を置くことができる（同法第170条第2項）。
　一般財団法人は，設立者が一定の目的のために拠出した一団の財産に法人格を付与する制度であり，その性質上，一般社団法人の社員総会のような機関が元来存在しないことから，業務執行機関である理事が法人の目的に反する恣意的な運営を行うことが懸念される[14]。
　また，準則主義への移行に伴い，主務官庁による業務の監督もなくなるため，法人の機関設計上，理事等の選解任や法人の重要事項の決定を通じて，理事の業務執行を他の機関が監督するというガバナンスの仕組みを構築することが重

要である[15)]と,立法時考えられた。

そこで,一般財団法人においては,3名以上の評議員からなる評議員会を必置とし,一定の基本的事項を決定する権限を通じて理事を牽制監督させるとともに,理事間の相互監視を期待して理事全員で構成される理事会を必置とし,さらに理事の監視機関は次の2通りとなる。

図表4-4　一般財団法人の機関設計

	社員総会	理事	理事会	監事	会計監査人
①	○	○	○	○	―
②	○	○	○	○	○

出典：太陽有限責任監査法人・太陽グラントソン税理士法人,前掲書,79頁。

c．評議員の地位

評議員は,評議員会の構成員である（一般社団・財団法第178条第1項）。

一般財団法人においては,3名以上の評議員を置かねばならず（一般社団・財団法第173条第3項）,評議員は,一般財団法人の必置の機関として,評議員会において,一般財団法人の重要事項を決定するとともに理事及び理事会を監督する[16)]。

d．評議員会の地位

評議員会は,評議員全員で組織される会議体であり（一般社団・財団法第178条第1項）,一般財団法人における必置の最上位機関である。

一般財団法人には,一般社団法人のような社員たる構成員がいないため,社員総会がなく,それに代わるものとして,評議員を構成員とする評議員会の設置を義務付け,理事等の執行と監督の役割を担う機関として設置された[17)]。

評議員会では,法律で規定する事項と定款で定めた事項に限り決議することが認められている（一般社団・財団法第178条第2項）。

一般社団・法人法において評議員会で決議するよう求めている事項については,他の機関に権限を委譲することが禁止され,たとえ定款で定めたとしても

無効とされる（一般社団・財団法第 178 条第 3 項）。

　評議員会で決議できる一般社団・法人法で規定された事項は決議の方法により次のように規定されている。

● 普通決議

　評議員会は，原則として決議に参加できる評議員の過半数が出席し，その過半数で決する「普通決議」により行われる（一般社団・財団法第 189 条第 1 項）。

　評議員と議決権は，いずれも定款で過半数を上回る割合に変更することにより加重することができるが，過半数を下回る割合にすることは認められない（一般社団・財団法第 189 条第 1 項）。

　なお，評議員会における普通決議の例として，次のものがある。

(a) 理事，監事または会計監査人の選任（一般社団・財団法第 63 条第 1 項，同法第 177 条）。
(b) 理事，会計監査人の解任（一般社団・財団法第 176 条）。
(c) 理事の報酬等（定款にその額を定めていない場合）（一般社団・財団法第 89 条，同法第 197 条）。
(d) 監事の報酬等（定款にその額を定めていない場合）（一般社団・財団法第 105 条第 1 項，同法第 197 条）。
(e) 会計監査人の評議員会への出席（一般社団・財団法第 109 条第 2 項，同法第 197 条）。
(f) 評議員会に提出された資料等の調査者の選任（一般社団・財団法第 191 条）。

● 特別決議

　次の評議員会の決議については，法人における重要な決議事項であるため，議決に参加できる評議員の 3 分の 2 以上に当たる多数をもって決する「特別決議」により行う必要がある（一般社団・財団法第 189 条第 2 項）。

(a) 監事の解任（一般社団・財団法第 176 条第 1 項）。
(b) 役員等の法人に対する責任の一部の免除（一般社団・財団法第 113 条第 1 項，同法第 198 条）。

(c) 定款の変更（一般社団・財団法第200条）。
　(d) 事業の全部譲渡（一般社団・財団法第201条）。
　(e) 解散後の法人の継続決定（一般社団・財団法第204条）。
　(f) 合併契約の承認（一般社団・財団法第247条，同法第251条第1項，同法第257条）。
　なお，「評議員の3分の2以上」の要件は，定款でこれを上回る割合に変更することが認められている（一般社団・財団法第189条第2項カッコ書）。
・総評議員の同意
　次の評議員会の決議は，決議内容の重要性から総評議員の同意が必要である。理事，監事又は会計監査人の損害賠償責任の免除（一般社団・財団法第112条，同法第198条）。

　評議員会は，原則としてあらかじめ定められた評議員会の目的である事項以外の事項以外の事項については，決議をすることができないとされ（一般社団・財団法第189条第4項本文），評議員会と理事会との権限が明確に区別されている[18]。

　但し，次の3つについては，例外として決議することが認められている（一般社団・財団法第189条第4項但書）。

① 評議員会に提出された資料を調査する者の選任（一般社団・財団法第191条第1項）。
② 評議員会の決議によって法人の業務及び財産の状況を調査する者の選任（一般社団・財団法第191条第2項）。
③ 会計監査人に評議員会への出席を求めること（一般社団・財団法第109条第2項，同法第197条）。

　なお，評議員の議決権は，理事会の場合と同様，1人1個であり，社員の議決権のように定款で別段の定めを設けることは認められない[19]。

　また，ある決議につき特別利害関係を有する評議員については，自己の利益のため議決権を行使する可能性があるため，その決議に加わることができない（一般社団・財団法第189条第3項）。

　一般社団・法人法では，個人的な能力や資質に着目して信任を受けた評議員が，自ら評議員会に出席して議論をし，執行機関に対する牽制と監督を行う機関として役割を果たすことが求められている[20]。

第4章 一般社団・一般財団法人等の連結範囲問題 | 117

　このことから，代理人による議決権の代理行使や，書面等による議決権の行使あるいは持ち回り決議等が認められていない[21]。

　この点において，(1) 議決権の代理行使（一般社団・財団法第50条），(2) 書面による議決権の行使（一般社団・財団法第51条），(3) 電磁的方法による議決権の行使（一般社団・財団法第52条）の3つの議決権の行使が認められている社員総会とは異なっている。

e. 理事会

　一般財団法人では，理事会は法律上の必置機関とされている（一般社団・財団法第170条第1項）。

　理事会の権限等に関しては，原則として，一般社団法人と同様である（一般社団・財団法第197条）。

　なお，一般財団法人が，連結範囲規制の対象となる事業体となるか否か，また連結範囲規制の対象となる事業体となる場合，その支配の指標は何かに関しては，第三節において検討を加える。

4-3. 一般社団法人・一般財団法人と連結範囲規制問題

4-3-1. 一般社団法人・一般財団法人を，子会社の範囲に含まれる「会社に準ずる事業体」として取り扱うべきか否かについて

　連結財務諸表に関する会計基準において，子会社の範囲に含まれる企業とは，会社及び会社に準ずる事業体をいい，会社，組合その他これらに準ずる事業体（外国におけるこれらに相当するものを含む。）を指すとされており（第5項），これには，「資産の流動化に関する法律」に基づく特定目的会社や「投資信託及び投資法人に関する法律」に基づく投資法人，投資事業組合，海外における同様の事業を営む事業体，パートナーシップその他これらに準ずる事業体で営利を目的とする事業体が該当するものと考えられるとされている（連結財務諸表における子会社及び関連会社の範囲の決定に関する適用指針（以下，「連結範囲適用指針」と言う。）第28項）。

　連結財務諸表に関する会計基準，連結範囲適用指針及びその他の会計基準等

においては，一般社団法人・一般財団法人が子会社の範囲に含まれる「会社に準ずる事業体」として取り扱うべきか否かについて明記されていないため，個々の状況に照らした検討を実施することになる。

　一般社団法人・一般財団法人は，2008年12月1日から施行されている一般社団・財団法人法[22]に基づいて設立される法人である。

　一般社団・財団法人法の施行前において，税制上の優遇措置を受けることができる公益法人（社団法人・財団法人）を設立するには，主務官庁による設立の許可が必要とされ，「法人格の取得」，「公益性の判断」，「税制上の優遇措置」が一体となっていた[23]。そのため，法人設立が簡便でなく，また，公益性の判断基準が不明確であったり，営利法人類似の法人等が公益法人として税制上の優遇措置を受けたりするなど，様々な問題が生じていた[24]。

　また，1998年の特定非営利活動促進法[25]（NPO法）の制定，2001年の中間法人法[26]の制定により，営利（剰余金の分配）を目的としない社団について法人格取得の機会が拡大されてきたが，特定非営利活動法人を設立するには行政庁の認証が必要とされており，いずれも社団のみに関する制度であるという問題があった[27]。

　当該問題に対処するため，2008年12月1日から施行されている一般社団・財団法人法は，法人格の取得と公益性の判断を分離するという基本方針の下，営利（剰余金の分配）を目的としない社団と財団について，法人が行う事業の公益性の有無に関わらず，登記のみによって簡便的に法人格を取得することができる法人制度として，一般社団・財団法人法が制定された[28]。

　一般社団法人・一般財団法人のうち，公益目的事業を行うことを主たる目的としている法人は，申請を行うことで，公益社団法人又は公益財団法人の認定を受けることができ[29]，税制上の優遇を受けることができる[30]。また，一般社団・財団法人法施行前の公益法人（社団法人・財団法人）は，一般社団・財団法人法施行後において，公益社団法人・公益財団法人，又は一般社団法人・一般財団法人へ移行（移行が認められない場合には解散）となる。なお，中間法人法に基づく中間法人（準則主義によって設立される剰余金の分配を目的としない社団法人であって，社員に共通する利益を図ることを目的とする法人）は，一般社団・財団法人法施行後

において，一般社団法人に移行している[31]。

一般社団・財団法人法の施行前において，税制上の優遇措置を受けることができる公益法人（社団法人・財団法人）及び中間法人法に基づく中間法人が会社に準ずる事業体に含まれるかどうかについては，会計基準等にその考え方が記載されていたが，前述のとおり，一般社団・財団法人法に基づく一般社団法人・一般財団法人については会計基準等において明記がない。

一般社団・財団法人法の施行前，施行後と，会計基準等における「会社に準ずる事業体」の取扱いの関係は【図表4－5】のとおりである。

図表4－5 一般社団・財団法人法の施行前，施行後と，会計基準等における「会社に準ずる事業体」の取扱いの関係

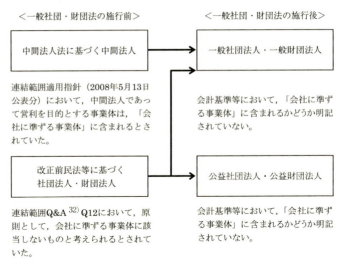

出典：林 健一「厳選 現場からの緊急相談 Q&A 第6回 連結の範囲」『経営財務』（3204号）（税務研究会，2015年3月16日）12頁参照。

一般社団法人・一般財団法人は，剰余金の分配を目的としない法人であるが，事業の制限なく簡便に法人格を取得することができることから，さまざまな目的をもって設立されている。

2008年5月31日公表分の連結範囲適用指針において，一般社団法人・一般財団法人と同様に，剰余金の分配を目的とせず事業制限もない「「中間法人法」

に基づく中間法人」であって，営利を目的とする場合には，会社に準ずる事業体に含まれるとされていた[33] 理由は，剰余金の分配を目的としない場合であっても，きわめて公益性の高い事業を営んでいる場合を除き，当該法人の営む事業や取引の形態を総合的に勘案したうえで，会社に準ずる事業体として取扱うかどうかを判断し，連結の範囲に含めることを検討すべきであるという趣旨と考えられる。

したがって，一般社団法人・一般財団法人が会社に準ずる事業体に該当し，子会社に該当するか否かについては，当該法人の実態に応じた判断を行うことになり，会社がどのような意図を持って一般社団法人・一般財団法人に関与しているかを明確にする必要がある。

具体的には，取引を通じ，最終的に一般社団法人・一般財団法人から生ずる損益が他の企業に還元又は転嫁されている場合などは，当該他の企業にとって，「会社に準ずる事業体」として取り扱うべきと考えられる。

4-3-2. 検討対象となる一般社団法人・一般財団法人の財務及び営業または事業の方針を決定する機関（社員総会または評議員会）を支配しているか否かについて

一般社団法人・一般財団法人が「会社に準ずる事業体」として取り扱われ，かつ，会社がその意思決定機関を支配している場合には，当該一般社団法人・一般財団法人は会社の子会社として取り扱われるものと考えられる。

一般社団法人・一般財団法人の意思決定機関，業務執行機関は【図表4-6】のとおりであり，これらの機関の状況を勘案のうえ，連結財務諸表に関する会計基準第7項等に基づき，意思決定機関を支配しているかどうかの判断を行う

図表4-6　一般社団法人・一般財団法人の意思決定機関，業務執行機関

	一般社団法人	一般財団法人
意思決定機関	社員総会	評議員会
業務執行機関	理事（会）	理事（会）

出典：林健一，前掲論文。

ことになると考えられる。

4－3－3. 一般社団法人・一般財団法人における「営利事業」の意義の検討

　公益法人制度改革に関する有識者会議が，2004年11月に取りまとめた報告書では，新たに創設される法人が営利を目的としない法人であることから，その名称として「非営利法人」という仮称が用いられていた[34]。

　しかし，その後の法律の立案の過程において，「非営利」という用語は，伝統的には「剰余金の分配を目的としない」という意味で用いられるが，そのほかに「収益事業を行わない」あるいは「利益を追求しない」という異なった意味で用いられることがあり，むしろ，社会一般では，後者の意味で理解される場合が多く，「非営利法人」という名称を採用すると，法律上もそのような制約のある法人であるとの誤解を招くおそれがあるとの指摘があった[35]。

　一般社団法人，一般財団法人は，社員または設立者に剰余金または残余財産の分配を受ける権利を付与することができない（一般社団・一般財団法第11条第2項，同法第153条第3項第2号）ので，伝統的な意味における「非営利」の法人であるが，収益事業を行うことは何ら妨げられない[36]。

　一般社団・財団法人法は，法人格の取得と公益性の判断を分離するという基本方針の下，剰余金の分配を目的としない社団または財団について，その行う事業の公益性の有無にかかわらず，準則主義（登記）によって法人格を取得することのできる一般的な法人制度を創設し，もって，人々の自由活発な活動や財産の社会的な活用を促進しようとするものであり，このような立法趣旨から，一般社団法人または一般財団法人が行うことができる事業について，一般社団・財団法人法においては，格別の制限が設けられていない[37]。

　一般社団法人または一般財団法人は，公益的事業に限らず，共益的な事業，あるいは，収益事業を行うことも何ら妨げられない[38]。

　したがって，一般社団法人または一般財団法人が収益事業を行い，その利益を法人の活動経費等に充てることは，何ら差支えないものと考えられる[39]。

　但し，その事業の内容が強行法規や公序良俗に反するものであってはならないことは当然である[40]。

また，行政庁による公益認定を受けた公益社団法人または公益財団法人であっても，公益目的事業以外の事業（収益事業等）を行い得ることが前提とされている[41]。

4-3-4. 一般社団法人・一般財団法人・公益社団法人・公益財団法人を連結対象とする場合の支配の指標

一般社団法人・一般公益社団においては，先述のように，社員総会が，株式会社における株主総会に匹敵する最高意思決定機関であり，これらの社団が連結対象となる場合は，社員の議決権を基準に支配の有無を判断することになるものと考える。なお，先述のように，株式会社とは異なり，社員の議決権は，原則社員1人1議決権である点に留意が必要である。

一方，一般財団法人・公益財団法人においては，評議員会が最高の意思決定機関であり，これらの財団が連結対象となる場合は，評議員の議決権を基準に支配の有無を判断することになるものと考える。なお，先述のように，評議員の議決権は1人1議決権である点に留意が必要である。

いずれにせよ，議決権基準により，誰が支配しているのか判断することになる。

4-4. 公益法人会計基準と連結範囲規制問題

4-4-1. 公益法人会計基準設定の経緯等

① 2004年（平成16年）改正基準

（1）設定から1985年の改正まで

公益法人の会計基準は，1971年12月，行政管理庁（当時）による「公益法人の指導，監督に関する行政監察結果に基づく勧告」において，主務官庁が会計，経理に関する事務処理基準を設けて適切な指導を行うよう指摘されたことを踏まえ，1973年から有識者の意見も踏まえつつ政府として検討を進め，1977年3月4日に公益法人監督事務連絡協議会が，「公益法人会計基準について」として公益法人会計基準（以下，「1977年基準」と言う。）を申し合わせたのが最初で

ある[42]。

　その後、当該、1977年基準が多くの法人において適用されるようになる一方、理解が難しい、収益事業への適用が困難といった理由から基準改正を求める意見が強くなってきたことを踏まえ、総理府（当時）が、1982年7月から有識者で構成する「公益法人会計基準検討会」（座長：番場嘉一郎）に検討を依頼し、1983年12月には公開草案を公表するなど関係者の意見をとり入れつつ検討を進め、1984年6月に報告書をとりまとめた[43]。

　政府は当該報告書を踏まえつつ、1977年基準との連続性の確保等の指導監督上の観点からさらに検討を行った上で、1985年9月17日に公益法人指導監督連絡会議決定において「公益法人会計基準（改正）について」（以下、「1985年基準」と言う。）として申し合わせ、1987年4月1日以降できるだけ速やかに実施するものとされた[44]。そして、公益法人が会計帳簿及び計算書類を作成するための基準として活用されてきた（「公益法人会計基準」[45] 公益法人会計基準について 1 会計基準の設定の経緯等 (1) 設定の経緯）。

　その後、1985年基準は「公益法人の設立許可及び指導監督基準」（1996年9月20日閣議決定。以下、「指導監督基準」と言う。）において、「原則として公益法人会計基準に従い、適切な会計処理を行うこと」（「指導監督基準」5 財務及び会計 (1)）とされたこともあり、公益法人が会計帳簿及び計算書類等を作成するための基準として広く利用され、約9割（完全適用と一部適用の合計）の法人が現行基準を適用した会計処理を行うまでに至っている、とされた[46]。

（2）「公益法人会計基準の見直しに関する論点の整理（中間報告）」について

　新基準策定に当たって、2001年12月に、「公益法人会計基準の見直しに関する論点の整理（中間報告）」（以下、「中間報告」と言う。）を公表した。

　この中間報告のポイントをまとめると以下のとおりである[47]。

　（ア）財務書類の体系に企業会計手法をとり入れ、ⅰ）正味財産増減計算書をフロー式に統一、ⅱ）収支計算書に代えてキャッシュ・フロー計算書を財務諸表に導入。

　（イ）収支計算書及びキャッシュ・フロー計算書に「事業活動」、「投資活動」、

「財務活動」の3区分を設けることで，財務書類の透明性を高め，より適切な分析が可能。

(ウ) 寄付者の意思に沿った事業運営を明らかにするため，正味財産について寄付者等の意思に基づき「永久拘束」，「一時拘束」，「その他」に3区分。

(エ) 連結財務諸表の作成や主要支出先及び関連当事者間取引の開示等により事業・取引の実態を踏まえたディスクロージャーの徹底を検討。

この中間報告については，公表から2002年2月末までの間に国民から意見募集が行われ，公益法人関係者，公認会計士等から81件の賛否両論にわたるさまざまな意見が寄せられた，とされている[48]。

なお，後述のKSD事件に関しては，事件発生前，連結会計が公益法人会計基準において義務付けられていたならば，KSD事件は大規模なものとはならなかったであろうから，連結財務諸表の作成・開示がこのような問題の抑止につながるとの指摘がある[49]。

1985年基準を策定した改正から，当時，すでに20年近くが経過し，この間，企業会計の分野においては，国際的な調和の観点から，税効果会計の導入，キャッシュ・フロー計算書の導入，退職給付会計の導入，新連結会計制度の導入等の「会計ビッグバン」と称される大幅な見直しが行われ，また，公会計及び非営利法人会計の分野においても，こうした企業会計の改革の動きを踏まえて，企業会計原則に基づく独立行政法人会計基準及び同注解の設定，社会福祉法人会計の整備といった取組みがなされてきていた，とされる[50]。

他方，当時の同20年間で，公益法人を取り巻く社会的及び経済的環境が大きく変化し，低金利に伴う財産運用収入の減少，不景気等に伴う寄付金収入や会費収入の減少等を受け，公益法人においてもより効率的な事業運営が求められてきている状況であった[51]。

また，一部公益法人による不祥事等を受け，公益法人の事業活動の状況を透明化する必要性も生じてきていた，とされる[52]。

当該不祥事事件として，特に社会的な影響が大きかったと思われるのは，2000年に発覚したKSD事件だと言われる[53]。

同事件は，財団法人ケーエスデー中小企業経営者福祉事業団がKSD豊明会という任意団体を設立して横領などを起こしたものであり，これは任意団体が外部報告の対象外であったことの一例であるとされる[54]。

(3)「公益法人会計基準の改正等について」の申し合わせまで

公益法人会計基準の検討については，それまで総理府（当時）及び総務省の研究会として検討が進められてきたが，先述の「行政改革大綱」の指摘も踏まえ，政府として，公益法人会計基準の理論及び実務の進展に即してさらに充実と改善を図るための検討を行うことが求められることとなった[55]。

これを踏まえ，2002年3月29日，「公益法人等の指導監督等に関する関係閣僚会議幹事会」（各府省の官房長クラスで構成。以下，「幹事会」と言う。）の下に，これまでの公益法人会計基準検討会の委員を中心に会計学者，民法学者，公認会計士，税理士及び公益法人関係者らの有識者で構成する「公益法人会計基準検討会」（以下，「検討会」と言う。）を設け，概ね2002年度の1年間開催することが「公益法人会計基準の検討について」により関係府省間で申し合わされた[56]。

また，検討会の下に「公益法人会計基準検討会ワーキンググループ」が設けられ，実務的な検討を行うこととされた[57]。

検討会においては，中間報告とこれらに寄せられた国民からの意見を踏まえつつ，実際の公益法人に中間報告ベースでの基準案を適用した場合のフィージビリティスタディを行う等により実務面での問題点の洗い出し等も行った上で，それぞれの分野で高い見識を有する各委員により多面的かつ具体的な検討が行われた[58]。

また，検討の節目ごとに検討会と各府省との間での会議も開催され，検討会と行政が十分に連携を図りながら検討が進められた[59]。

このような約1年間にわたる検討を踏まえ，2002年3月28日，検討会は幹事会に対し，「公益法人会計基準検討会報告書」（以下，「報告書」と言う。）を提出した[60]。

同報告書は，2004年改正基準の原案に相当するものであり，そのポイントは以下のとおりとなっていた[61]。

① 会計基準は法人の財務状況を分かりやすく外部報告するためのものであるとの立場から，予算や決算といった法人のガバナンスに係る収支計算書等は基準の範囲外として，外部報告目的の財務諸表を簡素化。なお，大規模公益法人については，複雑な財務状況をより客観的に表示するために，キャッシュ・フロー計算書も作成。
② 正味財産増減計算書を収益及び費用を表示する様式（フロー式）に統一することとし，法人運営の効率性（業績）がチェック可能となるとともに，企業会計の「損益計算書」との比較可能性を向上。
③ 正味財産を寄付者等の意思に基づいて「指定正味財産」，「一般正味財産」の２区分を設けることで，法人の受入財産に係る受託責任を明確化。
④ 保有債券等の時価情報の開示や関連当事者間取引の開示等を通じて，法人の財務状況の透明性を向上させるため，「公益法人会計基準注解」を新設するとともに，注記も充実。

一方，中間報告へ寄せられた国民からの意見を踏まえ，法人負担にも配慮して，実効性の高い基準案とするため，例えば以下のような変更が加えられた[62]。

　（1）正味財産の区分が３区分から２区分に変更された。
　（2）キャッシュ・フロー計算書は大規模公益法人のみが作成することになった。
　（3）連結財務諸表は今後の検討課題となった。

この報告書を踏まえ，2003年６月，報告書で示された基準案に盛り込まれている例えば次のような事項を，基準案を実施した場合の実務上の論点について，総務省において検討会の委員を中心に「公益法人会計基準案研究委員会」(座長：加古宜士，以下，「研究委員会」と言う。)を開催して引き続き検討を進めることとした[63]。

① 正味財産の指定／一般区分の在り方。
② これまで減価償却を実施してこなかった法人の過年度償却の在り方等の会計基準の移行に係る問題。
③ 関連当事者の範囲。

そして，この検討にも見通しが得られたことから，2004年10月14日，公益法人等の指導監督等に関する関係省庁連絡会議(各府省の官房長クラスで構成。

政府の閣僚会議の整理方針に従って廃止された「公益法人等の指導監督等に関する関係閣僚会議」の後継会議）において、「公益法人会計基準」（以下、「2004 年改正基準」と言う。）を中核とする「公益法人会計基準の改正等について」を申し合わせ、2006 年 4 月 1 日以降開始する事業年度からできるだけ速やかに適用を開始することとしたものである。

　新基準の開発にあたっては、以上の視点から会計基準を再構築するため、企業会計の理論と手法を、公益法人会計に積極的に導入することとした[64]、とされている。

（4）2004 年改正基準における連結財務諸表導入見送りと関連当事者注記について

　2004 年基準では、連結財務諸表の導入は見送られたものの、同基準第 4.1 (12)・注 14・様式 3.13 において、関連当事者との取引内容が開示されることになった。

　関連当事者との取引とは、公益法人と関連当事者との間で行われる取引である。

　関連当事者とは、(1) 当該公益法人を支配する法人、(2) 当該公益法人によって支配される法人、(3) 当該公益法人と同一の支配法人を持つ法人、(4) 当該法人の役員及びその近親者を指す（同基準注 14.1）。

　関連当事者との取引では、独立した第三者間取引（arm's length transaction）とは異なる条件での取引関係を結ぶことが可能である。

　例えば、公益法人が通常より高い価格で役員の運営する企業から資材を購入したり、特定の事業が関連当事者との間で独占的に行われたりすることが考えられる[65]。

　これにより、不当に法人財産が流出し、多くの利害関係者が犠牲となる可能性がある[66]。

　また、国や地方自治体等から安い賃料で事務所を借り受けるような取引は、公益法人にとって利益のある取引であるが、これは、公益法人が補助金を受領していることと同義である、との指摘がある[67]。

関連当事者との取引を行うこと自体は，否定すべきではないが，次のような理由から，取引の内容を国民に対して開示を行う必要性は高いものと考えられる，との指摘がある[68]。

第1の理由は，関連当事者との取引が開示されることを通じて，不当な取引が行われることを防止するためである。

第2の理由は，当該法人の将来性等に対する十分な状況を提供するためである。利用者は，関連当事者との取引とそうでない取引を峻別することにより，当該法人の将来性等（取引相手の存続可能性・特定の取引相手に依存することに対するリスクその他）を見極めることが可能となる。

企業会計の分野では，当時の財務諸表等規則[69]（第8条など）・連結財務諸表規則[70]（第15条など）に基づき，「関連当事者との取引」が開示されてきた。

公益法人においては，民間企業以上に関連当事者との取引が頻繁に行われる可能性がある，との指摘もある[71]。

2004年改正基準では，先述のとおり，公益法人に連結財務諸表の作成を求めるには至らなかったものの，個別財務諸表においては，関連当事者との取引はその他の取引と混在して財務諸表に計上されることになり，関連当事者との取引を通常の取引と峻別することは困難であるので，注記において別途開示する必要性が高いものと考えられたようである[72]。

なお，関連当事者との間の取引のうち（1）一般競争入札による取引並びに預金利息及び配当金の受取りその他の性格から見て取引条件が一般の取引と同様であることが明白な取引，（2）役員に対する報酬，賞与及び退職慰労金の支払いについては，注記を要しないものとされた。

② 2008年（平成20年）改正基準

2006年に公益法人制度改革関連三法[73]が成立し，新制度を踏まえた会計基準を整備する必要が生じたため，内閣府公益認定等委員会において，改めて公益法人会計基準を定めることとなった（以下，「2008年基準」と言う。）。

2004年基準からの変更点は，①会計基準の体系の整備，②財務諸表の定義の再構築，③附属明細書に関する規定の整備，④基金の規定の整備，⑤会計区

分の整理、であったが、形式的な整備であったと考えられる。

いずれにせよ、公益法人制度が大きく変わり、特に、一般社団法人・一般財団法人という先にも述べた大きな制約を受けず収益事業を行い得る新たな組織形態の誕生にもかかわらず、公益法人会計には、連結財務諸表は導入されなかった。

4-4-2. 一般社団・財団法人制度の濫用または悪用についての懸念について

法人の設立について、登記のみで設立することができるという準則主義を採用すると、法人制度の濫用・悪用という弊害が生じるとの指摘があった[74]。

これについて、一般社団・財団法人法は、一般社団法人及び一般財団法人に共通する規律として、役人の任務や責任を明確にするなど自律的なガバナンスを定めるほか、休眠法人を整理する制度（一般社団・一般財団法人法第149条、同法第203条）、裁判所による解散命令の制度（同法第261条）、罰則に関する規定（同法第334条～第344条）を設けること等により、これを防止している[75]。

一般財団法人に特有の規律として、理事の業務執行を監督する機関として、理事の業務執行を監督する機関として評議員及び評議員会の制度を設け、理事会及び監事を必置の機関とする（同法170条第1項）。ことにより、ガバナンスを高めているほか、設立の際に拠出する財産及び存続中に保有すべき純資産の額を300万円とすること（同法153条第2項、第202条第2項）等により、権利の濫用・悪用を防止している[76]。

法律の構成上は、以上のような説明がなされているものの、次のような事案が発覚した。

『日本経済新聞』2016年3月24日づけの紙面によると、高齢者からの預託金流用が、公益財団法人「日本ライフ協会」（東京都港区）において発覚し、大阪地方裁判所に民事再生を申請していたもののそれを断念し、破産手続きに移行することが、2016年3月23日判明した。同協会は15都道府県に事務所があり、契約者は2,600人だったとのことである。

また、高齢者や障害者がアパートに入居する際の身元保証や、死亡時の葬儀などを支援する事業を実施していたとのことである。

東京商工リサーチによると負債総額は約 12 億円であったとのことであり，同年 3 月末をもち，事業は終了するということであった。

これは，事業譲渡を予定していた福岡市の一般社団法人「えにしの会」が資金調達が困難になったとしてスポンサーを辞退したためであると報じられている。

2016 年 2 月に開かれた債権者向け説明会で，保全管理人の弁護士は破産に伴う債権者への配当に費やせる資産を約 4 億 5,000 万円と説明し，破産した場合に返還できる預託金は 4 割程度になると明らかにしていた。

内閣府は，2016 年 3 月，公益財団法人の認定を取り消した。

公益社団法人又は公益財団法人は，一般社団法人・一般財団法人に比し，次のようなメリット・デメリットが指摘されている[77]。

① 公益法人であることのメリット

（ⅰ）行政庁による社会的信用の付与

　公益社団法人又は公益財団法人になるには，「公益社団法人及び公益財団法人の認定等に関する法律」（以下，「公益法人認定法」と言う。）が定める要件をクリアする必要がある。その意味で，公益社団法人又は公益財団法人として認定されること自体が，社会的に信頼し得る法人であることの証明になる。

（ⅱ）税制上の優遇措置

　各種の税制上の優遇措置が用意されている。公益目的事業が非課税とされるほか，利子・配当等に関する源泉所得税非課税やみなし寄付金制度，また，寄付者に対する寄付金控除等，広く税制上の優遇措置が受けられる。

② 公益法人であることのデメリット

（ⅰ）事業活動について制約

　一般社団法人又は一般財団法人は，基本的に事業内容に制約はないが，公益認定を受ける場合には，事業が公益認定基準に適合するものでなければならない。

　また，公益認定基準に違反した場合，公益認定が取り消されることになり，保有する公益目的取得財産残額は，公益法人，国又は地方公共団体等

に贈与しなければならない。
（ⅱ）行政庁による指導監督
　一般社団法人又は一般財団法人では，業務や運営について行政庁による監督を原則として受けないが，公益社団法人又は公益財団法人になると，公益性の確保と事業の運営の適正性の維持の観点から，毎年度の報告義務や監督，行政庁による定期的な立ち入り検査を受けることになる。
（ⅲ）事務負担の増加
　一般社団法人又は一般財団法人が公益認定を受ける時はもちろんのこと，公益認定後も継続して公益認定基準を充足する必要があるため，法人における事務負担が増加する。

4－4－3．2008年基準と連結範囲規制

　一般社団・財団法第2条では，子法人に関する規定を置いた。例えば，一般社団法人又は一般財団法人がその保有する株式に基づく議決権の行使等によって，株式会社を支配している場合，その株式会社は，当該一般社団法人又は一般財団法人の子法人となる。子法人には業務の制限は特段示されていない。
　また，『「公益法人会計基準」の運用指針』（2008年4月11日，内閣府公益認定等委員会）において，同運用指針6（1）において，注記事項の関連当事者の範囲における「支配」の考え方に関し，議決権の保有割合のほか，法人が公益財団法人又は一般財団法人である場合には，評議員に占める割合に応じて判断すること等の改正が行われ，支配法人及び被支配法人に公益財団法人又は一般財団法人が含まれることが文理上明確化された。
　しかし，連結財務諸表の導入は見送られている。
　私見であるが，これまで民法において規定されていた公益法人制度が，公益法人改革により，一般社団法人又は一般財団法人に，会社法的思考が導入されたにもかかわらず連結財務諸表が導入されていない点は，疑問が残る。
　また，公益社団法人又は公益財団法人においても，会計不正が起こり得ることが「日本ライフ協会」の事案においても明らかになり，事業制約や行政上の監督の乏しい一般社団法人又は一般財団法人への会計規制は，連結範囲規制も

含め再考を求められるものと考える。

4−5. 本章の結語

　一般社団法人又は一般財団法人は，会社法・金融商品取引法の規制する株式会社と機関設計や事業を含め大きな差異はなくなったと言える。

　そのため，上場企業等が出資又は資金の拠出を行う一般社団法人又は一般財団法人があれば，やはり，連結範囲規制に関する問題はあると考えるのが妥当である。

　さらに，公益法人会計基準では求められていないものの，上場企業等が連結すべき一般社団法人又は一般財団法人があれば，その子法人や，一般社団法人又は一般財団法人からの資金の拠出先等も連結範囲規制の対象とすることになると考えるのが妥当である。

　また，公益社団法人又は公益財団法人においては，その事業目的から「営利性がない」として連結範囲規制の対象から，直ちに対象外とするのではなく，会計不正の有無なども含めた事業実態を踏まえ慎重に判断する必要もあると考えられる。

　当然，オリンパス事件や，所謂パナマ文書問題等で社会問題化したようなマネー・ロンダリング等の悪用事案等は，投資事業組合の悪用において問題とされた一部の会計不正事件とその後の投資事業組合の連結範囲規制（「実務対応報告第20号『投資事業組合に対する支配力基準及び影響力基準の適用に関する実務上の取扱い』」（2006年9月8日，企業会計基準委員会）など）の過去の歴史も参考に，社団・財団の連結範囲規制問題に取り組むことも忘れてはならないと考える。

　特に，パナマ文章問題等に似た悪意のあるスキームでマネー・ローンダリングや課税逃れに止まらず，会計の巨大不祥事として東芝事件に匹敵する事件として，オリンパス事件が挙げられる。

　オリンパスは，1990年代からの有価証券投資やデリバティブ取引に係る多額の損失約1,350億円を主に次の3つのスキームで簿外で処理しようとした[78]。

　筆者が注目するのは，公認会計士（監査法人）監査を受け続けていたにもか

かわらず，約20数年，その事実が分からず，当時の代表取締役社長（英国人）内部告発で判明したことである[79]。つまり，監査担当の公認会計士はおろか，コーポレート・ガバナンスや内部統制が機能せず，多額の粉飾決算が放置され，ついには，経営トップが告発するという異常な事件なのである。

しかも，これも連結範囲規制にからむ問題が中心でもあり，連結範囲規制の検討に当たり看過できない。ましてや，本章で述べたスキームの機会を企業に与えていくことは，大きな懸念材料なのである。

なお，巧妙なスキームの概要と問題点は次のとおりである。

① 損失分離スキーム

実際には，ヨーロッパ・ルート，シンガポール・ルート，及び国内ルートがあった，とされている[80]。

i. まず，オリンパスは，約2,000億円もの現金を複数の銀行やファンドに定期預金や出資金として拠出した（特定資産として計上）。

ii. それらの銀行やファンドは，その約2,000億円をさらに別の英領ケイマン諸島の複数の受け皿ファンド等に貸付金や出資金として移した。

iii. これらの受け皿ファンド等は，この約2,000億円の現金を元手として，オリンパスから約1,350億円の含み損がある金融商品を簿価の約2,000億円で購入した。こちらの受け皿ファンドは，オリンパスには連結されない簿外ファンドとなっていた。以上の一連の偽装取引によって，オリンパスは含み損のある金融商品を簿価のまま連結ファンドに飛ばして，約2,000億円の現金が還流して戻って来たことになる。

iv. 連結外の受け皿ファンドは，これらの金融商品を時価で金融機関等に売却して，約1,350億円の実現した損失を一時的に抱え込む。

② 資金還流スキーム[81]

i. オリンパスは，受け皿ファンドが安価で購入した国内ベンチャー企業3社の株式の買取代金として約720億円及び（イギリスの医療機器メーカーのジャイラス社買収における）ファイナンシャルアドバイザー（FA）手数料として約630億円の合計1,350億円を受け皿ファンドに現金で支払った。

これにより，受け皿ファンドが抱えていた損失約 1,350 億円は補填されるが，この損失はオリンパスに戻ったことになる。
ii. また，受け皿ファンドは，先述①ⅱで受け取った約 2,000 億円の現金を，借入金の返済や出資金の払戻しとして銀行やファンドに返済した。
iii. さらに，これらの銀行やファンドも，その約 2,000 億円を前記①ⅰで受け取った定期預金や出資金の払戻しとしてオリンパスに支払った。

③ 損失処理スキーム[82]

　オリンパスは，前記②A）で支払った損失金約 1,350 億円を，のれんに計上した。そして，このれんを，2006 年ないし 2011 年の間に規則償却及び減損損失として計上して消滅させた。
　このれんも粉飾決算に利用されたのだが，ここでは連結範囲規制の問題にのみ焦点を当てることとする。
ⅰ. 上記の損失分離スキームで記述したように，オリンパスは，正常な銀行やファンドを経由した上で，含み損を抱えた貸付金や出資金を英領ケイマン諸島に設立された複数の受け皿ファンド等に移し，結果的に，それらの含み損を海外に飛ばした。
ⅱ. ただ，もしオリンパスが，これらの受け皿ファンド等を最初から連結していれば，含み損を海外に飛ばすことはできなかったはずであるとの見方がある[83]。
ⅲ. 筆者の私見であるが，損失飛ばしを始めた頃の連結範囲規制は，「議決権基準」であったかもしれないが，1997 年に「実質支配力基準」に連結範囲規制の変更があり，ライブドア事件のように，確かに，海外ファンド，特に複雑な英領ケイマン諸島などを利用した資金の流れを作り，これらに利用した SPE などの連結範囲規制の基準・指標も明確でなかったのは事実であろうが，少なくとも「実質支配」をしていた諸スキームである以上，原則どおり，「実質支配力基準」に従うのが正当な会計処理なのである。事実不正が発覚した後は，訂正有価証券報告書により，オリンパスは，これらのファンド等を遡及して連結した[84]。

本章で検討したように，また，オリンパス事件で見たように，日本で起きる損失飛ばしでは，ケイマン諸島等海外に設立された非連結のファンドや会社が利用されることが多い。

このような現実に直面する中で，一般社団・財団法人等への対処を，真剣に考えるべきである。

【注】
1) 内国法人は全世界所得に対して法人税の課税を受けるのであるが，法人格が別である海外の子会社の子会社の所得に対しては，一般的には内国法人が配当を受領するまでは日本では課税を受けない（向田和弘「国際税務の実務」薄井　彰編著『MBA アカウンティング　金融サービスと会計』，第 12 章所収，(2012 年，中央経済社) 283 頁～ 285 頁参照)。これに対し，タックス・ヘイブン対策税制の適用を受けた場合は，その海外子会社で稼得された海外の所得に対して，親会社への配当の有無にかかわらず，日本で課税される場合がある（向田，同上論文，283 頁)。
2) 慈善信託（チャリタブル・トラスト：charitable trust）とは，「英米法上認められた信託宣言（declaration of trust）に従って株主権を行使する義務を負い，信託契約満了時には会社の残余財産をすべて慈善団体に寄付することを最終目的とした仕組み」をいう（威知謙豪『特別目的事業体と連結会計基準』(2015 年，同文舘出版) 12 頁～ 13 頁参照)。
3)「企業会計基準適用指針第 22 号『連結財務諸表における子会社及び関連会社の範囲の決定に関する適用指針』」(2008 年 5 月 13 日　最終改正：2011 年 3 月 25 日，企業会計基準委員会)（以下，第 28 項は次のとおりであり，連結すべき事業体は，営利を目的とすることが要件とされている。)
「連結会計基準第 5 項及び持分法会計基準 4-2 項において，子会社又は関連会社の範囲に含まれる企業とは，会社及び会社に準ずる事業体をいい，会社，組合その他これらに準ずる事業体（外国におけるこれらに相当するものを含む。）を指すとしている。これには，「資産の流動化に関する法律」に基づく特定目的会社や「投資法人及び投資法人に関する法律」に基づく投資法人，投資事業組合，海外における同様の事業を営む事業体，パートナーシップその他これに準ずる事業体で<u>営利を目的とする事業体</u>が該当するものと考えられる。
会社に準ずる事業体が子会社又は関連会社の範囲に該当するかどうかの判定にあたっては，子会社の範囲の決定に関する取扱い及び関連会社の範囲の決定に関する取扱い

に準じて行う。」(下線強調は筆者)
4) 平成18年（2006年）法律第48号 （最終改正　平成29年（2017年）6月2日 法律第45号）。
5) 太陽有限責任監査法人・太陽グラントソン税理士法人『一般法人・公益法人の制度・会計・税務』（2015年，同文舘出版）7頁。
6) 同上書，7頁～9頁。
7) 同上書，13頁参照。
8) この原則は，社員は，一般社団法人の構成員であり，議決権の行使を通じて法人の運営に参画する者であることから，各自が平等に議決権を有することを原則とする趣旨であるとされる（新公益法人制度研究会『一問一答　公益法人関連三法』（2006年，商事法務研究会）47頁参照。）。ただし，一般社団法人は，様々な団体に幅広く法人格を付与する制度であって，その中には，様々な個性を有する団体があり得ることから，定款で団体の個性に応じた別段の定めを許容している（同項但書）（新公益制度研究会，前掲書，47頁参照。）。具体的には，定款の別段の定めとしては，例えば，法人の活動に対する貢献度に応じて議決権を付与すること，会費などの経済的な負担に応じて議決権を付与すること等が考えられる，と言われる（同上書，47頁参照。）。もっとも，特定の社員が社員総会において全く議決権を有しないとする定款の定めは，その社員が法人運営を決定する社員総会の決議に全く関与することができないこととなり，一般社団法人の本質に反するため，その効力を有しないとされる（同条第2項）。

なお，新公益法人研究会は，内閣府の参事官等により構成された研究会である。
9) 太陽有限責任監査法人・太陽グラントソン税理士法人，前掲書，43頁。
10) 一般社団法人及び一般財団法人に関する法律施行規則（平成19年（2007年）4月20日法務省令第28号，最終改正　平成27年（2015年12月28日法務省令第61号）。
11) 太陽有限責任監査法人・太陽グラントソン税理士法人，前掲書，44頁。
12) 同上書，74頁参照。
13) 同上書，74頁～75頁参照。
14) 新公益法人制度研究会，前掲書，117頁。
15) 同上書，117頁。
16) 太陽有限責任監査法人・太陽グラントソン税理士法人，前掲書，80頁。
17) 同上書，82頁。
18) 同上書，88頁。
19) 新公益法人制度研究会，前掲書，130頁。
20) 太陽有限責任監査法人・太陽グラントソン税理士法人，前掲書，89頁。
21) 同上書，89頁。
22) 平成18年（2006年）6月20日法律第48号。

23) 法務省ウェブサイト「知って 活用 新非営利法人制度」（http://www.moj.go.jp/content/00011280.pdf）［2017年11月20日閲覧］。
24) 同上ウェブサイト。
25) 平成10年（1998年）3月25日法律第7号。
26) 平成13年（2001年）6月15日法律第49号。なお，当該法律は，「一般社団法人及び一般財団法人に関する法律及び公益社団法人及び公益財団法人の認定等に関する法律の施行に伴う関係法律の整備に関する法律」（平成18年（2006年）法律第50号）1条の規定により，「一般社団法人及び一般財団法人に関する法律」（平成18年（2006年）法律第48号）の施行の日（平成20年（2008年）12月1日）に廃止された。
27) 法務省，前掲ウェブサイト。
28) 同上ウェブサイト。
29) 公益社団法人及び公益財団法人の認定等に関する法律（2006年法律第49号）第4条。
30) 法人税法（昭和40（1965）年3月10日法律第34号）第2条9号の2，法人税法施行令（昭和40年（1965年）3月31日政令第97号）第3条第1項。
31) 法務省ウェブサイト「一般社団法人及び一般財団法人に関する法律の施行に伴う中間法人法の廃止について」（http://www.moj.go.jp/MINJI/minji124.html）［2017年11月20日閲覧］。
32) 「監査・保証実務委員会実務指針第88号『連結財務諸表における子会社及び関連会社の範囲の決定に関する監査上の留意点についてのQ&A』」（1993年7月21日　最終改正：2012年3月22日，日本公認会計士協会）。
33) 2008年5月13日に連結範囲適用指針が公表された当時，同適用指針第28項は次のように記載されていた。すなわち，「子会社等の範囲の見直しに係る具体的な取扱い一」では，子会社又は関連会社の範囲に含まれる会社等には，会社，組合その他これらに準ずる事業体（外国の法令に準拠して設立されたものを含む。）が含まれるものとしている。これらには，「資産の流動化に関する法律」に基づく特定目的会社や「投資信託及び投資法人に関する法律」に基づく投資法人，「中間法人法」に基づく中間法人，投資事業組合，海外における同様の事業体を営む事業体，パートナーシップその他これらに準ずる事業体で営利を目的とする事業体が該当するものと考えられる。…」。2011年3月25日最終改正における同適用指針第28項は，中間法人が12月1日の「一般社団法人及び一般財団法人に関する法律」（2006年法律第48号）の施行により，同法に基づく一般社団法人に移行したことを踏まえ，次のように改訂された。
「連結会計基準基準第5項及び持分法会計基準第4-2項において，子会社又は関連会社の範囲に含まれる企業とは，会社及び会社に準ずる事業体をいい，会社，組合その他これらに準ずる事業体（外国におけるこれらに相当するものを含む）を指すとしている。これには，「資産の流動化に関する法律」に基づく特定目的会社や「投資信託及び投資法人に関する法律」に基づく投資法人，投資事業組合，海外における同様の事

業を営む事業体，パートナーシップその他これらに準ずる事業体で営利を目的とする事業体が該当するものと考えられる。…」。
34) 新公益法人制度研究会，前掲書，14頁。
35) 同上書，14頁。
36) 同上書，14頁。
37) 同上書，16頁～17頁参照。
38) 同上書，17頁。
39) 同上書，17頁。
40) 同上書，17頁。
41) 公益法人（「公益社団法人」・「公益財団法人」）は，公益目的事業を行うことを主たる目的とするものであること（公益社団法人及び公益財団法人の認定等に関する法律（以下，「認定法」と言う。）第5条第1号），その行う事業が公益法人の社会的信用維持のためにふさわしくないものでないこと（同法同条第5号），事業活動を行うに際し，公益目的事業比率が100分の50以上であること（同法同上第8号・第15号），公益目的事業の実施に支障を及ぼすおそれがないこと（同法第5条第7項）が求められ，これに反しない範囲において公益目的事業以外の事業を行うことができる，とされている（同上書，195頁参照）。
42) 越尾 淳「新公益法人会計基準の完全解説―検討の経緯と今後の課題―」『企業会計』(Vol.57 No.2)（2005年2月）（24頁参照）。
なお，越尾氏は，当時，総務省大臣官房管理室・公益法人行政推進室・企画担当参事官補であった。
43) 同上論文，24頁～25頁参照。
44) 同上論文，24頁参照。
45) 2008年4月11日　改正2009年10月16日，内閣府公益認定等委員会。
46) 越尾，前掲論文，25参照。
47) 同上論文，26頁参照。
48) 同上論文，26頁参照。
49) 水谷文宣「民間非営利組織の連結財務諸表への一考察―カナダ基準とイギリス基準を踏まえて―」『公益・一般法人』(No.817)（2012年3月15日，公益法人協会）54頁参照。
50) 同上論文，25頁～26頁参照。
51) 同上論文，26頁参照。
52) 同上論文，26頁参照。
53) 水谷，前掲論文，54頁参照。
54) 同上論文，54頁参照。
55) 越尾，前掲論文，27頁参照。
56) 同上論文，27頁参照。

57）同上論文，27頁参照。
58）同上論文，27頁参照。
59）同上論文，27頁参照。
60）同上論文，27頁参照。
61）同上論文，27頁〜28頁参照。
62）同上論文，28頁参照。
63）同上論文，28頁参照。
64）加古宜士「新公益法人会計基準の完全解説—新公益法人会計基準の特徴と課題—」『企業会計』（Vol.57 No.2）（2005年2月）18頁参照。
65）金子良太「新公益法人会計基準の完全解説—財務諸表の様式および注記—」『企業会計』（Vol.57 No.2）（2005年2月）61頁参照。
66）同上論文，61頁参照。
67）同上論文，61頁参照。
68）同上論文，61頁参照。
69）「財務諸表等の用語，様式及び作成方法に関する規則」（昭和38年（1963年）11月27日　大蔵省令第59号）。
70）「連結財務諸表の用語，様式及び作成方法に関する規則」（昭和51年（1976年）10月30日　大蔵省令第28号）
71）金子，前掲論文，66頁参照。
72）同上論文，66頁参照。
73）公益法人制度改革関連三法とは，「一般社団法人及び一般財団法人に関する法律」（平成18年（2006年）法律第48号），「公益社団法人及び公益財団法人の認定等に関する法律」（平成18年（2006年）法律第49号），「一般社団法人及び一般財団法人に関する法律及び公益社団法人及び公益財団法人の認定等に関する法律の施行に伴う関係法律の整備等に関する法律」（平成18年（2006年）法律第50号），を指す。
74）新公益法人制度研究会，前掲書，17頁。
75）同上書，17頁。
76）同上書，17頁。
77）太陽有限責任監査法人・太陽グラントソン税理士法人，前掲書，105頁〜106頁参照。
78）加藤　厚「特集 戦後会計史9大事件 オリンパス事件」『企業会計』（Vol.67 No.10）（2015年10月）50頁。なお，より詳細・正確なスキーム等に関しては，オリンパス株式会社・第三者委員会委員会「調査報告書」（2011年）等オリンパス株式会社のいくつかの報告書に記載されており，当該論文は，これらの詳細な金額・スキーム等を簡略化して記載されている。
79）オリンパス株式会社・第三者委員会委員会『調査報告書（要約版）』1頁参照。
80）加藤，前掲論文，50頁参照。

81）同上論文，51 頁参照。
82）同上論文，51 頁参照。
83）同上論文，53 頁参照。
84）同上論文，54 頁参照。

第5章
新しい信託スキームにおける連結範囲規制の課題と考察
―自己信託等に関する検討を中心として―

5－1．本章の位置づけ

　2006年12月8日，第165回臨時国会において改正「信託法」[1]（以下，旧「信託法」[2]との比較を行う部分もあることから「新法」と言う。）及び「信託法の施行に伴う関係法律の整備等に関する法律」[3]（以下，「整備法」と言う。）が成立し，2007年9月30日に施行された。

　信託法の改正は，当時において約80年ぶりの改正であり，やはり，当時の会社法等と同様に，証券化・流動化等の金融取引などへの信託の利用などといった，当時の社会経済の発展プロセスやニーズに対応する，信託法制の現代化を目指した抜本的な改正である，と評価された[4]。

　所謂「自己信託」，受益証券発行信託や限定責任信託，受益者の定めのない信託（「目的信託」）等，これまでになかった規定の策定ならびに制度整備も行われ，改正前信託法（以下，「旧法」と言う。）からすると装いを一新した観がある[5]。

　新法は，資産の流動化など商事信託の分野での利用の機会の拡大を図るべく，大幅な信託の概念の変更が加えられたが，一方で，新しい類型の信託が，企業会計等において悪用される懸念も指摘され，特に連結範囲規制の関係での検討が必要になり，今もなお，課題が残されていると考えられる。

　本章は，新法の目指している資産流動化等の活用促進による金融の円滑化を俯瞰し，特に問題が大きいとされる「自己信託」を中心に，主として連結範囲規制の観点から課題とその解決の方向性に関し，論じるものである。

5-2. 自己信託の信託制度

旧法では，信託の設定時において，委託者と受託者とが別の者であることが前提とされていたが，新法では，委託者が自ら受託者となること（すなわち，「信託宣言」），つまり，企業や個人が財産を自己に信託することを認めた（新法第3条第3号）。

5-2-1. 自己信託活用のメリット

自己信託活用のメリットとしては，以下のことがあるのではないかと指摘されている。

i. 会社が，特定のプロジェクト（事業部門）から上がる収益を引当てに資金調達をしようとする場合に，当該プロジェクトに必要な資産を自己信託し，その受益権を投資家に投資家に販売することが可能になれば，従業員の子会社への転籍・出向といった問題や技術的なノウハウの外部流出等の危険等を避けつつ，資金調達を行うことが可能になる[6]。つまり，ある会社が，特定の事業部門について資金調達を図るために，トラッキング・ストック（特定の事業部門や子会社の業績に株価を連動させて，利益配当を行う株式のこと）を発行しようとすると，その部門を自社内部にとどめたうえで，しかし，その部門に関連する資産を別扱いすることが必要となる。このようなときにも，自己信託を使えると便利だとも指摘された[7]。

ii. 会社が自社の債権等を流動化して資金調達を行なおうとする場合に，自己信託が可能になれば，債権者が変更することへの債務者の心理的抵抗感を回避しながら流動化を行うことが可能になるとともに，第三者を受託者として利用する場合と比べ，費用等を縮減しながら流動化を行うことが可能となる[8]。

iii. 債権回収のノウハウはあるが，あまり信用力のない債権回収業者（サービサー）が，債権の回収金を債権者本人のために専用口座において保管し，当該専用口座内の金銭について，信託の倒産隔離機能を利用して，信託

宣言することにより，サービサー自身の破綻リスクから当該回収金を隔離できる[9]。これにより，債権者本人の保護に資するだけでなく，債権回収業者（サービサー）の信用が高まり，その有するノウハウが社会的に活用される機会が増大することが見込まれる[10]。

iv. 資産流動化においては，受け皿となる特別目的事業体（Special Purpose Entity：以下，「SPE」と言う。）が租税回避地（タックス・ヘイブン）であるケイマン諸島等に設立され，このSPEの株式全部がまず信託会社に譲渡される。そして，その信託会社はその株式を信託財産として信託宣言によって自らを受託者とする信託（自己信託）を設定し，信託会社はその信託宣言によって設定された信託の目的（株主権も何も行使しないで，ただ株式を保有するという目的である。これによって，SPEの運営に株主が口を出す機会をなくし，スキームの安定性を確保する。）に従って，その株式を保有する。これと同じスキームを，わざわざケイマン諸島を用いなくても，日本国内でも可能にするためには，信託宣言による信託設定，つまり自己信託の制度が必要だとされた[11]。

5－2－2．自己信託導入に対する批判

一方，自己信託制度の導入に対しては，国会等で多くの批判があった。例えば，次のようなものである。

i. 企業が赤字隠しのために不振事業を自ら信託するといった"粉飾"や，財産隠しに悪用されるとの指摘があった。

ii. 信託を使って貸借対照表から不振事業を切り離し，投資家の目を欺く企業が出てくるのではないかという指摘もあった。

このような懸念に対して，新法では，債権者を害する目的で自己信託が濫用されることがないように，信託の設定時において委託者と受託者とが同一であるという自己信託の特質を踏まえつつ，一定の法的枠組みを作っている（新法第3条第3号，新法第23条第2項等）。

5-3. 新しい信託制度を巡る連結範囲規制上の問題

筆者は，信託法案に関し，第 165 回国会（法務委員会）（2006 年 10 月 31 日）に参考人として招致された。なお，招集を受けた有識者参考人は 4 名で，教育研究者 2 名（能見善久，新井　誠），弁護士 1 名（小野　傑），公認会計士 1 名（橋上　徹）であった[12]。

当時筆者は，監査法人で公認会計士業務（主として会計監査業務）に従事していた。

以下は，筆者の，その際の発言内容（主張内容）を基礎として，まとめたものである[13]。

5-3-1. 公認会計士（会計監査人）が自己信託等に関し意見を述べる背景等

公認会計士は，金融商品取引法に基づき上場会社などの監査（金融商品取引法第 193 条の 2 第 1 項・第 2 項）を行うとともに，会社法に基づき会社法の大会社，委員会設置会社などに対する会計監査を行っている（会社法第 326 条第 2 項，同法第 327 条第 5 条，同法第 328 条第 1 項，同条第 2 項）。

ファンドを利用した利用した一部の上場企業の会計不祥事事件が発生しているにもかかわらず，新法（案[14]）の中には，会計，開示，監査に重大な影響を与える部分があると考えられるため，投資家や債権者を保護する機能を担う公認会計士の立場から，信託法の改正について意見を述べたものである。

第 164 回通常国会で成立した金融商品取引法では，信託法が改正されることを前提に，信託法の改正前の段階で，信託受益権が既に有価証券として定義されていた（金融商品取引法第 2 条第 1 項第 14 号，同法第 2 条第 2 項第 1 号）。

特定有価証券，所謂開示規制などを受ける資産金融型有価証券の定義が，金融商品取引法第 5 条において初めて明らかにされたことにより，特定有価証券に該当する信託受益権には，金融商品取引法第 5 条第 5 項や同法第 24 条第 5 項など，一定の開示規制がかかることになったことは事実であるものの，特に

新法で導入される予定の自己信託については，企業内容等の開示，会計監査上も，重大な懸念があると認識した。

結論から言うのであれば，筆者は，自己信託を正面から是認する新法は，特にライブドア事件後，ファンドに対する会計，開示，監査が強化されている現状の中では，自己信託が企業の資金調達の円滑化に資する可能性がある点を考慮してもなお，拙速に容認するのは問題があると考えた。

金融商品取引法・会社法等の開示規制の議論も合わせて行い，十分議論を尽くした上で，自己信託の是非につき再度検討することが，投資家，債権者保護の上で重要であり，また，公認会計士の行う監査が，連結範囲規制に対して，有効に機能していないと見られている状況下ではなおさらそのように認識していた。

5－3－2．自己信託等を巡る会計，開示，監査上の懸念
―国会での審議を中心として―

1．懸念の概要

自己信託は，新法第3条第3号に記載されているもので，少なくとも当初，委託者と受託者が同一の者となる信託であるが，旧法第1条では，財産権の移転が信託成立の核となる要件とされているが，新法では，財産の移転は信託成立の要件とされなくなった。

財産の移転は，信託の本質的要件と解釈されていただけに，この点は，信託法学者からも非難が集中した[15]。

米国で発生したエンロン事件では，不良資産を切り離し，SPEにそれを移転させ，エンロンの破綻により，結果としてこの不良資産の切り離し等が粉飾決算として発覚し，社会問題となった。自己信託とは，直接的な，関連はないが，自己信託等の新法の信託新スキームを懸念した原点の一大世界事件もあるので，ここで触れることとする。

(1) エンロン事件

① 事件の概要[16]

　エンロン社（Enron corp.）は，1985年に，ヒューストン・ナチュラル・ガス社（Huston Natural Gas）とインターノース・オブ・オハマ社（InterNorth of Omaha）という天然ガス・パイプライン会社2社の合併により設立された。

　設立当初，同社は，パイプラインの敷設運営を基本として，電力会社に対する天然ガス・石油の供給事業を行っていた。

　その後，天然ガスや電力の売買取引，天候デリバティブ[17]の取扱いを始め，1999年には，エンロン・オンライン（Enron Online）と呼ばれるインターネット上のエネルギー取引所を開設した。エンロン・オンラインでは，天然ガスや電力などのエネルギー関連商品以外にも，インターネットの帯域幅などの商品が取り扱われていた。これらの事業の成功により，エンロン社は，1996年から2000年にかけてフォーチュン誌（*Fortune*）による「米国における最も創造的な企業」に5年連続で選出され，また，2001年初頭には時価総額600億ドルを突破し，収益額ででは全米第7位の企業へと成長した。

　しかし，エンロン社は，2001年10月16日に実施した2001年第三四半期の業績発表の際に，10億1,000万ドルの特別損失（税引後）が生じたことを公表した。この特別損失のうち，5億4,400万ドルはSPEを用いたヘッジ取引の破綻の結果によるものであった。さらにエンロン社は，2001年11月8日付で公表した臨時報告書（Form 8-K）において，本来であれば同社の連結範囲に含めるべき複数のSPEが，不正に連結範囲から除外されていたとして，1997年から2000年までの各事業年度，2001年第一四半期，同第二四半期の連結財務諸表を遡及修正し，2001年第三四半期の自己資本が12億ドル減少することを公表した。

　Form 8-Kにおいて明らかにされた決算修正の内容は，2001年11月19日付けで公表された2001年度第三四半期に係る四半期報告書（Form 10-Q）において再修正された。この再度の遡及修正に伴い，エンロン社は証券市場の信頼を完全に喪失し，2001年12月2日付でニューヨーク連邦破産裁判所に米国連邦倒産法第11章の適用を申請し，倒産処理手続に入った。

② エンロン社による特別目的事業体（SPE）を用いた取引[18]

エンロン社及び同社の関係者によって設立されたSPEは，3,000社ないし3,500社に上ると言われている。

2002年2月1日付けで公表された「エンロン特別調査委員会報告書」（通称：パワーズ・レポート）によれば，同社の破綻の契機となったSPE関連取引として，オフバランス金融の実施を目的とした取引と，ヘッジを目的とした取引が挙げられている。これらの取引は非常に難解なものであるが，パワーズ・レポートによれば，【図表5－1】，【図表5－2】のとおり整理されている。

Chewco取引と呼ばれるオフバランス金融を目的とした取引は，米国及びカナダでの天然ガス関連投資を目的とした取引における資金調達スキームとして実施された。当初，エンロン社は，カリフォルニア州公務員退職年金基金（Calpers：California Public Employees' Retirement Syastem）と共同で各250億ドルを出資し，JEDI（Joint Energy Development Investments Limited）と呼ばれるジョイント・ベンチャー形態のSPEを設立した。JEDIは，外部の第三者であるCalpersが50％の持分の持分を所有していたため，エンロン社の連結範囲には含まれなかった。

その後，エンロン社はCalpersとの間で別の取引を行うため，Calpersが有するJEDI持分を買い取る必要が生じた。エンロン社は，引き続きJEDIを非連結とするために新たな投資家を探したが，結果として新たな投資家を見つけることができなかった。そこで，エンロン社と同社の関係者は，Chewco（Chewco Investment L.P.）と呼ばれるリミティッド・パートナー形態のSPEを設立し，Chewcoは銀行借入等によって調達した3億8,400万ドルでCalpersが保有するJEDI持分を買い取っている。しかしながら，エンロン社及び同社従業員であるM・コッパー（Michael J. Kopper）等によるChewcoへの出資は，独立した第三者による出資であるかのように偽装されたものであった。つまり，Chewcoは実質的にエンロン社の支配下にあったにもかかわらず，同社の連結範囲から不正に除外されていたのである。

図表5-1 Chewco取引のスキーム

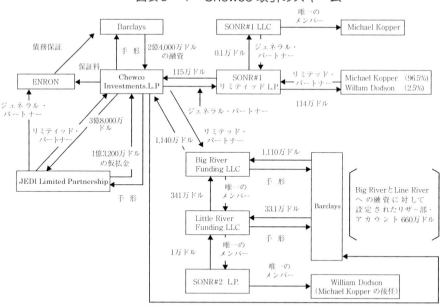

出典：威知謙豪『特別目的事業体と連結会計基準』(2015年，同文舘出版) 53頁。

　次に，ヘッジを目的とした取引とは，エンロン社が保有するRhythms社株式の株価変動をヘッジする目的で実施された取引である。エンロン社は，1988年3月にインターネット・プロバイダー業務を営むRhythms社の株式を取得し，その後，Rhythms社の上場に伴って，エンロン社が保有するRhythms社株式には約3億ドルの含み益が生じた。しかしながら，1999年末まではロックアップ期間（未公開の時点で取得した株式を売却できない期間）であったため，エンロン社は同社が保有するRhythms社の株価変動をヘッジすることを目的として，LJM1のほか，複数のSPEを用いたヘッジ・スキームを考案し，実施した。これが，Rhythms取引と呼ばれる取引である。

　但し，この取引はLJM1が保有する資産の大半を占めるエンロン社株式の価格が下がった場合には，権利行使できないという欠陥を抱えた取引であり，経済上のヘッジではなく，会計上，ヘッジをしているかのように偽装した取引であったとされる。

図表5-2　Rhythms取引のスキーム

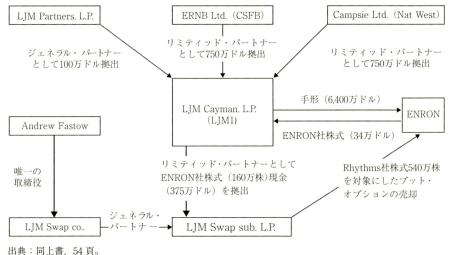

出典：同上書，54頁。

なお，上記2つのSPE取引に修正による影響額は，2001年第二四半期までの累計額は，▲50億200万ドル（利益に対してマイナスの影響）であった[19]。

③ 新法による新しい信託類型とエンロン事件

特に，自己信託及び自己信託並びに事業信託との組み合わせ信託，さらに目的信託が，当該エンロン事件のスキームと同様な効果を，比較的に容易にもたらせられる可能性を秘めている。この点，エンロン事件を教訓と新法によるこれらによるスキームの防止策とを比較しつつ，開示規制や監査制度の整備が必要である旨，筆者は第165回臨時国会にて答弁している[20]。

(2) ライブドア事件

日本におけるライブドア事件では，エンロン事件とは性格は異なる点があるものの，会社の財務諸表から切り離された投資事業組合において自社株売買が行われ，損益として認識してはならない自社株売却益を売上に計上し（本来は，その他資本剰余金として認識すべきものであった。），やはり粉飾決算として問題となった。

スキームに関しては，補章にて説明しているが，この事件は裁判になってい

たので，裁判の情報を前提に事実関係や問題点を浮き彫りにしておく。

この事案では，風説流布・偽計使用罪（証券取引法［当時］第158条）の成立も問題となったが，ここでは，会計処理の適切性に関する部分に絞って検討を行う。なお，判例において，連結財務諸表に関する会計処理の判断が争点になるのは，筆者が知りうるかぎり，この事件のみであり，連結財務諸表に関する会計処理を検討する上で，貴重な判例と考える。

したがって，新法の考える新たな信託類型が連結財務諸表に及ぼす悪影響を予め想定するべく，国会の筆者の答弁で取り上げる価値があるものと，当時判断していた。

① 事案の概要[21]

その発行する株式を東証マザーズ市場に上場していたＡ（ライブドア）の代表取締役兼最高経営責任者であり，かつ，Ａの子会社でその発行する株式を東証マザーズ市場に上場していたＢの取締役であったＹ（被告人）は，Ａの業務に関し，平成16年（2004年）12月27日，財務省関東財務局長に対し，経常利益を50億円3,421万1,000円と記載した連結損益計算書を含む，平成15年（2003年）10月から平成16年（2004年）9月までの連結会計年度に係る有価証券報告書を提出した。

なお，この経常利益の額は，Ａ株式売却益約37億6,700万円，Ｅ及びＦに対する売上15億8,000万円などを前提として算定されたものであったが，Ａ株式売却益は，Ｃ（Ａの完全子会社であって，企業買収等を行うことを業務としていた）が出資を行っていた4つの投資事業組合（チャレンジャー1号，VLMA1号，VLMA2号及びEFC組合。以下，「本件各組合」と言う。）がＡ株式を消費貸借により借り入れ，それを売却した取引を，Ａの連結損益計算書において，売上高に含めたことによって認識されたものであった。

② 第1審判決[22]

Ⅰ Ａの完全子会社Ｃが複数の投資事業組合を経由してＡ社株式を市場に売却し，Ａ社がそれを連結損益計算書において売却益として取り込んだ場合の事実認定

「Ａ株式の売却益をＡの連結決算において損益勘定の売上げとして計上でき

ず，あえて行った場合，虚偽の有価証券報告書…として刑事罰が科されることから，投資事業組合を介在させてそれらの規制等を回避し，損益勘定としてAの連結決算上で売上計上するという会計処理の潜脱目的を達成しようとして，本件各組合を組成したものである。そして，実際にCの指示に基づきA株式を売却し，その売却益を還流させているのであって，その実態も上記目的に沿ったものであった。

　これらの事実からすれば，前記A株式の売却は形式上は複数の投資事業組合を経由してなされてはいるが，同組合はいずれも，Cが違反者に刑事罰が科されるような法規制等を回避するためにいわば脱法目的で組成した組合であって，そのように，一定の独立性が認められている組合を悪用してなされた取引においては，当該組合の存在を否定すべきであるから，実質的には，CがA株式を売却したものと認めるのが相当である。」

Ⅱ 貸株は，本件の扱いでいう「金融商品会計に関する会計基準」[23]「金融商品会計に関する実務指針」[24]の対象でいう金融商品であるか否か，について

「一般の貸株（借株）の場合，貸株は実務指針[25] 9 項により「金融商品」とされ，有価証券の消費貸借であるから，その会計処理については，貸株を受けただけでは損益は生ぜず，これを売却等しても，その処分価格と同額と評価される返還義務を負担することになるから，結局，その時点では損益は発生しない。そして，別途取得した株式で借株を返還した時点で，その返還義務が消滅して同債務の価額と取得価額の差額についての処分差益が発生し，有価証券運用益として利益計上することとなるのである。

　しかしながら，貸株の対象が自己株式である場合，上記の一般の貸株と同様の処理をするのかが問題となる。この点，G証人も供述しているとおり，実務指針[26] 3 項では，「金融商品」について「金融資産，金融負債及びデリバティブ取引に係る」と規定しているところ，同 4 項が「金融資産」を「他の企業の株式その他の出資証券」と定めており，自己の企業の株式すなわち自己株式を除外する定め方をしていること，実務指針は平成12年（2000年）1 月31日に作成され，平成14年（2002年）9 月17日に改正されているが，自己株式の取

得を原則として認めるようになった平成13年（2001年）の商法改正の際，別段，この点の実務指針の変更が行われていないことからすると，G証人の供述から明らかなように，同基準は商法の予定している自己株式の取得，処分を前提としており，自己株式の貸株を受けた場合を想定して規定されたものではない。しかしながら，同基準は，自己株式の資産性を否定して，資本の控除として取り扱い，その取得，処分を資本取引としているのであるから，自己株式を取り扱う以上，その貸株についても，同基準を適用すべきであると解するのが相当である。この理は，自己株式の貸株を受けて高価で売却し，その後，安価で取得した株式で返還して，売却額と取得額の差益を得る場合と，自己株式を安価で取得して高価で売却して差益を得る場合とでは，経済的実態が実質的に同一であることからも明らかである（しかも，本件では自己株式（又は，親会社株式）の取得，売却を前提に，早期の現金化を企図して貸株を利用しているだけである。）。ただ，同基準には貸株を受けた場合の会計処理についての規定はないので，貸株を受けた時点の会計処理は，実務指針の規定を参考にせざるを得ないが，別途取得した自己株式で貸株を返還をしたことにより発生する処分差益は，同基準21項により，その他の資本剰余金として計上されなくてはならないことになる。」

Ⅲ　C子会社の有するA親会社株式は，連結財務諸表においては，企業集団で考えて親会社の保有する自己株式と同様の性格とされ得るか否かについて

「そして，本件では，連結子会社であるC社が親会社であるA社の株式の貸株を受けたものであるが，同基準84項によれば，子会社の有する親会社株式は，連結財務諸表においては，企業集団で考えて親会社の保有する自己株式と同様の性格とされており，同基準30項で，親会社株式の売却損益の会計処理は，親会社における自己株式処分差額の会計処理と同様にするものとされているのであるから，自己株式の貸株についての上記判示がそのまま当てはまり，その売却益は，連結財務諸表において，その他資本剰余金に計上しなければならず，売上計上は許されないこととなる。

　…弁護人は，G証言の考え方自体に明確な根拠がなく，論理的に整合しない部分があること，自身の考えが唯一絶対のものであると考えているわけではな

く，他の考えをする会計関係者もあり得る余地を認めていることなどを指摘して，その他資本剰余金に振り替えるとの会計処理が唯一絶対のものとは認められないし，少なくとも検察官による立証はなされていると主張している。

　しかしながらG証人は，自己株式等に関する会計基準を策定した背景を考慮すると，自己株式を借株した際も，同基準に沿って考えるべきであり，損益計上する会計士がいないかと問われ，絶対にいないとはいえないと供述しているが，その趣旨は，特異な考えをもった会計士が存在する可能性を言ったにすぎず，それが一般的に是認された扱いということを言ったものではない。」

③ 控訴審判決[27]
　「本件での争点は，Aの株式が本件各組合名義で売却されているところ，実質的にはCが売却したといえるか否かであって，…原判決は，上記のとおり，本件各組合について主観，客観両面から成る複数の間接事実を含めた争点についての主張・立証を経て，法人格否認の法理の要件の存否と同様の検討をした上で判断しているものと言い得る。…原判決は，…『ダミーファンド』という言い方は避けたものの，本件各組合のいずれもが，会計処理を潜脱する目的を有し，その実態もA株式の売却及び売却益の連結売上計上のために法規制等を回避するという組成目的に沿ったものとなっているなどと認定している。」

④ 上告審決定[28]
　「上告趣意のうち，判例違反をいう点は，事案を異にする判例を引用するものであって，本件に適切でなく，その余は，事実誤認，単なる法令違反，量刑不当の主張であって，刑訴法[29] 405条[30]の上告理由に当たらない。」として上告が棄却され，本件における会計処理の適切性についての実体判断は示されなかった。

⑤ ライブドア事件判決と連結範囲規制
ⅰ）連結会計基準との関係
　一部の有力な会社法研究者からは，次のような見解が示されている。具体

には，以下のようなものである[31]。

(a) 会計事件に関しても徹底した「文理解釈」が必要なのか否かについて

　第1審判決にしても，控訴審判決にしても，会社の計算に関する事件であるにもかかわらず，財務諸表等規則などの内閣府令や「一般に公正妥当と認められる企業会計の基準」（財務諸表等規則第1条第1項，連結財務諸表規則第1条第2項）の文言の解釈を全くすることなく，「本件各組合のいずれもが，会計処理を潜脱する目的を有し，その実態もA株式の売却及び売却益の連結売上計上のために法規制等を回避するという組成目的に沿ったものとなっている」として，「本件各組合名義で行われた取引については独立の存在を否定」し，売却益をAの連結損益計算書に計上したことは，虚偽記載であると判断している[32]。

　しかし，これは，＜A株式売却益を連結売上に計上する目的で組成されたから，組合を別の主体とみることは会計上許されない⇒脱法目的で組成された＞という循環論法になっているのではないかと思われる，とする見解がある[33]。

　そもそも，どのようなものが連結の範囲に含まれる子会社に当たるのかはアプリオリに決まるものではなく，一定の決め事とされている，という見解がある[34]。そして，この見解を前提として，会計ルールによって初めてどのような事業体が連結に含まれるべきかが決まるという面を有しているのであるから，投資事業組合を連結の範囲に含めることを要求していなかった以上，投資事業組合が連結の範囲に含まれないことをもって，当該組合が連結会計ルールを回避するためのものであると評価すること（そして，それを理由として独立の存在であることを否定すること）にはかなり無理がある（本件以外の投資事業組合も連結の対象に含まれないことを，少なくとも重要な考慮要素の1つとして組成されていないことは否定できないように思われる。），という見解に至っている[35]。

(b) 会計事件に関しても徹底した「文理解釈」が必要であるいう主張に対する
　　筆者の反対意見

　この見解に対する私見であるが，確かに，連結範囲規制は予め明確にしておくことが，罪刑法定主義（日本国憲法第31条[36]等）を前提とする法治国家の日本においては，重要な斟酌要素であることは間違いないので，一部賛同はできる。であるからこそ，新法における新たな信託スキームについても，予め，新

第5章　新しい信託スキームにおける連結範囲規制の課題と考察 | 155

法の施行前に会計基準の設定が必要との主張を，筆者が，国会答弁において行いたかったのである。

確かに，「実務対応報告第20号『投資事業組合に対する支配力基準及び影響力基準の適用に関する実務上の取扱い』」[37]（企業会計基準委員会）が公表されたのは，平成18年（2016年）9月8日であり，ライブドアが当該裁判事件の対象となった虚偽の有価証券報告書を財務省関東財務局に提出・公表した平成16年（2014年）12月27日以降に作成・公表され，この実務対応報告第20号は，ライブドア事件を受けて作成・公表されたのは事実であるが，会計基準としてではなく，会計基準の解釈等を補完する位置づけの実務対応報告として作成・公表した[38]のは理由がある。

我が国の「連結財務諸表に関する会計基準」は，「実質支配力基準」を採用しており（第1章で記述），他の企業の意思決定機関を支配している場合，その企業の態様に関わらず（つまり，投資事業組合や信託等であっても），連結対象子会社になるのである。しかし，新法における新たな信託スキームにおいてもそうであるように，企業形態により連結すべき指標は，各々，特に，議決権を前提とした株式会社以外の企業形態に関し，詳細には，「連結財務諸表に関する会計基準」に記載することをしていないため，投資事業組合において，その指標を示すことが，ライブドア事件の社会に与えた影響の大きさを斟酌して，特段必要になったというのが，実務対応報告第20号が作成・公表されたという経緯があっことは事実である。

そのため，筆者が国会答弁で主張したかった点及び同様に本論文で主張したい点は，連結すべき企業及びその指標等は，可能であれば全ての企業態様において，実務対応報告等を通じ事前に示しておくことが，罪刑法定主義を考えると必要であるという点である。全ての企業態様に対応することが，すぐにはできなくとも，可能なかぎり，ある程度必要なのである。なお，時点では，一定の限界もあることは承知している。

ライブドア事件の最終判決（結論）を否定するまではできないと考える。それは，あくまで，「連結財務諸表に関する会計基準」の前身である「連結財務諸表原則」[39]が，議決権基準から実質支配力基準に改訂されたのは，1997年

であり，事実上，ライブドア事件の判決において事実上，複数の投資事業組合をライブドアが支配していた以上，支配力基準に基づき，当該複数の投資事業組合を連結すべきであったというのは，否定しがたいのも事実であると考えられるからである。

しかしながら，このライブドア事件の教訓を信託の新法にも活かさなければならないとの動機で，筆者は国会答弁を行い，衆議院の新法の附帯決議の中に，信託に関する会計基準の整備を施行までに行うという規定が盛り込まれ，新法施行前の平成19年（2007年）8月2日に，「連結財務諸表に関する会計基準」等の会計基準を補完する実務対応報告として，企業会計基準委員会が「実務対応報告第23号『信託の会計処理に関する実務上の取扱い』」を公表するに至った[40]。

ⅱ）「法人格否認の法理」との関係

「法人格否認の法理」とは，会社の形式的独立性を貫くことが正義・衡平の理念に反すると認められるなどの例外的な場合に，会社の法人格を当該法律関係に限って否認することである[41]。これによって，事案の衡平な解決を図る法理であり，「法人格否認の法理」が適用される事例として，判例は，①会社の法人格が「形骸」にすぎないという場合[42]と，②法人格が法律の適用を回避するために「濫用」されている場合[43]との二類型を挙げている[44]。

おそらく，第1審判決及び控訴審判決は，本件の事案は法人格の濫用に相当すると考えたのであろうが，連結のルールは自然法的なものではなく，創設的なものであり，法形式に着目して（例えば，100％親子会社関係があり，どれほど親会社が子会社を支配していても，単体レベルでは，両会社は別個の会社主体であるものとして会計処理がなされる。）会計主体として捉えている我が国の会計基準の下では，投資事業組合の組成に会計ルールとの関連での脱法目的を認定することが不自然と言えそうである，との一部の会社法研究者の見解がある[45]。そして，この見解では，「…すなわち，脱法目的で投資事業組合を組成したという第1審判決及び控訴審判決の認定は，善解したとしても，証券取引法（現在は金融商品取引法）上，明確なルールは存在しなくとも，会社の財政状態及び経営成績をよりよく示す会計処理方法を有価証券報告書提出会社は採用すべきであるという

第5章　新しい信託スキームにおける連結範囲規制の課題と考察 | 157

規範が存在し，それに違反した会計処理に基づく連結財務諸表等を含む有価証券報告書には虚偽記載があるという前提に基づくものでなければ，説得力を有しない。なぜならば，平成 16 年（2004 年）9 月期当時，議決権の過半数を実質的に有しない場合であっても，投資事業組合を連結の範囲に含めるべきか否かについて，その当時の会計関連の文献等に照らすならば明確なルールが存在しなかったとみるのが適当だからである。…」[46] と考えを述べている。この見解の中の「…その当時の会計関連の文献等に照らすならば明確なルールが存在しなかったとみるのが適当だからである。」に関し，注が付されており，"当時の会計関連の文献等" とは，具体的には，平成 17 年（2005 年）9 月 30 日付けで公表された，日本公認会計士協会 監査・保証実務委員会「特別目的会社を利用した取引に係る会計基準等の設定・改正に関する提言」の第 5 頁に記されている，以下の文言である。

"②会社に準ずる事業体に関する連結上の取扱いの具体例方法の明確化
「連結財務諸表制度における子会社及び関連会社の範囲の見直しに係る具体的な取扱い」では，子会社及び関連会社の範囲に，会社のほか，組合その他これらに準ずる事業体（外国の法令に準拠して設立されたものを含む。）が含まれるとしており，監査委員会報告第 60 号「連結財務諸表における子会社及び関連会社の範囲の決定に関する監査上の取扱い」[47] 4（1）では，会社に準ずる事業体の例示として，資産流動化法も基づく特定目的会社，海外における同様の事業を営む事業体，パートナーシップ，その他これらに準ずる事業体で営利を目的とする事業体が挙げられている。

資産の流動化取引においては，従来から匿名組合[48]，任意組合[49] などが多用されてきたが[50]，近年では（旧）中間法人[51] を利用するスキームもみられ，会社に準ずる事業体の利用がさらに多様化している。これらの会社の会社に準ずる事業体について，実質支配力基準により連結の要否を判定する上では，現状ではその範囲や具体的な方法が必ずしも明らかではなく，作成者や監査人によって異なる取扱いがなされている。

これらの会社に準ずる事業体について，形態別にどのような場合に連結に

含まれるか，連結に含まれる場合にはどのように連結されるかについて早期に明確にすることが望まれる"。

私見としては，これに関しては，議決権は投資事業組合（匿名組合，任意組合等）には無いということは前提となっており，あくまで，投資事業組合にも，実質支配力基準での連結範囲規制が課せられるが，その基準・指標等が何なのかが明確でないので，明確化すべきとの意見書であるため，ライブドア事件の判決に関して，投資事業組合に関する会計基準等が無いことを理由に判決の結論に疑問を呈する意見があることに関しては[52]，必ずしも正しい意見とは必ずしも言えないと考える。

（3）エンロン事件・ライブドア事件と自己信託等を巡る会計，開示，監査上の懸念

自己信託，自己信託及び事業信託の組み合わせ信託，目的信託を認めてしまうと，エンロン事件同様，ライブドア事件のような，投資家や債権者に見えない，あるいは見えにくいところで，不良資産，不良債権や問題事業の運営，問題投資の隠匿を行いやすい環境を提供することになり，やはり問題があると懸念される。

第二項　他の新たな類型の信託と自己信託の併用によるさらなる懸念

自己信託と事業信託を組み合わせるなど多様な信託形態が活用され，それが悪用されることになると，それに即応した監査証拠が確保されなければ，会計監査の実効性が危うくなると懸念される。

しかし，会計監査の実効性の確保等は，自己信託が悪用された場合には，会計不祥事が後をたたない状況の中では，期待しがたいと言わざるを得ない。事実，新法成立後もオリンパス事件で，多額の金融資産の含み損が連結対象外のSPEに貯められ，長年明らかにされなかった問題が生じている。

過去，大きな会計不祥事事案は，流動化という名目で作られたビークル（器）がその温床になった事実は重視しなければならないのである。

第三項　自己信託の会計法規上の懸念

自己信託の会計法規上の問題としては，信託への資産の譲渡に伴う信託構成資産の消滅要件の充足に関する問題が大きい懸念事項である。

委託者イコール受益者であることが通常である日本の信託においては，信託を設定した段階においては，委託者（資産譲渡者）の譲渡資産への継続的関与が遮断されないことから「支配」の移転が認められず，資産の消滅要件を満たさないと考えられている。

信託財産の委託者からの支配の離脱性は信託の本質的要件と考えられるが，これは，例えば金融商品であれば，専ら企業会計審議会が作成し，企業会計基準委員会が引き継いだ「企業会計基準第10号『金融商品に関する会計基準』」（以下，「金融商品会計基準」と言う。）[53]の契約上の権利に対する支配が他に移転したときとして定型化され，金融商品会計基準Ⅲ．2.(1) 9 に記載されている3要件及び金融商品会計基準（注4）として具体化されている。

当該3要件は次のとおりである。

・金融資産の契約上の権利に対する支配が他に移転するのは，次の要件が全て充たされた場合とする。
(1) 譲渡された金融資産に対する譲受人及びその債権者から法的に保全されていること
(2) 譲受人が譲渡された金融資産の契約上の権利を直接又は間接に通常の方法で享受できること（注4）

・付されている金融商品会計基準（注4）は，次のとおりである。

「金融資産の譲受人が次の要件を充たす会社，信託又は組合等の特別目的会社の場合には，当該特別目的会社が発行する証券の保有者を当該金融資産の譲受人とみなして第9項（2）の要件を適用する。

　(1) 特別目的会社が，適正な価額で譲り受けた金融資産から生じる収益を当該特別目的会社が発行する証券の保有者に享受させることを目的として設立されていること

　(2) 特別目的会社の事業が，(1) の目的に従って適正に遂行されていると認められること」

（3）譲受人が譲渡した金融資産を当該金融資産の満期日に買戻す権利及び義務を実質的に有していないこと

　自己信託については，信託の本質要件と見られる財産の移転そのものもなく，委託者が受託者の地位も兼ねるため，信託受益権を委託者がすべて留保している場合には，これも信託の本質要件と考えられる信託財産の委託者からの支配の離脱がない。従って，会計法規上，資産の消滅要件を満たさないものと考えられる。

　しかしながら，そもそも，一体幾ら（の割合）受益権が第三者に譲渡されれば，会計法規上，投資家や債権者が見る財務諸表から信託宣言された資産を切り離すかという点，すなわち資産の消滅要件を満たすことができるのかという，会計法規上難しい問題の検討が必要になり，自己信託が導入されると，この点について監査の現場でも非常に困難な判断を迫られる状況が引き起こされ，ライブドア事件における投資事業組合悪用の件のような問題を起こすことが懸念される。

　このような問題を潜在的に内包する自己信託は，そのような環境では，そもそも投資家，債権者保護を念頭に策定される会計法規，監査法規の観点から懸念が残った。

第四項　自己信託の開示規制上の懸念

　金融商品取引法・会社法等における財務諸表の見え方が大きく変わる懸念がある。

　自己信託宣言をすることにより，公認会計士の監査対象企業の財産の一部が信託勘定に転換され，その財産を裏付けとして信託受益権が発行されることとなる。

　この場合，信託宣言により資産の消滅要件が満たされるという整理が行われたとすると，会計監査の対象となる，投資家，債権者が目にする開示財務諸表には，発行された信託受益権を財務諸表提出会社の連結財務諸表及び個別財務諸表上，有価証券勘定として表示されることになる。

　財務諸表等規則[54]，連結財務諸表規則[55]，会計計算規則[56]等では，信託受益権勘定には，何がその裏付資産となっているかについての開示義務はない。

従って，自己信託の導入により，例えば不良資産や不良債権が裏付け財産になっている場合など，その実態が開示されず，財務諸表の信頼性が行われる虞がある。

また，信託受益権を，例えば関連会社やその他の関連当事者に保有させた場合など，不良債権，不良在庫や，ライブドア事件で問題とされたような不適切な組合持分がその裏付け財産である場合，連結財務諸表には有価証券信託と表示されるのみで，企業内容等の開示の実態を不透明にさせることになる。

第五項　自己信託等の会計監査上の懸念

新法第248条においては，受益証券の発行される限定責任信託には会計監査人を設置できるものとされており，また，受益証券の発行される限定責任信託の負債の額が200億円以上であるものについては，会計監査人の設置が強制された。

しかしながら，このような特例を除き，自己信託における信託勘定には会計監査を受ける義務規定がなく，会計監査の対象外となっている。

もっとも，自己信託の設定時，会計法規上，資産の消滅要件を否認すると，会社の固有勘定の財産として会計監査の対象となる。

しかし，仮に，自己信託の設定時，会計法規上，資産の消滅要件を満たすという整理が行われると，次のような懸念が残る。

新法では，その第99条で，受益権の放棄を可能としている。企業が不良債権など不良資産を自己信託した場合，受益権の放棄により，ある日突然，会計監査の対象となる開示財務諸表に大きな欠損が表示される可能性がある。

自己信託宣言に伴い発生する信託勘定についても会計監査を行い，受益権放棄の可能性を見ながら，固有勘定に引当金などを計上することが必要であると考えられるが，信託勘定への会計監査が制度化されていないため，上記のような懸念，問題が生じる虞がある。

なお，受益権の放棄については，新法第99条但書で「受益者が信託行為の当事者である場合は，この限りでない」と記載され，自己信託の場合は，委託者及び受託者で，これがまさに当事者となり，上記のような懸念はないとの見方もあり得るが，新法は，そもそも諸規定を任意法規化しているので，特約，

別段の定めで信託受益権の放棄が謳われると，上記のような懸念が顕在化し，監査上は深刻な問題となる余地がある。

第六項　事業信託に関する，会計上，開示上，監査上の懸念

　会社法上制度化されている会社分割[57]などによる子会社，関連会社を通じた事業を上場企業が行えば，連結財務諸表により開示統制が働き，連結財務諸表自体も公認会計士監査の対象となり，投資家保護が図られることとなっている。

　一方，事業信託では，事業信託先への会計監査が制度化されておらず，また事業信託の内容の開示が不透明になり，開示統制が大きく後退する懸念がある。

　子会社，関連会社を通じた事業展開と事業信託による事業展開で同一の開示統制の効果を及ぼさなければ，投資家保護にとって問題がある。

　さらに，自己信託と事業信託を組み合わせると，これまで指摘した諸問題が複合的に顕在化する懸念がある。

第七項　公認会計士（会計監査人）の視点からの自己信託等の懸念の総括

　当時，ライブドア事件は，議決権のある株式を発行する株式会社である子会社を前提とした連結に関する諸会計基準の盲点を突き，株式会社以外のビークルである投資事業組合を利用した連結範囲規制に対する潜脱行為による粉飾を含めた旧証券取引法違反が生じたものであり，このような事件を二度と起こしてはならないというのは社会共通の認識であったはずであった。

　そのような認識に基づき，法で何ができるのかについて金融商品取引法の規制が始まり，会計で何ができるかについて企業会計基準委員会から「実務対応報告第20号『投資事業組合に対する支配力基準及び影響力基準の適用に関する実務上の取扱い』」[58]が公表され，監査で何ができるのかについて，日本公認会計士協会の『監査・保証実務委員会実務指針第88号「連結財務諸表における子会社及び関連会社の範囲の決定に関する監査上の留意点についてのQ&A」[59]が2006年10月5日に改正されていた。

　しかし，新法による信託の考え方の抜本的転換，特に自己信託の導入は，ライブドア事件で悪用された投資事業組合に替わる新たなビークルを，安易に提供する可能性を秘めたものである。

流動化の新しいビークルを作ることを急ぐ余り，金融商品取引法や会社法における投資家，債権者保護のための会計，開示，監査等に関する規制の議論を十分行わず，安易に自己信託を導入することについては，証券市場の番人としての機能を担う公認会計士の視点からは懸念があり，問題提起を行った。

第八項　公認会計士（会計監査人）以外の参考人の意見陳述—会計等に関する論点を中心に：特に信託概念，自己信託について—

新井参考人は，信託概念及び自己信託に関し，次のような意見陳述を行った。

すなわち，「…信託法案における信託概念は必ずしも適切なものとはなっていません。第2条の信託の定義において財産の移転という要件が含まれていないのは致命的であると考えます。これは自己信託を導入し，自己信託においては財産の移転がないことから，信託一般の定義から財産の移転をはずしたものです。このような定義は信託の本質をミスリードするものであり，信託が不適切に用いられる温床になるものである。…（中略）第8条は，「受託者は，受益者として信託の利益を享受する場合」を許容することによって，受託者と受益者との地位の兼併を一般的に承認しています。受託者と受益者とは対立概念であると考えるのが信託の基本であるとするなら，受託者と受益者とが同一人であるというのは信託の否定にほかなりません。そのような地位の兼併がたとえ期限限定のものであったとしても，一般法である信託法が受託者と受益者との地位の兼併を一般的に承認するのは，信託の理念の否定ではないでしょうか。しかも，自己信託においては，委託者兼受託者兼受益者の一人しかいないという事態も許容されています。どうしてこれが信託と言えるのでしょうか。…」と述べられた。

新井参考人は，一定の受益権に対する債権者保護措置を講じたとしても，自己信託が信託の概念の本質から照らすと，一般法で規定すべき，所謂真正信託ではないものと考えられているようである。

第九項　目的信託について

新井参考人は目的信託に関し，次のような意見陳述を行った。

すなわち，「…目的信託は，ケイマン諸島などで利用されている資産流動化のための慈善信託，所謂チャリタブルトラストを実務界の要望に応えて導入し

ようとするものですが，前にも述べましたように，このようなスキームの導入は資産流動化法が手当てすべき問題です。…」と述べられた。

確かに，少なくとも，資産の流動化に関する法律[60]（以下,「資産流動化法」と言う。）により，特定目的会社や特定目的信託を用いて資産を保有し，その資産を担保に社債等の有価証券を発行したり，信託の受益権の譲渡等を行ったりすることにより資産の流動化を図ることを目的として1998年9月に施行され，2001年9月の改正施行で，対象とされる資産の範囲は，不動産，指名金銭債権（銀行の貸出債権，リース債権，企業の売掛債権）とその信託受益権であったものから，これらを含む財産一般に拡大されており，資産流動化の利便向上の視点からは，資産流動化法に商事上の目的信託は入れるべきとの見解は説得力があると考える。

第十項　公認会計士（会計監査人）参考人に対する他の参考人による指摘，反論
　筆者の意見に関し，弁護士参考人から，次のような指摘，反論があった。
① 日本の流動化市場においてはデフォルトした事例はなく[61]，自己信託等への意見は杞憂にすぎない。従って，エンロン事件やライブドア事件と資産の流動化の話は次元の異なる話である。
② 新法では，受益権保有者への保護措置があり，会社法や金融商品取引法とは，全く関係ない話である。関係があったとしても内部統制の話であり，次元の異なる話である。

この指摘，反論に関し，筆者は逆に次のように指摘，反論を行った。筆者が指摘しているのは，信託受益権者の保護の話のみならず，自己信託等を行った会社の投資家，債権者保護のための，会計，開示，監査上の規制の話であり，その指摘，反論は間違っていると考える。

第十一項　衆議院（法務委員会）参考人意見陳述による効果
　新法は，2006年10月31日の法務委員会での4名の参考人からの意見聴取を経て，衆議院本会議に送られ，その可決時に「自己信託については，委託者と受託者が同一人であるという制度の特質に応じた必要な特例が設けられた趣旨にかんがみ，適用が凍結された一年間が経過するまでに，その周知を図るとともに，会計上，税務上の取扱いその他の事項に関する検討，周知その他の所

要の措置を講ずること。」という附帯決議が付された[62]。

さらに，参議院に送付され可決成立時に附帯決議は，「自己信託については，委託者と受託者が同一人であるという制度の特質を踏まえて特例が設けられた趣旨にかんがみ，その適正な運用に資するよう，適用が凍結された1年間が経過するまでに，その周知を図るとともに，会計上及び税務上の取扱い等について十分な検討を行い，周知その他の必要な措置を講ずること。特に，公証人の関与が予定されていることを踏まえ，公証人の在り方についても検討すること」というものになった[63]。それを受けて，新法附則第2項が，「第3条第3号の規定は，この法律の施行の日から起算して1年を経過するまでの間は，適用しない。」とされた[64]。つまり，信託宣言に関する新法第3条第3号の規定は，同法の施行後1年間は凍結されたので，信託宣言については新法施行後1年が経過しないうちは，これは利用できなかった[65]。

この新法成立を受け，企業会計基準委員会では，2016年10月24日，信託に関する会計処理基準の在り方について検討を行う旨が決定された[66]。

2016年10月30日の法務委員会における4名の参考人からの意見聴取及び衆議院での法案の可決，当該法案の参議院への送付の後，衆議院法務委員会が，2016年11月28日に開催され，斎藤静樹・企業会計基準委員会委員長（当時）が参考人として招致された[67]。

そこでは，主として，企業会計基準委員会の位置づけや役割，新法に対応した信託に関する会計基準の設定スケジュール，自己信託等において注記による開示の対応なども含めた配慮の方向性など，大枠の議論がなされた。

5－4. 新信託法に対応した信託の会計の設定

5－4－1. 新法と会計の議論の起点

自己信託に係る会計処理については，第165回国会答弁の中で，法務大臣・金融副担当大臣より，企業会計基準委員会において検討されることが示された[68]。

企業会計基準委員会では，その下に専門委員会をもっており，自己信託の会計処理について，新たな専門委員会を立ち上げるか，既存の専門委員会で対応

するかを検討した[69]。

　その結果，ライブドア事件を受けて投資事業組合の連結上の取扱いを検討していた「特別目的会社専門委員会」を「特別目的会社・信託専門委員会」に改組し，自己信託の会計処理を取り扱うこととなった[70]。同委員会では，自己信託にとどまらず，新法の成立を機に信託全般の通則となる会計基準を定め，また新たな信託の類型である「事業の信託」「目的信託」も取り扱うこととした[71]。

　筆者は，「特別目的会社専門委員会」設立時から専門委員に就任していたが，「特別目的会社・信託専門委員会」に改組された後も専門委員を務めていた。

　当該委員会には，公認会計士や実務家などの専門委員会に加え，金融庁及び法務省からオブザーバーとして職員が議論に参加した。

　そして，2007年3月29日，実務対応報告公開草案第26号「信託の会計処理に関する実務上の取扱い（案）」を公表し，パブリック・コメントを求め，最終的に2007年8月2日「実務対応報告第23号『信託の会計処理に関する実務上の取扱い』」を公表した。

　公開草案が公表されてから実務対応報告が公表されるまで，何回ともなくマスコミ報道されたが，金融庁が内容を詳細に検討する時間を要請したことなどから，パブリック・コメント終了後約3ヶ月での公表となった[72]。

5－4－2．信託会計の基本的な考え方[73]

　信託の会計を議論する際に，信託を導管とみるか（以下，「信託導管論」と言う。），信託を独立した事業体としてみるべきか（以下，「信託事業体論」と言う。）を検討する必要がある。

　信託導管論とは，信託は受益者に所得を配分するパイプ（導管体）にすぎないとする理論であり，その結果，信託財産は，委託者あるいは受益者が直接保有するのと同様に会計処理を行うこととなる。

　一方，信託事業体論によると，信託は，会社のように独立して事業を営むものと考えられるため，委託者あるいは受益者と必ずしも同じ会計処理は要求されないこととなる。

この点について，実務対応報告第23号は，原則，委託者兼当初受益者が単数か複数かにより，信託導管論と信託事業体論を使い分けている。
　すなわち，委託者兼当初受益者が単数の場合は，信託財産を委託者兼当初受益者が直接保有する場合と区別する理由が特段ないため，原則として信託導管論を採用し，委託者兼当初受益者が複数の場合は，信託を共同で事業を行うためのビークルとみなすことが妥当と考え，信託事業体論を採用している。
　信託導管論を採用する場合の帰結として，信託設定時には何も会計処理はせず，自己の固有財産に含めて会計処理を行うことになる。
　一方，信託事業体論を採用した場合は，議論がある。
　信託財産が資産・負債の消滅要件を満たしていなければ，信託導管論と同様の帰結になる。
　信託財産が資産・負債の消滅要件を満たしている場合は，次の2つの方法があると考えられる。
① 信託財産を個別の財務諸表上，信託財産の内容を資産・負債の各科目毎に個別の貸借対照表上明示し，また，信託財産に関して生じる収益・費用を各科目毎に個別の損益計算書上明示する。すなわち，総額表示を行う。
② 信託受益権としてまとめて，個別の貸借対照表上表示し，また，関連損益を一括してまとめて表示する。すなわち，純額表示を行う。
　会計の憲法とも言われることもある「企業会計原則」[74] 第一（一般原則）四（明瞭性の原則）「企業会計は，財務諸表によって，利害関係者に対し必要な会計事実を明瞭に表示し，企業の状況に関する判断を誤らせないようにしなければならない。」，「企業会計原則」第二（損益計算書原則）一B（総額主義の原則）「費用及び収益は，総額によって記載することを原則とし，費用の項目と収益の項目とを直接に相殺することによってその全部又は一部を損益から除去してはならない。」，「企業会計原則」第三（貸借対照表原則）一B（総額主義の原則）「資産，負債及び資本は，総額によって記載することを原則とし，資産の項目と負債又は資本の項目とを相殺することによって，その全部又は一部を貸借対照表から除去してはならない。」，等を踏まえると，総額表示が望ましいであろう。
　不動産の信託などでは，信託内で借入れを実行している場合もあり，資産と

負債が同一信託内に混在するケースにおいては，総額主義で表示することが，企業会計上，投資家・債権者等の判断に，より有用なものになると考えられる。

5-5. 実務対応報告第 23 号の概要

5-5-1. 会計基準と信託の分類

実務対応報告第 23 号は，Q&A 形式で説明を行っている（Q1 ないし Q8）。

実務対応報告第 23 号策定前，信託に関する包括的な会計基準等はないものの，その会計処理は，必要に応じていくつかの会計基準等において示されている（【図表 5-3】）。

図表 5-3　実務対応報告第 23 号策定前の信託に係る会計基準等の整理

信託の形態	関連する会計基準等
金融資産の信託	企業会計基準第10号「金融商品に関する会計基準」（金融商品会計基準）
	日本公認会計士協会会計制度委員会報告第14号「金融商品会計に関する実務指針」（金融商品会計実務指針）
不動産の信託	日本公認会計士協会会計制度委員会報告第15号「特別目的会社を活用した不動産の流動化に係る譲渡人の会計処理に関する実務指針」（不動産流動化実務指針）

出典：秋葉賢一[75]「実務対応報告第 23 号「『信託の会計処理に関する実務上の取扱い』について」」『企業会計』（Vol.59 No.10）（2007 年 10 月）114 頁。

また，信託は，それまで，委託者が信託行為によって受託者に財産権の移転を行い，当該受託者が一定の目的（信託目的）に従って，受益者のためにその財産（信託財産）ており，これは，新法においても基本的に変わるところはない，という前提で実務対応報告第 23 号は作成されていの管理又は処分の拘束を加えるところに成立する法律関係とされる[76]。

委託者が当初の受益者になる「自益信託」においては，実務上，委託者が信託行為によって信託財産とする財産の種類により，「金銭の信託」と「金銭以外の信託」[77]に分類されることが多い[78]。

さらに，これらは，それぞれ，委託者兼当初受益者が「単数である場合」と

「複数である場合」に分類されることが多い[79)]。

このため，実務対応報告第 23 号では，信託を 4 つに分類し，委託者及び受益者の基本的な会計処理を整理している（【図表 5 － 4】）[80)]。

なお，実務対応報告第 23 号においては，自益信託を前提としており，受益者の金銭拠出を伴う場合を除き，委託者以外の第三者が当初受益者となる他益信託は対象としていないとしている（実務対応報告第 23 号「目的」）。

図表 5 － 4　信託の 4 分類と委託者兼受益者の会計処理の整理

信託行為によって信託財産とする財産の種類	委託者兼当初受益者	
	単数（合同運用を除く）	複数（合同運用を含む）
金銭の信託	Q1	Q2
金銭以外の信託	Q3	Q4

出典：橋上　徹「信託会計」『新信託法の基礎と運用』，第 16 章所収（2007 年，日本評論社）330 頁参照。

委託者及び受益者の基本的な会計処理に関し，これまでの会計基準等において必ずしも明示されていなかったもので，実務対応報告第 23 号で示されているものとしては以下が挙げられる[81)]。

① 信託が子会社又は関連会社として連結又は持分法の適用となるかどうかについて，それまで明らかでなかった又は具体的に議論されていなかったが，実務対応報告第 23 号では，新法における受益者集会の制度の創設などに照らし，受益者の連結財務諸表上，子会社及び関連会社に該当する場合があり得るとして，その取扱いを示している（Q2 の A3）。これまで，信託が子会社又は関連会社として連結又は持分法の適用となるかどうかについて，それまで明らかでなかった又は具体的に議論されていなかった背景として，実務対応報告第 23 号では，①委託者兼当初受益者が複数である金銭の信託について，個別財務諸表上，受益者は信託財産を持分に応じて直接保有する会計処理を行わず，有価証券として又は有価証券に準じて会計処理を行っているが，これらは，一般に，多くの受益者を想定しているため，連結財務諸表上，子会社や関連会社に該当するかどうかを判定する必然性は乏しかったものと考えられること，②信託は，財産管理の制度としての特徴も有しており，通常，「会社に準ずる事

業体」に該当するとは言えないことを挙げている。
② これまで金銭以外の信託において，複数の委託者兼当初受益者の財産を合同で運用することはあまり見られなかったため，会計基準等においても当該会計処理は明示されていなかったが，実務対応報告第23号では，必要と考える会計処理を示している（Q4のA）。

5－5－2．新法による新たな類型の信託

実務対応報告第23号では，これまでの信託の基本的な会計処理を踏まえて，新法による新たな類型の信託について必要と考えられる会計処理を示している（【図表5－5】）。

図表5－5　新法による新たな類型の信託

事業の信託における委託者及び受益者の会計処理	Q5
目的信託における委託者の会計処理	Q6
自己信託における委託者及び受益者の会計処理	Q7
限定責任信託，受益証券発行信託	Q8

出典：筆者作成。

　先述のように，新法においては，信託行為において，信託契約や遺言による方法に加え，信託宣言が定められ，委託者が自ら受託者となる信託（自己信託）が可能となった。
　このような設定方法の多様化のほか，要件又は効果の多様化のための新形態が認められている。新信託法では，先述のように，委託者の債務を当初から引き受け可能であることが明示されたため，積極財産と消極財産から構成される事業自体の信託（事業の信託）を行うのと同様の状態を作り出すことが可能になる。また，公益信託以外にも受益者の定めのない信託（目的信託）が認められた。
　さらに，新法では，受託者が信託に関して負担する債務について信託財産に属する財産のみをもってその履行の責任を負う限定責任信託や，受益権が私法上の有価証券とされる受益証券を発行する受益証券発行信託を設けている。

5-5-3. 実務対応報告第23号各論

　ここでは，実際に議論に参加した筆者の理解を基に，実務対応報告第23号の内容を，連結範囲規制に配慮した他の会計基準等を具体的織り込みつつ説明をすることとする（したがって，実務対応報告第23号の文言を，そのまま記載しているものではない。）。

（1）委託者兼当初受益者が単数である金銭の信託（Q1）[82]

　委託者兼当初受益者が単数である金銭の信託は，一般に運用を目的とするものと考えられており，その信託財産である金融資産及び金融負債の期末時の会計処理については，金融商品会計基準及び金融商品会計実務指針により付すべき評価額を合計した額をもって貸借対照表価額とし，その評価差額は当期の損益として処理することとなる。

（2）委託者兼受益者が複数である金銭の信託（Q2）[83]

　合同運用の金銭の信託を含む委託者兼当初受益者が複数である金銭の信託については，個別財務諸表上，有価証券として，又は有価証券に準じて会計処理を行うこととなる。

　また，当該金銭の信託の中には，連結財務諸表上，財産管理のための仕組みとみるより，むしろ子会社及び関連会社とみる方が適切な会計処理ができる場合がある。なお，新法においては，受益者集会の制度など受益者が2人以上ある信託における受益者の意思決定の方法が明示された（新法第105条以下）。このため，当該金銭の信託については，受益者の連結財務諸表上，原則，子会社及び関連会社に該当することになる。例外として，運用目的有価証券に該当し，受益者が当該信託に係る受益権の時価評価差額を当期の損益として処理している場合は，連結財務諸表上，当該信託が子会社や関連会社に該当するかどうか判定する必要はない。また，金銭の信託の構成物である株式等について，金融商品会計基準や特別の法令の定めにより，時価をもって貸借対照表価額とし，評価差額を当期の損益として処理している場合は，運用を目的とする保有であり，財務上又は営業上若しくは事業上の関係からみて，その意思決定機関を支

配していないことが明らかであると認められるため，当該株式等を発行している他の会社等については，子会社又は関連会社として取り扱われない。また，信託行為における別段の定めにより，信託に関する財務及び営業又は事業の方針の決定に該当する事項について，当該受益者以外の特定の受益者や委託者，債権者等の合意を必要とする場合には，当該受益者だけでは意思決定を行うことができないため，以下の①から③に該当していても，当該信託は当該受益者の子会社に該当しないものと考えられる。但し，当該受益者以外の特定の受益者や委託者，債権者等が緊密な者又は同意している者に該当している場合には，この限りではない。

　具体的に子会社になるか否かは次のように判定する。

① 全ての受益者の一致によって受益者の意思が決定される信託（新法第105条第1項）においては，自己以外の全ての受益者が緊密な者（自己と出資，人事，資金，技術，取引等において緊密な関係があることにより，自己の意思と同一の内容の意思決定を行うと認められる者）又は同意している者（自己の意思と同一の内容の意思決定を行うと認められる者）であり，かつ，「企業会計基準第22号『連結財務諸表に関する会計基準』」[84]（以下，「連結財務諸表会計基準」と言う。）第7項（2）②から⑤までのいずれかの要件に該当する受益者は，当該信託を子会社として取り扱う。

　連結財務諸表会計基準第7項（2）②から⑤までの要件を信託にあてはめると次のようになると考えられる。

- 当該受益者の役員若しくは使用人である者，またはこれらであった者で自己が当該信託の財務及び営業又は事業の方針の決定に関して影響を与えることができる者が，当該信託の受益者の過半数を占めていること。または，
- 当該信託の重要な財務及び営業又は事業の方針決定を支配する契約等が存在すること。または，
- 当該信託の資金調達額（貸借対照表の負債に計上されているもの）の総額の過半について融資（債務の保証及び担保の提供を含む）を行っていること（当該受益者と出資，人事，資金，技術，取引等において緊密な関係のある者が行う融資を合わせて資金調達額の総額の過半となる場合を含む）。または，

・その他，当該信託の意思決定を支配していることが推測される事実が存在すること。

② 信託行為に受益者集会における多数決による旨の定めがある信託（新法第105条第2項）においては，連結財務諸表会計基準第7項の会社に該当することとなる受益者。但し，信託行為に別段の定めがあり（新法第105条第2項但書），その定めによって財務及び営業又は事業の方針の決定に該当する事項について決議要件が加重されている場合には，当該要件を用いる。

③ 信託行為に別段の定めがあり，その定めるところによって受益者の意思決定が行われる信託（新法第105条第1項但書）では，その定めにより受益者の意思決定を行うことができることとなる受益者（なお，自己だけでは受益者の意思決定を行うことができないが，緊密な者又は同意している者と合わせれば受益者の意思決定を行うことができることとなる場合には，連結財務諸表会計基準第7項の②～⑤までのいずれかの要件に該当する受益者，又は，同基準第7項（3）の要件に該当する受益者）。

また，「企業会計基準第16号『持分法に関する会計基準』」[85]（以下，「持分法会計基準」と言う。）第5-2項（2）で示す「他の会社等の議決権」を，「信託における受益者の議決権」と読み替えて，持分法会計基準第5項の会社に該当することとなる受益者は，当該信託を関連会社として取り扱うこととなる。

なお，委託者兼当初受益者のみならず，他から受益権を譲り受けた受益者もQ2の会計処理の対象となる。また，投資信託は，委託者が単数である他益信託として設定されているが，当初から受益権を分割して複数の者に取得させる目的であるため，Q2の会計処理の対象に含めている。

（3）委託者兼当初受益者が単数である金銭以外の信託（Q3）[86]

ここでの金銭以外の財産は，会計上，事業とはならない資産を指す。会計上「事業」とは，企業活動を行うために組織化され，有機一体として機能する経営資源を言う（「企業会計基準第7号『事業分離等に関する会計基準』」[87]（以下，「事業分離等会計基準」と言う。）第3項）。

（a）信託設定時の会計処理

金融資産の信託（有価証券の信託を含む）や不動産の信託など，委託者兼当初受益者が単数である金銭信託以外の信託は，信託財産を直接保有する場合と同様の会計処理を行う（金融商品会計実務指針第78項及び第100項（1），会計制度委員会報告第15号「特別目的会社を利用した不動産の流動化に係る譲渡人の会計処理に関する実務指針」[88]（以下，「不動産流動化実務指針」と言う。）第44項）。このため，信託設定時に，委託者兼当初受益者は，信託財産を直接保有するものとみて消滅の認識（又は，売却処理）（金融商品会計基準第9項及び不動産流動化実務指針第20項）の要否を判断する。

（b）受益権が質的に異なるものに分割されている場合や受益者が多数となる場合の取扱い

委託者兼当初受益者が受益権を売却するときは，（1）と同様に，信託財産を直接保有するものとみて消滅の認識（又は，売却処理）の要否を判断する。

一方，委託者兼当初受益者以外の受益者が，次の場合において，受益権を売却するときは，有価証券の売却とみなして売却処理を行うかどうか判断することとなる。

① 受益権が優先劣後等のように質的に異なるものに分割されており，かつ，譲渡等により受益者が複数となる場合

この場合には，それまでどおり，金融商品会計実務指針第100項（2）において，個別財務諸表上，信託を事業体とみなして，当該受益権を信託に対する金銭の取得又は信託からの有価証券の購入とみなして取り扱うこととされている。

② 受益権の譲渡により受益者が多数（多数になると想定されるものも含む。以下同じ）となる場合

この場合には，それまで金融商品会計実務指針第100項（1）但書において，個別財務諸表上，受益者が多数で信託財産を持分に応じて直接保有するのと同様の評価を行うことが困難な場合には，①のように，信託を実体のある事業体と評価を行うことができるとされている。なお，受益権の譲渡等により受益者が多数となる場合とは，受益権の分割や譲渡が有価証券の売出し（金融商品取引法第2条第4項）にあたるときが該当する。また，受益権の譲渡等により受益者

が多数になると想定される場合とは，受益権が私法上の有価証券とされている受益証券発行信託の受益権を発行しているとき（新法第207条）が該当する。
③ 期末時の会計処理
　（ⅰ）原則的な取扱い
　　金銭以外の信託の受益者（当初受益者のみならず，他から受益権を譲り受けた受益者も含む）は，信託財産のうち持分割合に相当する部分を資産として計上し，直接保有する場合と同様に会計処理（表示及び注記を含む）することとなる。
　（ⅱ）受益権が質的に異なるものに分割されている場合や受益者が多数となる場合の取扱い
　　受益者（当初受益者のみならず，他から受益権を譲り受けた受益者も含む）の個別財務諸表上，受益権を当該信託に対する有価証券とみなして評価する。
　　連結財務諸表上，当該信託を子会社又は関連会社として取り扱うかどうかについては，Q3に準じることとなる。なお，受益者が優先受益権のみの保有者である場合には，通常，信託に対する債権者と同様であると考えられるため，このときには，当該信託は当該受益者の子会社又は関連会社として取り扱われない。

（4）委託者兼当初受益者が複数である金銭以外の信託（Q4）[89]
(a) 信託設定時の会計処理
　委託者兼当初受益者が複数である金銭以外の信託を設定した場合，各委託者兼当初受益者は，受託者に対してそれぞれの財産を移転し，受益権を受け取ることとなる。この場合も他の信託の設定時と同様に，当該信託の設定により損益は生じない。但し，当該信託の設定は，共同で現物出資により会社を設立することに類似するものであるため，現物出資による会社の設立おける移転元の企業の会計処理（事業分離等会計基準第31項）に準じて，当該委託者兼当初受益者が支配することも重要な影響を及ぼすこともない場合には，その個別財務諸表上，原則として，移転損益を認識する。

(b) 受益権の売却時及び期末時の会計処理

① 受益権が各委託者兼当初受益者からの財産に対応する経済的効果を実質的に反映し,かつ,売却後の受益者が多数とはならない場合の取扱い

たとえば,各委託者兼当初受益者が,共有していた財産を信託し,その財産に対応する受益権を受け取る場合のように,委託者兼当初受益者が複数であっても,それぞれにおける経済的効果が信託前と実質的に異ならない場合には,信託財産から生ずる経済的効果を受益者に直接的に帰属するように会計処理することが可能であることから,当該受益権を売却するときは,受益者が信託財産を直接保有するものとみて消滅の認識(又は売却処理)(金融商品会計基準第9項及び不動産流動化実務指針第20項)の要否を判断することとなる。

また,受益者(当初受益者のみならず,ある受益権を質的に異ならない受益権に分割し,その譲渡等によっても新たな受益者が多数とならない場合における当該受益権を譲り受けた受益者も含む)の個別財務諸表上,信託財産のうち持分割合に相当する部分を受益者の資産及び負債として計上し,損益計算書についても同様に処理する方法(総額法)によることが適当であると考えられる。

但し,重要性が乏しい場合には,持分相当額を純額で取り込む方法(純額法)によることができる。

② ①以外の場合

この場合には,各受益者が当該信託財産を直接保有するものとみなして会計処理を行うことは困難であることから,受益者(当初受益者のみならず,他から受益権を譲り受けた受益者も含む)の個別財務諸表上,受益権を信託に対する有価証券の保有とみなして評価する。このような受益権を売却する場合,当該受益者は,有価証券の売却とみなして売却処理の要否を判断することとなる。また,連結財務諸表上,当該信託を子会社又は関連会社として取り扱うかどうかについては,Q2に準じることとなる。当該受益者の連結財務諸表上,当該信託が子会社又は関連会社となる場合,現物出資による会社の設立における移転元の企業の会計処理(事業分離等会計基準第31項)に準じて,当該受益者から移転されたとみなされる額と,移転した資産に係る受益者の持分の減少額との間に生ずる差額については,持分変動差額として取り扱う。

（5）事業の信託（Q5）[90]

　新法では，信託財産に属する財産について信託前の原因によって生じた権利が信託財産責任負担債務の範囲に含まれる（新法第21条第1項第3号）ことが明示され，金銭その他の財産の信託（金銭以外の信託）と同時に負債の引き受けを組み合わせることにより，これらから構成される事業自体の信託（所謂，「事業の信託」）を行うのと同様の状態をつくり出すことができると言われている。その会計処理については，基本的にこれまでの信託と相違はない。

(a) 委託者兼当初受益者が単数である場合

　① 原則的な取扱い

　　　委託者兼当初受益者が単数である場合には，Q3に準じて処理することとなる。このため委託者兼当初受益者は，信託設定時に特段の会計処理を要しない。また，当該受益者は，信託財産を直接保有する場合と同様の会計処理を行うこととなるため，受益権を売却した場合，当該事業を直接移転したものとみて売却処理の要否を判断することとなり，期末時には，信託財産のうち持分割合に相当する部分を資産及び負債として計上し，直接保有する場合と同様に会計処理（表示及び注記を含む）することとなる。

　② 受益権が質的に異なるものに分割されている場合や受益者が多数となる場合の取扱い

　　　委託者兼当初受益者は単数であるが，質的に異なる受益権に分割されており，その一部の譲渡等により受益者が複数となる場合，又は，受益権の譲渡等により受益者が多数となる場合，受益者（当初受益者のみならず，他から受益権を譲り受けた受益者も含む）は，受益権を当該信託に対する有価証券とみなして処理することとなる。但し，委託者兼当初受益者が受益権を売却するときは，①と同様に，当該事業を直接移転したものとみて売却処理の要否を判断する。連結財務諸表上，当該信託を子会社又は関連会社として取り扱うかどうかについては，Q2に準じることとなる。

(b) 委託者兼当初受益者が複数である場合

　委託者兼当初受益者が複数である場合には，Q4に準じて処理することとなる。

このため，当該事業の信託を設定した場合，各委託者兼当初受益者は，受託者に対しそれぞれの事業を移転し，受益権を受け取ることとなり，共同新設分割における分離元企業の会計処理（事業分離等会計基準第17項，第20項及び第23項，「企業会計基準第21号『企業結合に関する会計基準』」[91]第39項）に準じることが適当である。また，受益権の売却時及び期末時の会計処理については，Q4に準じることとなる。

(c) その他

事業の信託（事業を直接，金銭以外の信託の対象とする）に関連して，金銭の信託において事業を譲り受ける場合や，事業の信託の受益権を他の受益者から譲り受ける場合が考えられる。前者の場合であっても，事業の信託が設定された場合と整合的になるように，個別財務諸表上，総額法によることが適当と考えられる。なお，事業の信託であるかどうかにかかわらず，受益者が信託財産を直接保有する場合と同様の会計処理を行うとき（委託者兼当初受益者が単数である金銭の信託として行うときを含む）には，当該受益者と当該信託との取引は内部取引として消去される。

(6) 目的信託（Q6）[92]

信託契約によってなされた受益者の定めのない信託については，委託者がいつでも信託を終了できるなど，通常の信託とは異なるため，原則として，委託者の財産として処理することが適当と考えられる。

但し，信託契約の内容等からみて，委託者に信託財産の経済的効果が帰属しないことが明らかであると認められる場合には，もはや委託者の財産としては取り扱われないものとして処理する。

(7) 自己信託（Q7）[93]

先述のように，新法において，信託は，信託契約を締結する方法よることや遺言をする方法によることに加え，自ら信託財産の管理等をすべき旨の意思表示を書面等によってする方法による自己信託が定められた。

自己信託においては，委託者が受託者になるという点に特徴があるが，その

会計処理は，基本的に他者に信託した通常の信託と相違ない，という前提で会計処理を決めることとなった。また，受託者が受益権の全部を固有財産で有する状態が1年間継続した場合，信託は終了する（新法第163条第2号）ため，委託者が自己信託をし，かつ，その受益権の全部につき自らが当初受益者となるときには，通常，受益権の一部又は全部を信託設定後に売却することとなると考えられる，ということも前提として会計処理を決めることとなった。

(a) 信託設定時の会計処理

自己信託が，金銭の信託として行われる場合には，Q1に準じて，金銭以外の信託として行われる場合には，Q3に準じて，会計処理を行うこととなる。

このため，単独で信託設定するだけで損益が計上されることはない。

(b) 受益権の売却時及び期末時の会計処理

① 原則的な取扱い

受益権が売却された場合，金銭以外の信託の受益者は信託財産を直接保有していたものとみて消滅の認識（又は売却処理）（金融商品会計基準第9項並びに不動産流動化実務指針第19項及び第20項）の要否を判断する（Q3参照）。

また，期末時に，金銭以外の信託の受益者は，信託財産を直接保有する場合と同様に会計処理をすることとなるため総額法によることとなり（Q3参照），金銭の信託の受益者は，他者に信託した通常の信託と同様に会計処理することとなる（Q1参照）。

② 受益権が質的に異なるものに分割されている場合や受益者が多数となる場合の取扱い

自己信託が質的に異なる受益権の譲渡等により受益者が多数となる場合において，受益権が売却されたときは，信託財産を直接保有していたものとみて消滅の認識（又は売却処理）（金融商品会計基準第9項及び不動産流動化実務指針第19項～第21項）の要否を判断する（Q3）。

また，期末時に，受益権は，原則として当該信託に対する有価証券の保有とみなして処理されることとなる（Q3）。連結財務諸表上，当該信託を子会社又は関連会社として取り扱うかどうかについては，Q2に準ずることとなる。

③ 自己信託の信託財産及び受益権の注記

自己信託においては，委託者兼受益者が自己の固有財産として受益権の一部又は全部を保有していることから，自己の貸借対照表に計上されることとなる自己信託の信託財産に属する財産について，追加情報として，その貸借対照表計上額及び自らが委託者兼受託者である自己信託の信託財産に属する旨の注記を行うことが適当である。

　また，受益権が質的に異なるものに分割されている場合や受益者が多数となる場合において，委託者兼受託者が受益権の一部を保有している受益権についても，追加情報として，その貸借対照表計上額及び自らが委託者兼受託者である自己信託の受益権である旨の注記を行うことが適当である。

（8）受託者の会計処理（Q8）[94]

　新法において，信託の会計は，一般に公正妥当と認められる会計の慣行に従うものとされている（第13条）が，実務対応報告第23号公表以後も，明らかに不合理であると認められる場合を除き，信託行為の定め等に基づいて行うことが容認されている。

　しかし，新法に基づく限定責任信託（新法第216条）や受益者が多数（受益権の分割や譲渡が有価証券の募集又は売出しにあたる場合などが該当）となる信託の会計処理は，原則として，一般に公正妥当と認められる企業会計の基準に基づいて行うこととなる。

　なお，限定責任信託に関しては，受託者は法務省令で定めるところにより，会計帳簿及び計算書類を作成しなければならない（新法第222条第2項及び第3項）。また，そのうち，受益証券を発行するもので最終の貸借対照表の負債総額が200億円以上のものは，会計監査人設置が義務付けられている（新法第248条第2項）。なお，受益証券を発行する限定責任信託に関しては，任意で会計監査人の設置が容認されている（新法第248条）。

5-6. 信託会計における残された課題[95]

　信託の会計処理については，委託者兼当初受益者が単数の場合は，信託導管

論に基づき，直接信託財産を保有しているものとして会計処理を行うことが理論上妥当であろう。

　しかし，実務対応報告第23号では，特定金銭信託又は指定金外信託等は，通常，運用目的で保有されることから，金融商品会計基準及び金融商品会計実務指針による付すべき評価額を合計した額をもって貸借対照表価額とし，その評価差額は当期の損益とする現行の会計処理を踏襲している（Q1）。

　特定金銭信託又は特定金外信託以外の金銭信託，金銭の信託が満期保有又はその他の目的で保有される場合は，信託導管論の適用を否定していない（なお，金銭の信託で事業の信託を行う場合は信託導管論によることとされている（Q5））。また，その場合，委託者兼当初受益者又は受益権の譲渡を受け，結果として1人受益者となる者の子会社あるいは関連会社になるか否かも触れていない。前者については，信託導管論による会計処理を行い，後者については，子会社又は関連会社とすることが適当であると考える。但し，土地等の不動産を購入し，金銭の信託で資金調達を行う場合などは，事業の購入か，財産の購入か峻別がつきにくい。土地信託の特徴として，「事業遂行型」の信託が挙げられていることは実務上周知であり，土地信託は事業の信託として会計処理を行うのが相当な場合が多いものと考える。

　自己信託に関しては，固有財産と信託財産をどこまで厳密に分別管理されているかなどがポイントの1つになる（新法第34条）。会計監査人設置信託等は特に留意を要する。

　また，実務対応報告第23号では，旧信託法下における信託の連結上の取扱いについて触れていない。従って，旧信託法に基づく信託の連結の範囲の決定に関しては，連結財務諸表会計基準第7項の「実質支配力基準」に基づくことになる。この場合，信託財産に対して，運用・処分等の指図を行う者や受益者が多数の場合にその仕組みを設定した受託者なども含め，誰が最も支配力を有するか，具体的に決定していくことになると考えられる。

【注】
1）平成18年（2006年）12月15日法律第108号（最終改正：平成26年（2008年）6月27日法律第91号）
2）大正11年（1922年）4月2日法律第62号（最終改正：平成16年（2004年）法律第88号）
3）平成18年（2006年）12月15日法律第109号（最終改正：平成18年（2006年）6月14日法律第66号）
4）杉浦宣彦「新信託法の概要―新たな信託手法の可能性と今後の解題について―」『企業会計』（Vol.59 No.10）（2007年10月）18頁参照。
5）同上論文，18頁参照。
6）寺本昌弘，湯川　毅，村松秀樹，冨澤賢一，鈴木秀昭，三木原聡「新信託法の解説（2）―金融実務に関連する部分を中心に―」『金融法務事情』（No.1794）（2007年2月15日）23頁参照。
7）道垣内弘人，『信託法入門』（2007年，日本経済新聞社）47頁～48頁参照。
8）同上書，47頁～48頁参照。
9）福田正之，池袋真美，大矢一郎，月岡　崇『詳解　新信託法』（2007年，清文社）104頁参照。
10）同上書，104頁参照。
11）道垣内，前掲書，47頁参照。
12）役職・所属等は当時のもの。
13）衆議院のウェブサイト（http://www.shugiin.go.jp/internet/itdb_kaigiroku.nsf/html/kaigiroku/000416520061031006.htm）で議事録は入手可能である［2017年11月20日閲覧］。
14）信託法成立前の信託法への意見陳述であったため，当時は，信託法案の状態であったが，一部附則を除き，本文条文は法案のまま成立した。したがって，特に断り長い限り，本論文では，信託法案も新法と記述する。
15）新井　誠『信託法（第4版）』（2014年，有斐閣）136頁参照。
16）威知謙豪『特別目的事業体と連結会計基準』（2015年，同文舘出版）51頁～53頁参照。
17）米国における天候デリバティブに関しては，可児　滋「天候リスクと天候デリバティブの研究―多発する異常気象とそのリスクマネジメント―」『横浜商大論集』（第50巻第1・2号）（2017年3月18日）65頁～70頁に記述されている。
18）威知，前掲書，53頁～54頁参照。
19）威知，前掲書，52頁。
20）衆議院，前掲ウェブサイト。
21）弥永真生（2017b）「連載　会計処理の適正性をめぐる裁判例を見つめ直す　第3回　明確な会計基準の不存在―ライブドア事件―」『会計・監査ジャーナル』（No.740）

(2017 年 3 月) 40 頁〜 41 頁参照。
22) 証券取引法違反被告事件,東京地裁平 18 特(わ)498 号・1026 号,平 19・3・16 刑 1 部判決,有罪(控訴)。弥永(2017b),前掲論文,41 頁〜 42 頁参照。『判例時報』,前掲論文,31 頁〜 106 頁参照。
23) 企業会計審議会,1999 年 1 月 22 日(最終改正 企業会計基準委員会,2008 年 3 月 10 日)
24) 日本公認会計士協会会計制度委員会報告第 14 号「金融商品会計に関する実務指針」(2000 年 1 月 3 日(最終改正 2015 年 4 月 14 日))。
25) 同上報告書。
26) 同上報告書。
27) 証券取引法違反被告事件,東京高裁平 19(う)1107 号,平 20・7・25 刑 12 部判決,控訴棄却(上告)1 審東京地裁平 18 特(わ)498 号・1026 号,平 19・3・16 判決。『判例時報』(2030 号)(2009 年 4 月 1 日)127 頁〜 145 頁参照。弥永(2017b),前掲論文,42 頁参照。
28) 最高裁第三小法定決定 平 23・4・25。平 20(あ)1651 号。同上論文,42 頁参照。
29) 刑事訴訟法(昭和 23 年(1948 年)法律第 131 号 (最終改正 平成 29 年(2017 年)法律第 72 号 6 月 23 日)
30) 第 405 条 高等裁判所がした第 1 審又は第 2 審の判決に対しては,左の事由があることを理由として上告の申立をすることができる。
 一 憲法の違反があること又は憲法の解釈に誤があること。
 二 最高裁判所の判例と相反する判断をしたこと。
 三 最高裁判所の判例がない場合に,大審院若しくは上告裁判所たる高等裁判所の判例又はこの法律施行後の控訴裁判所たる高等裁判所の判例と相反する判断をしたこと。
31) 弥永(2017b),前掲論文,42 頁〜 43 頁。「商事判例研究 平成 20 年度 22 〔風説流布・偽計使用と虚偽有価証券報告書提出―ライブドア事件―〕(東京大学商法研究会)」(『ジュリスト』(No.1414) (2011.1.1-15) 228 頁〜 229 頁。
32) 同上論文,42 頁参照。
33) 同上論文,42 頁参照。
34) 同上論文,42 頁参照。
35) 同上論文,42 頁参照。
36) 第 31 条 何人も,法律の定める手続によらなければ,その生命若しくは自由を奪われ,又はその他の刑罰を科せられない。
37) 最終改正 平成 23 年(2011 年)3 月 25 日(企業会計基準委員会)。
38) 具体的には,実務対応報告第 20 号が補完したのは,「企業会計基準第 22 号『連結財務諸表に関する会計基準』」(企業会計基準委員会,平成 20 年(2008 年)12 月 26 日(最

39) 大蔵省企業会計審議会，1975年6月24日。
40) なお，筆者は，当時，企業会計基準委員会の下部委員会である特別目的会社・信託専門委員会（改組前の「特別目的会社」専門委員会）で，専門委員として，当該実務対応報告の作成者の1人として関わった。当該委員会には，官庁からは，金融庁の会計基準監理担当者の他，法務省の信託法改正担当者も参画して，議論を行った（通常は，官庁からの参画は，企業会計基準を管轄する金融庁のみである。）。
41) 弥永（2017b），前掲論文，42頁参照。弥永は，この論文の44頁において，「したがって，仮に，投資事業組合がインサイダー取引規制を潜脱するために組成されたとしても，会計処理との関係で，独立の存在を否定すべきことにはならない。」と述べている。なお，「法人格否認の法理」に関しては，補章で後述している。
42)「形骸」事例に当たるとされる要件としては，会社の実質が全くの個人企業（又は，子会社が親会社の一部門にすぎない）と認められることなどが挙げられている（同上論文，44頁参照）。具体的には，①業務活動混同・反復の継続，②会社と社員（株主）の義務や財産の全般的・継続的混同，③明確な帳簿記載・会計区分の欠如，④株主総会・取締役会の不開催などの強行法的組織規定の無視などの事実を総合考慮して判断するといわれている。」（同上論文，44頁参照。）。
43)「濫用」事例に当たるとされる要件としては，①背後者が会社を自己の意のまま「道具」として用い得る支配的地位にあって会社法人格を利用していること（支配要件）と，②違法な目的で法人格を利用していること（目的要件）との2つが挙げられている。そして，「違法な目的」には，会社法人格利用による法律上又は契約上の義務を回避することなどが含まれると理解されている（弥永（a），同上論文，44頁参照）。
44) 同上論文，42頁参照。
45) 同上論文，42頁～43頁参照。
46) 同上論文，43頁。
47) 平成20年（2008年）9月2日，日本公認会計士協会が「監査委員会報告第60号『連結財務諸表における子会社及び関連会社の範囲の決定に関する監査上の取扱い』の廃止について」を公表した。これによると，廃止の理由として，①平成20年（2008年）5月13日付けで企業会計基準委員会から企業会計基準適用指針第22号「連結財務諸表における子会社及び関連会社の範囲の決定に関する適用指針」が公表されたこと，及び②平成20年9月2日付けで日本公認会計士協会 監査・保証実務委員会から監査委員会報告第52号「連結の範囲及び持分法の適用範囲に関する重要性の原則の適用に係る監査上の取扱い」の改正について」を公表したことに伴い，監査委員会報告第60号「連結財務諸表における子会社及び関連会社の範囲の決定に関する監査上の取扱い」（改正 平成14年（2002年）4月16日）については，平成20年（2008年）9月8日付けで廃止することとされた（但し，平成20年（2008年）10月1日前に開始す

る連結会計年度において，当該適用指針を早期適用しない場合には，監査委員会報告第 60 号「連結財務諸表における子会社及び関連会社の範囲の決定に関する監査上の取扱い」を適用する。）。なお，筆者は監査委員会報告第 52 号「連結の範囲及び持分法の適用範囲に関する重要性の原則の適用に係る監査上の取扱い」の改正時に，日本公認会計士協会 監査・保証実務委員会の専門委員であった。

48) 商法（明治 32 年（1899 年）法律第 48 号〔最終改正 平成 26 年（2014 年）5 月 30 日法律第 42 号〕）第 535 条。
49) 民法（明治 29 年（1896 年）法律第 89 号〔最終改正 平成 29 年（2017 年）6 月 2 日法律第 44 号〕）第 667 条。
50) そのほか，合名会社・合資会社・合同会社（「会社法」第 575 条以下），投資事業有限責任組合（「投資事業有限責任組合契約に関する法律」に基づくもの），有限責任事業組合（「有限責任事業組合契約に関する法律」に基づくもの）等多様や形態が存在する。
51) 「一般社団・財団法人法」が，2008 年 12 月 1 日から施行されたことに伴い，中間法人法は同日廃止された（法務省ウェブサイト（http://www.moj.go.jp/MINJI/minji124.html）［2017 年 11 月 20 日閲覧］））。
52) ここでは，弥永（2017b）の判例評釈を指す。
53) 平成 11 年（1999 年）1 月 22 日，企業会計審議会（最終改正 平成 20 年（2008 年）3 月 10 日，企業会計基準委員会）。
54) 「財務諸表等の用語，様式及び作成方法に関する規則」（昭和 38 年（1963 年）11 月 27 日大蔵省令第 59 号（最終改正 平成 29 年（2017 年）6 月 30 日内閣府令第 35 号））。
55) 「連結財務諸表の用語，様式及び作成方法に関する規則」（昭和 51 年（1976 年）10 月 30 日大蔵省令第 28 号（最終改正 平成 29 年（2017 年）5 月 25 日内閣府令第 28 号））。
56) 平成 18 年（2006 年）2 月 7 日法務省令第 13 号（最終改正 平成 28 年（2016 年 1 月 8 日法務省令第 1 号））。
57) 会社分割は，株式会社または合同会社が，その事業に関して有する権利義務の全部または一部を，分割後他の会社（承継会社）または分割により設立する会社（設立会社）に承継させることを目的とする会社の行為である（会社法第 2 条第 29 号，同条第 30 号）（江頭憲治郎『株式会社法（第 5 版）』（2014 年，有斐閣）883 頁〜884 頁参照）。会社分割の会計処理は，「企業会計基準第 7 号『事業分離等に関する会計基準』」（2005 年 12 月 27 日，企業会計基準委員会（最終改正 2013 年 9 月 13 日））に準拠して行う。
58) 平成 18 年（2006 年）9 月 8 日（最終改正 平成 23 年（2011 年）3 月 25 日）。
59) 平成 12 年（2000 年）1 月 19 日（最終改正 平成 24 年（2014 年）3 月 22 日）。
60) 平成 10 年（1998 年）6 月 15 日法律第 105 号（最終改正 平成 26 年（2014 年）6 月 27 日法律第 91 号）。
61) 正確に言えば，日本でも三洋証券が，1997 年 11 月 3 日に経営破綻をし，会社更生の適用を申請したが，この結果，無担保コール市場で初めてデフォルトが発生し，三洋証

券の破綻は，北海道拓殖銀行の破綻等多くの金融機関に影響を与えた，と言われる（内閣府経済社会総合研究所『日本の金融危機と金融行政』（2002 年 4 月 1 日）7 頁参照。

62) 第 165 回法務委員会第 13 号（平成 18 年（2006 年）11 月 28 日）議事録（早川委員発言）（http://www.shugiin.go.jp/internet/itdb_kaigiroku.nsf/html/kaigiroku/000416520061128013.htm）［2017 年 11 月 20 日閲覧］。橋上　徹「信託会計」『新信託法の基礎と運用』，第 16 章所収，（2007 年，日本評論社）328 頁参照。
63) 新井　誠，前掲書，140 頁参照。
64) 同上書，140 頁参照。
65) 同上書，140 頁参照。
66) 第 165 回衆議院（法務委員会）第 13 号（平成 18 年（2006 年）11 月 28 日）議事録（早川委員発言）（http://www.shugiin.go.jp/internet/itdb_kaigiroku.nsf/html/kaigiroku/000416520061128013.htm）［2017 年 11 月 20 日閲覧］。
67) 第 165 回衆議院（法務委員会）第 13 号（平成 18 年（2006 年）11 月 28 日）議事録参照（http://www. shugiin. go. jp/internet/itdb_kaigiroku. nsf/html/kaigiroku/000416520061128013.htm）［2017 年 11 月 20 日閲覧］。
68) 橋上，前掲論文，329 頁参照。
69) 同上論文，329 頁参照。
70) 同上論文，329 頁参照。
71) 同上論文，329 頁参照。
72) 鯖田豊則「信託スキームをめぐる会計・税務上の論点」『企業会計』（Vol.59 No.10）（2007 年 10 月）32 頁参照。
73) 橋上，前掲論文，327 頁〜328 頁参照。
74) 昭和 24 年（1949 年）7 月 9 日，経済安定本部企業会計制度対策調査会中間報告（最終改正　昭和 57 年（1982 年）4 月 20 日，企業会計審議会）。
75) 秋葉賢一は，当時，企業会計基準委員会の主席研究員であった。
76) 秋葉賢一「実務対応報告第 23 号『信託の会計処理に関する実務上の取扱い』について」」『企業会計』（Vol.59 No.10）（2007 年 10 月）114 頁参照。
77) これには，金銭と金銭以外の財産を信託する「包括信託」を含む，とされる（同上論文，118 頁参照。）。
78) 同上論文，113 頁参照。
79) 同上論文，113 頁参照。
80) 同上論文，113 頁参照。
81) 同上論文，113 頁〜114 頁，118 頁参照。
82) 橋上，前掲論文，330 頁参照。
83) 同上論文，330 頁〜332 頁参照。
84) 平成 20 年（2008 年）12 月 26 日，企業会計基準委員会　（最終改正　平成 25 年（2013

年）9月13日）。
85) 平成20年（2008年）3月10日，企業会計基準委員会（最終改正　平成20年（2008年）12月26日）。
86) 橋上，前掲論文，332頁～334頁参照。
87) 平成17年（2005年）12月27日，企業会計基準委員会（最終改正　平成25年（2013年）9月13日）。
88) 平成12年（2000年）7月21日，日本公認会計士協会（最終改正　平成26年（2014年）11月4日）。
89) 橋上，前掲論文，334頁～335頁参照。
90) 同上論文，335頁～337頁参照。
91) 平成15年（2003年）10月31日，企業会計審議会（最終改正　平成25年（2013年）9月13日，企業会計基準委員会）。
92) 橋上，前掲論文，337頁参照。
93) 同上論文，337頁～338頁参照。
94) 同上論文，338頁～339頁参照。
95) 同上論文，339頁～340頁参照。

補　章

具体的事案等から考える
連結範囲規制のあり方等

6－1．集団投資スキーム（ファンド）を利用した取引事例からみる適正な連結範囲規制を中心とした企業内容の開示のあり方

　超低金利時代が長らく続く中で，集団投資スキーム（ファンド）を利用した多様な金融商品が開発されてきた。その中で，特に 2000 年代半ばに集団投資スキーム（ファンド）利用した妥当性を欠くと思われるスキームが社会問題化した。

　代表的なものは，ライブドア事件であるが，その他にも多数問題事案が発生した。集団投資スキーム（ファンド）の連結範囲規制に関連する問題が，一番問題となっていた。

　本節では，問題化した集団投資スキーム（ファンド）の事例を紹介し，改めて，集団投資スキーム（ファンド）の連結範囲規制問題を考え，適正な企業内容の開示のあり方を検討してみる。

6－1－1．架空増資（旧商法違反）に投資事業組合が利用された事例

【日本 LSI 事件（元大証二部上場）】[1]

　日本エルエスアイカード（以下，「LSI 社」と言う。）は，架空の資金で 4 億円を増資する会社登記をしたとして，元社長（以下，「元代表者」と言う。）が，電磁的公正証書原本不実記録，同供用，旧商法第 486 条違反[2]（特別背任）の罪で逮捕された。

　具体的には，2005 年 6 月，増資分の資金が存在しないのに LSI 社の発行済

み株式数を増やし，資本金を4億円増額して，10億1,897万円とする虚偽の法人登記をした。

このスキームを図に表すと次のとおりとなる。

図表補－1　投資事業組合を利用した「見せ金」のスキーム

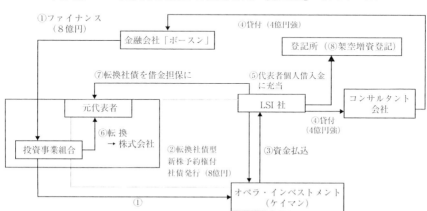

出典：新聞報道等を基に筆者作成。

上記，図表のスキームの流れをまとめると次のとおりである。図表中の丸数字は，【図表補－1】に対応している。

① 金融会社「ボースン」から，元代表者が実質的に支配する投資事業組合を経由し，英国領ケイマン諸島の投資会社「オペラ・インベストメント」に8億円提供される。

② LSI社は，2005年4月，「オペラ・インベストメント」を引受先とする転換社債型新株予約権付社債を8億円発行。

③ オペラ・インベストメントの8億円は，金融会社「ボースン」から，元代表者が実質的に支配する投資事業組合を経由し，オペラ・インベストメントに提供され，この資金により転換社債型新株予約権付社債を引き受け。

④ LSI社に入金された8億円のうち，少なくとも4億円はコンサルタント会社に貸付けされ，そのままボースンに還流された（すなわち，8億円は「見

せ金」)。

⑤ 残りの4億円は元代表者の借金等に充当（旧商法第486条〔特別背任罪〕）。
⑥ 発行された8億円の転換社債型新株予約権付社債は全て株式に転換され，前記投資事業組合を経て元代表者の元に渡った。
⑦ この株式は元代表者の借入金の担保に差し入れいるなどした（元代表者は株取引の失敗等で10億円の借金があったされる。）
⑧ 結局，LSI社への払込金額は全額が引き出され，登記は原資のないまま行われたことになる。

6−1−2. 粉飾決算に投資事業組合が活用された事例

【ライブドア事件（元東証マザーズ）】[3]

ライブドア事件に関しては，金融商品取引法第158条違反（風説の流布，偽計，暴行又は脅迫の禁止）の他，有価証券報告書偽造，すなわち，粉飾決算の罪に関して検討を行う。

粉飾決算の内容自体は，比較的シンプルなものであったが，スキームは複雑であった。すなわち，ライブドアが実質的に支配する投資事業組合を利用して得た自社株売却益を資本取引ではなく損益取引として仮装することにより，粉飾決算を行った点が粉飾決算と認定された。

「企業会計原則」第一　一般原則　三〔資本取引・損益取引区分の原則〕において「資本取引と損益取引とを明瞭に区別し，特に資本剰余金と利益剰余金とを混同してはならない。」という会計の基本原則に違反したことになる。

ライブドアは，株式交換名目で発行した自社株を買収先に割り当てず，投資事業組合を介在させて市場に売却し，その売却代金を「組合出資損益」として損益計算書に計上した。しかし，自社株売却益は「損益」ではなく「資本剰余金」として処理すべきものであったのである。

なお，子会社の株式も連結上は自己株式として取り扱われるが，売却益は同様な処理を行っていた。

そのスキームは次のとおりである。

① 投資事業組合「M&Aチャレンジャー1号」は，ライブドアが出資をし

て組成したバージン諸島のSPV（ドクターハウリAG）が投資事業組合「EFC」へ出資をして組成し，その「EFC」がさらに出資をして組成した投資事業組合であった。

② ライブドアは，クラサワコミュニケーションズとのウェップキャッシング・ドットコムの買収資金のため，投資事業組合「M&Aチャレンジャー1号」にまず新株を発行した。

③ 投資事業組合「VLMA2号」は，投資事業組合「M&Aチャレンジャー1号」が出資して組成された。

④ 投資事業組合「M&Aチャレンジャー1号」は，②のライブドア株式の一部を投資事業組合「VLMA2号」に売却。

⑤ ライブドアは子会社であるライブドア・マーケティング（元東証マザーズ）の株式を投資事業組合「VLMA2号」に売却。

⑥ 投資事業組合「VLMA2号」は，親密証券会社（HS証券）経由でバージン諸島のSPV（エバートンエクイティ）にライブドア・マーケティングの株式を売却。

⑦ 当該SPVは，市場でライブドア・マーケティングの株式を市場で売却，売却代金は一部スイス系銀行の仮名口座に流れ，一部はライブドアに還流された。エバートンエクイティは，前述のドクターハウリAGが出資をして組成された。

⑧ 投資事業組合「VLMA2号」は，前述のライブドア株式を，一部は香港の証券会社を通じて市場に売却し，売却代金を投資事業組合「VLMA2号」に還流させ，売却益を組合持分損益としてライブドアに分配した（約37億円）。

⑨ さらに④の一部は投資事業組合「JMAMサルベージ1号」を通じて市場に売却され，投資事業組合「JMAMサルベージ1号」からライブドアに売却益が組合出資損益としてライブドアに還流した。「JMAMサルベージ1号」はドクターハウリAGが出資して組成された。

⑩ 投資事業組合「JMAMサルベージ1号」はドクターハウリAGが出資して組成された。

⑪ ⑩の子会社化予定事業の預金など約15億円をライブドアに付け替え，架空の広告費収入を計上。
⑫ 元社長は，個人保有の自社株式を投資事業組合「M&Aチャレンジャー1号」に貸株を発行。「M&Aチャレンジャー1号」はその貸株を現物出資し，投資事業組合「VLMA1号」を組成。
⑬ 現物出資された株式は香港の証券会社に売却され，市場で売却した後，香港証券会社経由で投資事業組合「VLMA2号」からライブドアに売却益が還流された。
⑭ 元々の元社長の貸株はライブドアから元社長に返却された。

ライブドア社は上場企業であったことから，次の点が指摘できる。
(1) 代表者の計算による「投資事業組合」の連結の必要性
(2) 投資事業組合の連結の必要性
(3) 関連当事者の開示
(4) そもそも，投資事業組合が私法上，有効なものであったのか（もし，無効であれば，全ての投資事業組合との取引がなかったものとして会計処理を行うことになる。）。但し，利害関係者の利益を著しく損なう事態も想定され，他法令（例えば，民法第709条〔不法行為〕）による損害賠償などを負う可能性があし，また，現実的に実務上対応できない可能性も十分あるため，取引の安全性等に十分配慮した上で，個別案件毎に対処が求められることになろう。なお裁判では，「法人格否認の法理」の適用に関し検討されていた。

6−1−3．不動産開発型目的SPCを利用した売上高・利益操作が行われようとした事例

【準大手不動産会社U社（元東証マザーズ）】[4]

2006年5月18日，U社は，2006年3月期の連結経常利益が，従来予想の226億円から，106億円になったと公表した。

会計監査人から，非連結のSPCを通じた不動産の開発案件で，売上計上時

図表補－2　投資事業組合を利用した粉飾決算

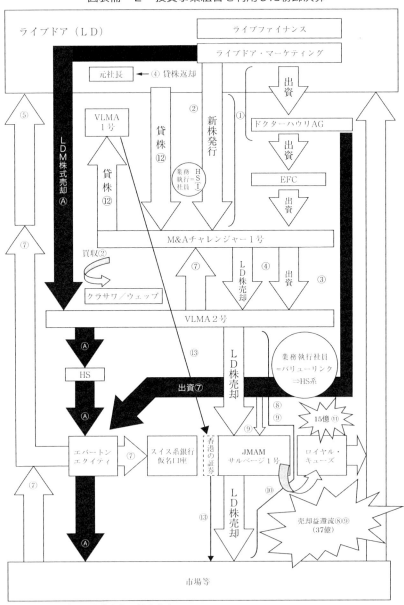

出典：新聞報道・判決等を基に筆者作成。

期の変更を求められた結果である。765億円を見込んでいた売上高が643億円に減少した。

　このSPCは，2003年，東京都心の約3,300平方メートルの複合オフィスビルの開発を目的に設立された。複数の投資家に加え，U社も一部出資した。

　但し，当該SPCは開発用地の80%分を保有するだけで，残り20%は独自に購入を進めており，まだSPCの所有になっていなかった。

　このSPCが，前期，保有する開発用地をU社などが新設した別のSPCに売却し，U社は最初のSPCから用地の売却代金を「配当」として「組合損益」を計上した。この額は131億円であったが，業種別会計で組合損益を売上高とすることから，これを当初，売上高とすることから，これを当初，売上高計上する予定であった。

　しかし，不動産開発型目的SPCでありながら，用地取得が完全に終了していない段階で，他のSPCに売却したからといって，売上計上するのは時期尚早であるとされたのである。

　U社は，上場企業であったことから次の点が指摘できる。
(1) 不動産開発型目的SPCの連結の必要性。
(2) SPC間の益出しを目的とした損益の付替処理の有効性の検討の要否（無効として会計処理すべきではないか。）。
(3) 関連当事者の開示。

６−１−４．無認可共済を利用した集団投資スキームを悪用した事例

【賃貸アパート大手L社（東証1部）】[5]

　賃貸アパート大手のL社は，2006年5月16日，売上高などを過小計上していたうえ，F社長が会社資金の不適切な貸付をしていたとして，過去5年分の決算内容を訂正するとともに，同日予定していた2006年3月期決算発表を31日に延期すると発表した。

　同社は月極マンションに備付けの家電などの修理を計画した。入居者から徴収したサービス手数料を売上に計上せず，別管理していたが，法制度の改正で事業化を断念した。そして決算の訂正を決めた。別管理の共済事業の銀行口座

から，社長が事業の目的とは言えない自分自身への貸付を 17 億円，社長の知人企業などへの貸付を 31 億円実施していたことが確認された。

L 社は上場企業であったことから次の点が指摘できる。

(1) 無認可共済の連結の必要性
(2) 関連当事者の開示

6－1－5．企業買収型小口ファンドの盲点を悪用した事例

【M ファンド問題】[6)]

2005 年 9 月 M ファンドによる H 電鉄の大量保有が表面化した。この時点では 27% の保有比率であった。その後も M ファンドは，買増を続け 10 月 13 日には，株主総会で重要案件への拒否権を持つ 33.3% を超えたことが判明した。

N 放送株取得についても同様な点が指摘されている。

ファンド単位では，大量保有報告書の提出義務がなくとも，いくつかのファンドを合わせると，大量保有報告書の提出が必要な状況であったと思われる。すなわち，H 電鉄買収目的 SPC を目的で総合すると，5% 超の保有時点で大量保有報告書の提出が必要だとも考えられるが，(旧) 証券取引法ではグレーな部分であった (なお, 金融商品取引法施行 [2007 年 9 月 30 日] 後も同様な問題を生じ得る)。

なお，従前の (旧) 証券取引法の投資ファンドの大量保有報告書の特例 (提出が 3 カ月毎でよかった) を巧みに利用したことも問題となり，(旧) 証券取引法の改正 (金融商品取引法の施行) に繋がった (このような場合の特例措置の不適用ある

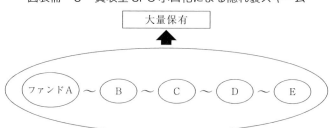

図表補－3　買収型 SPC 小口化による隠れ蓑スキーム

出典：新聞報道等を元に筆者作成。

6-1-6. 未公開株の投資事業組合を利用した違法な募集・売買

【A製薬事件（東証1部）】[7]

A製薬の株式は，株式上場前から，未公開株式を取り扱う投資事業組合に多数組み込まれ，組合持分として売買が行われていた。

未公開株式を組み込んだ組合持分自体の売買自体，完全に違法ではないものの，グレーゾーンであると言われる。

それは，未公開株式を投資事業組合に組み入れ，(旧)証券取引法上の募集規制の50人以上株主に同一時期に同一条件で売買すると，組合持分だからと言って(旧)証券取引法で規定する有価証券届出書の作成が否かグレーだからである。

A製薬は，株式公開前にすでに有価証券報告書を作成，提出し，継続開示会社になっていた。これは，有価証券届出書作成義務違反を回避するためか，あるいは，組合員に直接，未公開株式が売却され，それがさらに転売されることにより，すでに有価証券報告書提出義務の基準となる株主数500名以上であった認識があったのか，どちらかであると推測される。

旧証券取引法違反とされたのは，A製薬の上場前の株式を未公開株投資事業組合であったが，A製薬本体の関与や違法性の認識について疑念が持たれた。

6-1-7. 匿名組合出資を詐欺的に募集した事例

【H電電匿名組合出資事件（元ヘラクレス上場）】[8]

2005年12月22日，金融審議会金融分科会第1部会は，「投資サービス法(仮称)に向けて」と題する報告書（以下，「本報告書」と言う。）を公表した。本報告書は，金融商品取引法成立の前提となる報告書とされる。

H電電匿名組合出資事件は，本報告書が公表された直接的契機となった事件とされる。

この事件は，匿名組合を利用した出資者の被害事例であり，2004年10月に民事再生法を申請したH電電匿名組合のケースである。これは，匿名組合で

図表補-4　Ｈ電電匿名組合出資の仕組み

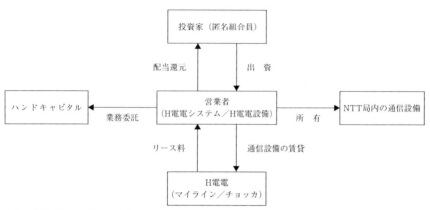

出典：新聞報道等を基に筆者作成。

電気設備を購入し，Ｈ電電に賃貸することで収益をあげ，出資者に配当するというスキームであったが，事業破綻により，1万9,000人，490億円の出資金が返還不能になった。Ｈ電電匿名組合の営業者は，証券会社を通さず自ら出資を勧誘していた。(旧) 証券取引法は発行者の自己募集を原則規制の対象としておらず，また，Ｈ電電匿名組合のような「事業型組合」の場合は，資産運用業のような登録も必要とされなかった。

開示規制の観点からみても，Ｈ電電匿名組合の収益の源泉は，Ｈ電電本体の通信事業であり，営業者は「特別目的会社」にすぎないため（なお，本事件では，業務自体も別会社に委託されていた。），営業者の財務内容を開示しても投資情報として価値がほとんど無かったと言われる。

このような，法規制の網をくぐった金融商品が多く出現し，社会問題化したことが，直接的には，本報告書のとりまとめ，及び，金融商品取引法制定が加速した直接的要因であると言われた。なお，本報告書公表後，ライブドア事件により事態が深刻化したことは周知のとおりである。

6−1−8. 詐害目的集団投資スキーム（ファンド）への連結範囲規制等による対応（私案）[9]

本節6−1−1ないし6−1−7で検討した詐害目的集団投資スキーム（ファンド）への連結範囲規制等による対応としては，例えば，次のような対応が考えられる。

（1）集団投資スキームの連結の必要性

　連結財務諸表提出会社及びその関係会社が，直接であれ，間接であれ，出資を行っている集団投資スキーム（ファンド）については，その形態を問わず（任意組合，匿名組合，SPV（Special Purpose Vehicle），共済等），また，重要性を問わず，例外なく，連結範囲規制の対象とする必要がある。

（2）代表者の個人資金を出資した集団投資スキームの取扱い

　代表者自身の役員報酬等から集団投資スキーム（ファンド）に出資するのは自由であり，本来，連結範囲規制又は開示規制を及ぼすべき話ではない。

　しかし，その集団投資スキーム（ファンド）を利用して，企業集団に何らかの資金等の還流を図っている場合，むしろ，企業集団の一部と考えるのが妥当である。

　このような場合は，代表者の個人資金を出資した集団投資スキーム（ファンド）についても連結範囲規制の対象とする必要がある。

（3）関連当事者の開示

　①から⑦のような詐害的集団投資スキーム（ファンド）は，連結範囲規制の対象とするのが最善であると考えるが，少なくとも子会社又は関連会社等を含めた関連当事者に該当するとし，関連当事者の開示規制を及ぼす必要があるものと考える。

　企業会計基準第11号「関連当事者の開示に関する会計基準」[10] 第5項（4）において，組合（投資事業組合を含む。）その他これらに準ずる事業体に関しては，議決権ではなく業務執行権での関連当事者の判定を行う旨が記載されているものの，一般社団法人やチャリタブル・トラストを経由した場合等の資金拠出の

ケースが網羅的に記載されているわけではないので，関連当事者の判定に関しては，各段の慎重な検討が必要であると考えられる。

但し，同基準第8項において，形式的・名目的には第三者との取引である旨の記述がある。実質的な相手先が関連当事者である場合には，関連当事者としての開示規制を及ぼしたりする旨は記述されていても，一般社団・一般財団や新類型の信託，チャリタブル・トラストなどを経由する場合など，その他の事業体に関する論点を特段，検討する必要がある。

また，同基準第9項において，役員に対する報酬，賞与及び退職慰労金の支払いが関連当事者の開示規制の対象外となっていたりするので，多様な事業体や役員の個人資金で設立し企業集団に資金が還流している場合など，詐害的集団投資スキーム（ファンド）への対応も別途検討が必要である。

(4) 私法上「無効」と考える

本節6-1-1-ないし6-1-7のような詐害的集団投資スキーム（ファンド）は，予め，法令等に抵触し，あるいは抵触する虞のあることを認識しつつ仕組まれたものと言えよう。

民法上，相手方と通じてなした虚偽の意思表示は無効とされ（民法第94条），また，商法・会社法上も「法人格否認の法理」[11]で同様な考え方が存在する（ライブドア判例参照）。

但し，理論上は正当な考え方の1つと成りうるが，現実に実施されてしまった，あらゆる関係者，特に悪意のスキームに関与していない独立した第三者に，不測の弊害を招く可能性もあるので，当該対処方法には，個別案件毎に取引の安全性とのバランスを比較考慮し，特段の慎重な対応が必要となると考えられる。

6-2. 中小企業における連結財務諸表の作成及び監査

6-2-1. 特別目的の財務諸表に対する監査の導入

2014年2月18日，企業会計審議会は，「監査基準の改訂」を公表した。

従前，監査基準では，「第一　監査の目的」において，「財務諸表監査の目

的は，経営者の作成した財務諸表が，一般に公正妥当認められる企業会計の基準に準拠して，企業の財政状態，経営成績及びキャッシュ・フローの状況をすべての重要な点において適正に表示しているかどうかについて，監査人が自ら入手した監査証拠に基づいて判断した結果を意見表明すること」と規定し，幅広い利用者に共通するニーズを満たすべく一般に公正妥当と認められる企業会計の基準に準拠して作成された財務諸表（以下，「一般目的の財務諸表」と言う。）に対して，公認会計士（監査法人を含む。）が監査を行う場合を想定してきた（「監査基準の改訂」一　経緯１審議の背景）。そして，当該一般目的の財務諸表に対する監査では，一般に公正妥当と認められる企業会計の基準に準拠して作成されているかに加え，経営者が採用した会計方針の選択やその適用方法，さらには財務諸表全体としての表示が適正表示を担保しているかといった実質的な判断を含めた意見（以下，「適正性に関する意見」と言う。）が，表明されている。

　一方で，近時，公認会計士に対して，特定の利用者のニーズを満たすべく特別の利用目的に適合した会計の基準に準拠して作成された財務諸表（以下，「特別目的の財務諸表」と言う。）に対しても，監査という形で信頼性の担保を高めたい，との要請が高まってきている。

　特別目的の財務諸表は，一般目的の財務諸表と異なり利用目的が限定されていることに加え，例えば，財務諸表の利用者が財政状態や経営成績等を理解するに当たって財務諸表が全体として適切に表示されるように追加的な開示を求める規定（以下，「追加的な開示要請の規定」と言う。）が会計の基準にないことが多いことなどから，公認会計士が監査意見を表明するに当たっては，必ずしも，適正性に関する意見を表明することが馴染まない場合が多いものと考えられる。また，一般目的の財務諸表であっても法令により一部の項目について開示を要しないものとされている場合等には，適正性に関する意見を表明することは馴染まない場合もあると考えられる。これらの場合，適正性に関する意見を表明する場合と同様，財務諸表に重要な虚偽の表示がないかどうかの合理的な保証を得て監査意見を表明しなければならないことに変わりはないが，その会計の基準に追加的な開示要請の規定がないこと等を踏まえ，財務諸表が当該財

務諸表の作成に当たって適用された会計の基準に準拠して作成されているかどうかの意見（以下，「準拠性に関する意見」と言う。）を表明することが，より適切であると考えられる。

なお，国際監査基準では，財務諸表の利用者のニーズに応じて，一般目的の財務諸表と特別目的の財務諸表という財務報告の枠組みが分類され，適正性に関する意見と準拠性に関する意見とのいずれかが表明されることが既に規定されており，実際に適用されていた。

以上のことから，企業会計審議会においては，従前の適正性に関する意見の表明の形式に加えて，準拠性に関する意見の表明の形式を監査基準に導入し，併せて，監査実務における混乱や財務諸表利用者の誤解等を避けるため，特別目的の財務諸表に対する監査意見の位置付けを明確にすることとした。

当該，特別目的の財務諸表に対する監査の導入を含む改訂監査基準は，2015年4月1日以後に開始する事業年度又は会計期間に係る監査から適用されている（「監査基準の改訂」三　実施時期等）。

6－2－2．中小企業への連結財務諸表及び監査の導入に対するニーズ[12]

特別目的の財務諸表に対する監査の想定利用者としては，金融機関があり，特に融資判断・与信管理におけるニーズが想定されている。

中小企業には，法制度上，自らが金融商品取引法において，連結財務諸表の作成義務を負う場合を除き，会社法監査を受ける義務はない。

しかし，金融機関における融資判断・与信管理は，企業集団ベースで行うことを金融機関は望んでおり，金融機関の規制・監督当局も，原則，企業集団ベース等での融資判断・与信管理を行うよう指導している。

実際，近年では，大企業の国際化，多角化に伴い，その下請けを行う中小企業も海外展開を含め，複合的な企業グループ（コングロマリット）を形成していることが少なくないようである。

そして，このような形態の中小企業グループに対しては，融資判断が技術的に困難なため，融資に至らないケースもあるようである。

特別目的の財務諸表に対する監査の仕組みを利用して，中小企業に連結財務

諸表を作成してもらい，公認会計士監査を受けてもらうことにより，複合的な中小企業グループに円滑な融資が行える可能性がある。

　また，日本の制度会計にはないが，日本の中小企業に少なくない同族的経営の中で見られる所謂兄弟会社等に対し，「結合財務諸表（Combined Financial Statements）」（IFRS for SMEs 9.30）による財務情報の作成及び監査も，金融機関にはニーズとしてはあり，融資判断の局面においては，将来の検討課題にもなり得ると考えられる。

【注】
1）橋上　徹「集団投資スキームを利用した取引事例からみる適正な企業内容の開示のあり方」『旬刊 経理情報』（No.1123）（2006年8月）57頁〜61頁参照。
2）2004年の改正で，会社法第960条違反となっている。
3）橋上，前掲論文，58頁〜59頁参照。なお，本論文第五章で判例研究を行っている。
4）同上論文，59頁参照。
5）同上論文，60頁参照。
6）同上論文，60頁参照。
7）同上論文，60頁参照。
8）橋上　徹「金融商品取引法（投資サービス法）制定に当たっての課題―集団投資スキームの会計・監査・開示規制をめぐる問題を中心に―」『企業会計』（Vol.58 No.4）（2006年4月）145頁〜146頁参照。
9）橋上　徹「集団投資スキームを利用した取引事例からみる適正な企業内容の開示のあり方」『旬刊 経理情報』（No.1123）（2006年8月）60頁〜61頁参照。
10）企業会計基準委員会，2006年10月17日。
11）法人格否認の法理は，法人格の独立性（法人の「分離原則」），すなわち，①会社の対外的活動から生じた権利・義務は会社に帰属し，かつ，②会社に対し効果を生ずる財産法上の行為は会社の機関が行う（株主は，直接それを行う権限を有しない）との原則を，当該事案限りで否認する法理である（最判昭和44年2月7日，民集23巻2号，511頁）（江頭憲治郎『株式会社法（第5版）』（2014年，有斐閣）40頁〜42頁参照。
12）橋上　徹「融資判断における特別目的の財務諸表の利用と監査」，浦崎直浩編著『中小企業の会計監査制度の探求―特別目的の財務諸表に対する保証業務―』，第3章所収，（2017年，同文舘出版）62頁〜63頁参照。

― 終 章 ―

連結範囲規制における網羅性欠如と原因

　連結範囲規制に絞った研究は，少なくとも筆者が知りうる限り，非常に少ない。しかし，適正な連結財務諸表の作成には，まず，子会社と関連会社の確定が大前提であることは言うまでもない。

　しかしながら，適正な連結範囲規制の信頼性の担保に関しては，その網羅性の欠如が指摘できる。

　この原因としては，例えば以下のような点が挙げられる。

1．法改正に伴い新たに登場したビークルへの対応がなされていない点（例えば，以下の事項）

　（1）公益法人改革により改正された一般社団・一般財団法人法における一般社団・財団は，株式会社と同様な収益事業及び機関設計などが可能になっているが，会計・監査上の規定では，監査・保証実務委員会実務指針第88号「連結財務諸表における子会社及び関連会社の範囲の決定に関する監査上の留意点についてのQ&A」[1]のQ12のAにおいて，「…また，財団法人・社団法人などの公益法人は，収益事業を行っている場合もありますが，本来営利を目的とするものでないため，原則として，会社に準ずる事業体に該当しないものと考えられます。…」といった記述があり，公益法人改革に伴い，社団・財団が，公益社団・公益財団と一般社団・一般財団とに区分され，大きな差異が生じていることが認識されていない。私見としては，改訂が必要であると考える。

　（2）信託法改正に伴い，自己信託や事業信託などの新たな信託類型が利用可能になったのにもかかわらず，連結範囲規制の検討が行われず，筆者が，

第一次安倍内閣時の第165回臨時国会・衆議院法務委員会で有識者として呼ばれ，発言し[2]，衆議院の信託法案に会計基準の整備に関する附帯決議が行われてから，ようやく実務対応報告第23号「信託の会計」[3]が策定された。しかし，当該実務対応報告は，従来の会計制度委員会報告第14号「金融商品会計に関する実務指針」[4]の処理を踏襲してしまい，連結範囲規制の問題に踏み込んでいない。

2．誤った解釈での会計処理が実務に定着し，誤って会計監査もそれを追認したと考えられる点

「連結財務諸表制度における子会社及び関連会社の範囲の見直しに係る具体的な取扱い」[5]（三　特別目的会社の取扱い）を拡大解釈して会計処理がなされている。資産流動化法（以下，「旧SPC法」と言う。）で流動化対象が，不動産や知的資産などに広がったが，同取扱いの三における特別目的会社の連結範囲規制の例外措置は，1998年9月に施行された「特定目的会社による資産の流動化に関する法律」を前提としたものであり，その立法目的は，金融機関等がバブル経済崩壊後の不良不動産担保付不良債権処理に苦悩する中での①特定目的会社を活用した資産流動化の促進，②不良不動産流動化の適正性担保，③投資家保護であった[6]。当該旧SPC法は，特に不良債権の処理がバブル経済崩壊後，遅々として進まず，担保不動産のさらなる下落による流動性の欠如が発生したことを踏まえ，金融機関等からそのリスクを解放し，流動化させて投資家にリスクの転嫁を行い，金融機関等の自己資本比率の改善を図ろうとしたものである[7]。

このような背景からすれば，財務諸表等規則[8]第8条第7項が規定された当時の旧SPC法に基づく資産流動化は，資産の消滅要件（企業会計基準第10号「金融商品に関する会計基準」[9]Ⅲ 2，会計制度委員会第15号「特別目的会社を活用した不動産の流動化に係る譲渡人の会計処理に関する実務指針」第13項[10]）を満たすと想定したと考えられる[11]。

すなわち，資産の消滅要件を満たす場合に子会社に該当しないという解釈を取らなければ，資産譲渡者やSPCへの出資者，貸付を行う金融機関等の子会

社になり，連結の対象となる（すでに，連結財務諸表原則が1997年に改正され，連結財務諸表において全ての子会社が連結対象となることが原則とされていた。）が，これは，連結財務諸表において個別財務諸表におけるSPCへの資産の譲渡，すなわち，資産の消滅を否認することになり，矛盾を来し，不良債権処理等にも問題が生じる虞があるからである[12]。

その後，2000年に資産流動化法が成立し，単なる資産流動化目的の特別目的会社ではなく，実質，本体の事業（例えば，不動産開発事業）を特別目的会社で行う事業遂行型特別目的会社をオフバランスで行うようなケースが見られ，公認会計士監査もこのオフバランス処理を追認してきた。

その中で，実務として定着してしまった事業遂行型特別目的会社のオフバランス化を否認し，連結子会社にすることは，不動産業界などに大きく反対されることになっていった。

そこで，本来の連結範囲規制の問題ではなく，まず，開示規制により，オフバランス化されている特別目的会社の実態を投資家等が把握できるような対応を行うことにした。具体的には，企業会計基準適用指針第15号「一定の特別目的会社に係る開示に関する適用指針」[13]が，開示規制として策定されて，現行，連結を行っていない特別目的会社の実態を把握できるようにしている。しかし，開示の内容としては，やはり事業遂行型特別目的会社等が含まれているのが実情である。

なお，この点に関しては，連結財務諸表に関する会計基準第45－3に，2011年の同基準の改正に対して，1名の委員から次の反対意見が表明されたことが記載されている。

「現行の企業会計基準第22号「連結財務諸表に関する会計基準」等について，特に特別目的会社等の取扱いについて検討すべき課題があることには同意する。しかしながら，現行の支配力基準の特別目的会社等への具体的な適用が必ずしも明確でなく，実務においてその取扱いにばらつきが見られる中，今回の改正は，そうした点を改善することなく公表するものであり，現行において注記がなされている開示対象特別目的会社の一部を連結の範囲に含める部分的にとどまるものといえる。したがって，今回の改正は，実務における根本的な

問題の解決はつながらず，また，比較可能性の観点からも問題が残ることから，本件については，代理人の取扱い等を含め基準全体を抜本的に見直す中で改善すべきものである。」

3．海外に流出した資金による軽課税国のSPCの把握の困難性

　例えば，オリンパス事件で明らかになったように，海外の複数の軽課税国に自らが設立したSPCが，約1,000億円の含み損を抱えて，約20年間も明らかにされなかった例や，ライブドア事件のようにやはり自らが設立した複数の海外の投資事業組合を利用して自社株売買を繰り返し，粉飾決算を行った事例など，実態を把握しづらい，または，事実上，実態を把握できないスキームへの対応問題は難しい。ライブドア事件では，香港・スイスなど資金の流れを金融機関が開示することに消極的な地域を経由させるなどして，より実態把握に困難性が伴った例もあった。

　パナマ文書問題で，日本企業が，海外の軽課税国にSPCを作って，資金を還流させていた実態も明らかにされていた。

　このように，資金を海外，特に複数の軽課税国やスイスなどを経由して拠出し，そこに連結範囲規制をかけるべきSPC等が存在する場合，他国との情報交換の問題という壁もあり，その把握は困難な問題である。

　国際財務報告基準（IFRS）では，原則，例外なく子会社は連結することになっており（IFRS10），IASB及び関連する団体・会議の場で，国際的な問題として取り上げて，複数国の合意形成を行っていくのも一つの策ではないかと考える。

　なお，海外に流出した資金による軽課税国のSPCの把握の困難性連結範囲規制策定の参考になると考えられる国際的な動向として，BEPS（Base Erosion and Profit Shifting）（税源浸食と利益移転[14]）プロジェクトの動向がある。

　BEPSプロジェクトの道のりと背景であるが，次のとおりである。

　まずその道のりであるが，2016年5月に開催されたG7財務省・中央銀行総裁会議では，パナマ文書に象徴される国際的な課税逃れについて，結束して監視を強化することで合意されたと報じられている[15]。また，伊勢志摩サミットでは，OECD（経済開発協力機構）が主導する租税回避対策の新しい国際ルール

の提言である「BEPS」パッケージにコミットすることが確認された[16]。OECDは、多国籍企業の「税源浸食と利益移転」を防止することを目的として、2015年10月に国際課税の新しいフレームワークを提示した[17]。このフレームワーク、すなわち「最終報告書」と呼ばれるものは、当該10月にペルー・リマで開催されたG20財務相会合において承認を受けた後、同年11月にトルコ・アンタルヤで開催されたG20サミットにおいて最終的な承認を受けた[18]。BEPSプロジェクトは、OECD加盟国のみならず、G20をはじめ、多くの国からサポートを受けている、とのことである[19]。

次にBEPSプロジェクトの背景である。

もとより、国際課税制度は、企業の国際的経済活動を阻害することのないよう、源泉地国と居住地国の課税権について整理をし、その上で、源泉地国と居住地の二重課税を排除すべく構築されている[20]。国際的な活動から生じた所得がどの国から生じたかを明確に区別することは難しいとの見方もあり、各国内税法や租税条約は、一定の割り切りを持って所得の源泉地について規定している[21]。例えば、内国法人[22]が米国法人に貸付けをして利子を稼ぐ場合、その利子を稼ぐためには、貸付けのための資金調達、リスク管理、借入人との条件交渉等、様々な活動が必要になるが、利子の支払者が米国法人である場合等一定の場合には、米国で利子所得が生じたものとみたてて、米国は、源泉地国としてこの利子に課税をし、一方、日本は居住地国として、この所得に課税をする[23]。源泉地国と居住地国との二重課税は、外国税額控除や租税条約といった制度を通じて解消される[24]。

国際課税制度は、この源泉地国課税と居住地国課税の二重課税の構造を基礎として、移転価格税制[25]や過少資本税制[26]、過大利子支払税制[27]等の租税回避防止策によって構成されている[28]。

OECDは、この伝統的な国際課税制度の枠組みが、経済活動のグローバリゼーション、ITの発達、無形資産価値の増大といった諸事情が、多国籍企業の過度の国際税務プランニングを許すことになったと一連のBEPS関連報告書において分析している[29]。

過度の租税回避[30]の典型的な手法として、独立企業原則（Arm's length principle）[31]

に従って無形資産を軽課税国の関係会社に移転して，無形資産から生じる残余利益をその軽課税国の関係会社に配分し，その所得が親会社の所在地の外国子会社合算税制において合算されないようにすることによって，グローバルベースでの税負担を軽減するといったスキームが挙げられている[32]。あるいは，所得が生じる国，すなわち，源泉地国での課税を回避するために，最も有利な租税条約を締結している国から投資をして，配当，利子，使用料を受け取ることにより，源泉地国での源泉税での源泉税を回避するスキームや，有利なルーリング（事前確認）を課税当局と合意するケース，利子の損金算入を通じて，源泉地国の税源を浸食するスキーム，恒久的施設が生じないように契約を構築するスキーム等がBEPSの一連の報告書において指摘されている[33]。

そのほかにも，一方の国では債券，もう一方の国では株式というようなハイブリッド金融商品を利用して，一方の国で支払利息を損金算入し，これを受け取った国で受取配当金を益金不算入とする等，各国の課税制度の間隙をつき，二重非課税を作るスキームが指摘されている[34]。

このような過度の租税回避行為が合法的にできてしまう理由として，国家間の課税ルールが違うこと，実態に即した課税ができていないこと，当局が十分な情報を入手できていないこと等が挙げられており，これらの問題は，一国の課税制度の問題ではなく，各国が協力して対応しなければならない課題として取り上げられた。

そして，OECDのBEPSプロジェクトの勧告（行動13「多国籍企業情報の文書化」）を踏まえ，平成28年度（2016年度）税制改正により，租税特別措置法の一部が改正され，国税庁より発出された「移転価格税制に係る文書化制度に関する改正のあらまし」[35]等に示されたように，事業概況書報告書により，多国籍グループの組織構造・事業の概要等を課税庁に提供する義務等が整備された。

以上のように，連結範囲規制を網羅的に行うことには，事業体の特性に対応した研究を地道に行っていく他は無いと考えられる。

事業体の特性に対応した連結範囲規制の在り方に対する研究は，まだ深まっているとは言い難い。その中で，会計の分野とは異なるが，例えば，BEPSのような動向も踏まえながら，各関係団体等の連携により，連結範囲規制の問題

を解決していくことが，必要である。

【注】
1) 日本公認会計士協会，2000年1月19日（最終改正：2012年3月22日）。
2) 衆議院ウェブサイト，http://www.shugiin.go.jp/internet/itdb_kaigiroku.nsf/html/kaigiroku/000416520061031006.htm で議事録閲覧可能［2017年11月20日閲覧］。
3) 企業会計基準委員会，2007年8月2日。
4) 日本公認会計士協会，2000年1月31日（最終改正　2015年4月14日）。
5) 1998年10月30日，企業会計審議会。
6) 橋上　徹「特別目的会社・信託等を巡る開示問題（第1回）―開示規制の現状―」『企業会計』（Vol.59 No.7）（2007年7月）106頁参照。
7) 同上論文，106頁参照。
8) 「財務諸表等の用語，様式及び作成方法に関する規則」，1962（昭和38）年11月27日大蔵省令第59号（最終改正2016（平成28）年12月27日内閣府令第66号）。
9) 企業会計審議会，1999年1月22日（最終改正 企業会計基準委員会，2008年3月10日）。
10) 日本公認会計士協会，2000年7月31日（最終改正　2013年11月4日）。
11) 橋上，前掲論文，106頁参照。
12) 同上論文，106頁参照。
13) 企業会計基準委員会，2007年3月29日（最終改正：2011年3月25日）。
14) 翻訳は，国税庁ウェブサイト（https://www.nta.go.jp/sonota/kokusai/beps/index.htm）［2017年11月20日閲覧］によった。
15) 須藤一郎「BEPSと移転価格税制」『会計・監査ジャーナル』（No.735）（2016年10月）52頁参照。
16) 同上論文，52頁。
17) 同上論文，52頁。。
18) 浅川雅嗣「BEPSプロジェクトの軌跡と展望」『会計・監査ジャーナル』（No.729）（2016年4月）56頁～57頁参照。なお，浅川は当時，財務省財務官，OECD租税委員長であった。
19) 須藤，前掲論文，52頁参照。
20) 同上論文，52頁。
21) 同上論文，52頁参照。
22) 法人税法（昭和40年（1965年）法律第345号〔最終改正 平成29年（2017年）6月23日法律第74号〕）第2条第3号において「内国法人　国内に本店又は主たる事務所を有する法人をいう。」との規定（定義）がある。

23) 須藤，前掲論文，52頁。
24) 同上論文，52頁。
25) 租税特別措置法（昭和32年（1957年）法律第26号〔最終改正 平成29年〔2017年〕3月31日法律第4号〕）第66条の4。
26) 租税特別措置法第66条の5。
27) 租税特別措置法第66条の5の2。
28) 須藤，前掲論文，52頁。
29) 同上論文，52頁。
30) 私法上の法形式の選択可能性を利用し，経済取引プロパーの見地からは合理的理由がないのに，通常用いられない法形式を選択することによって，意図した経済成果を実現しながら，通常用いられる法形式に対応する課税要件の充足を免れ，もって税負担を減少させ排除することを，一般に租税回避行為という。租税回避の内容としては，①その行為自体は私法上有効であること，②その行為自体は仮想等のものではなく法形式と一致する経済的実質を有していること，③異常な法形式が採用されていること，④租税負担の軽減を主たる目的としていること等が挙げられる（品川芳宣「租税法の基礎」『MBA アカウンティング　アカウンティングの基礎』，第6章所収（2011年，中央経済社）106頁参照）。日本の法人税法における租税回避行為を否認する場合の法的根拠としては，(a) 同族会社等の行為又は計算の否認（法人税法第132条），(b) 組織再編成行為に係る行為又は計算の否認，(c) 連結法人に係る行為又は計算の否認，が規定されている。
31) 浅井光政「法人課税所得と独立企業原則—真実の所得と法人所得課税のあり方の探求を中心として—」（国税庁ウェブサイト　https://www.nta.go.jp/ntc/kenkyu/ronsou/40/asai/hajimeni.htm）参照［2017年11月20日閲覧］。なお，浅井は，当時，税務大学校研究部教授であった。
32) 須藤，前掲論文，52頁参照。
33) 同上論文，52頁〜53頁。
34) 同上論文，53頁。なお，具体的には，オーストラリアなど一部の国では，一定の償還株式等に対する支払配当が税務上の費用と認められる場合があり，その場合，利息と同様に支払国での課税所得は減少するが，利息と違い，受け手である日本の親会社ではほとんどが益金不算入となるため，多国籍企業グループにおいては，グループ全体で有利な税効果を発生させることになるとの指摘がある（向田和弘「国際税務の実務」『MBA アカウンティング　金融サービスと会計』，第12章所収（2012年，中央経済社）288頁参照）。
35) 平成28年（2016年）6月発出。

参考文献

【邦　文】

IFRS 財団編，企業会計基準委員会・公益財団法人 財務会計基準機構監訳『2014 国際財務報告基準 IFRS 2014 年 1 月 1 日現在で公表されている基準書（発効日が 2014 年 1 月 1 日より後の IFRS を含むが，それらが置き換える IFRS は含まない）PART A 概念フレームワーク及び要求事項）』

IFRS 財団編，企業会計基準委員会・公益財団法人 財務会計基準機構監訳『2014 国際財務報告基準 IFRS 2014 年 1 月 1 日現在で公表されている基準書（発効日が 2014 年 1 月 1 日より後の IFRS を含むが，それらが置き換える IFRS は含まない）PART B 付属文書）』

秋葉賢一「講演録 特別目的会社（SPE）の連結に係る動向（抄録）」『SFJ Journal』（Vol.1）（2009 年 8 月，流動化・証券化協議会）38 頁～46 頁。

秋葉賢一「実務対応報告第 23 号「『信託の会計処理に関する実務上の取扱い』について」」『企業会計』（Vol.59 No.10）（2007 年 10 月）113 頁～119 頁。

浅川雅嗣「BEPS プロジェクトの軌跡と展望」『会計・監査ジャーナル』（No.729）（2016 年 4 月）56 頁～60 頁。

朝日監査法人編『連結財務諸表の実務―関連法規等の解説と具体的会計処理―』（1996 年，中央経済社）。

あずさ監査法人編，山田辰巳責任編集『IFRS 実務適用ガイドブック』（2014 年，中央経済社）。

安達　巧「日本企業における内部統制の現状と課題―日興コーディアルグループの不正会計問題を素材として―」『中央大学大学院商経論叢』（第 21 巻第 1・2 合併号）124 頁～133 頁。

阿部信一郎編著，粕谷宇史著『わかりやすい アメリカ連邦倒産法』（2014 年，商事法務）。

新井　誠『信託法（第 4 版）』（2014 年，有斐閣）。

あらた監査法人編著『最新 アメリカの会計原則』（2014 年，東洋経済新報社）。

あらた監査法人・PwC アドバイザリー株式会社編『Q&A 国際財務報告基準』（2009 年，税務研究会）。

池上恭子「米国連邦倒産法チャプター 11 による企業再建の動向―GM および Chrysler の事例を中心として―」『海外事情研究』（第 40 巻第 2 号）（2013 年 3 月，熊本学園大学）61 頁～84 頁。

井出正介，高橋文郎『ビジネスゼミナール　証券投資入門』（2001 年，日本経済新聞社）。

今福愛志「投資企業の定義と会計問題―IFRS 公開草案にみる CIS の新たな定義と連結免除―」『産業経営プロジェクト報告書―集団投資スキーム会計の国際比較―』(第 35 巻第 1 号),第 2 章所集,(2012 年 3 月,日本大学経済学部産業経営研究所)13 頁～19 頁。

岩崎伸哉「IFRS10 号・IAS28 号の修正案　IASB 公開草案「投資企業：連結の例外」の適用の解説」『旬刊 経理情報』(2014 年 8 月 10 日)43 頁～45 頁。

上田晋一「報告企業の形成と支配概念の適用―SPE 連結と金融資産の認識中止を題材として―」『經濟研究(斉藤昭雄名誉教授古希記念号)』(第 198 号)(2012 年 12 月,成城大学)253 頁～272 頁。

梅原秀継「企業結合会計の理論的課題―日本基準における支配概念をめぐって―」『會計』(第 191 巻第 4 号)(2017 年 4 月,森山書店)405 頁～429 頁。

江頭憲治郎『株式会社法(第 5 版)』(2014 年,有斐閣)。

大野早苗,小川栄治,地主敏樹,永田邦和,藤原秀夫,三隅隆司,安田行宏『金融論』(2007 年,有斐閣)。

オリンパス株式会社・第三者委員会委員会『調査報告書』(2011 年)。

加古宜士「新公益法人会計基準の完全解説―新公益法人会計基準の特徴と課題―」『企業会計』(Vol.57 No.2)(2005 年 2 月)162 頁～167 頁。

粕谷宇史,鈴木惇也「アメリカ連邦倒産法チャプター 11 手続の現状と課題―米国倒産協会によるチャプター 11 手続の改正提言の概要と分析〔上〕―」『国際商事法務』(Vol.43 No.12)(2015 年 12 月 15 日,国際商事法研究所)1,789 頁～1,799 頁。

粕谷宇史,鈴木惇也「アメリカ連邦倒産法チャプター 11 手続の現状と課題―米国倒産協会によるチャプター 11 手続の改正提言の概要と分析〔中〕―」『国際商事法務』(Vol.44 No.1)(2016 年 1 月 15 日,国際商事法研究所)208 頁～215 頁。

粕谷宇史,鈴木惇也「アメリカ連邦倒産法チャプター 11 手続の現状と課題―米国倒産協会によるチャプター 11 手続の改正提言の概要と分析〔下〕―」『国際商事法務』(Vol.44 No.2)(2016 年 1 月 15 日,国際商事法研究所)27 頁～33 頁。

加藤　厚「戦後会計史 9 大事件 オリンパス事件」『企業会計』(Vol.67 No.10)(2017 年 10 月)50 頁～55 頁。

可児　滋「天候リスクと天候デリバティブの研究―する異常気象とそのリスクマネジメント―」『横浜商大論集』(第 50 巻第 1・2 号)(2017 年 3 月)65 頁～70 頁。

金子良太「新公益法人会計基準の完全解説―財務諸表の様式および注記―」『企業会計』(Vol.57 No.2)(2005 年 2 月)61 頁～66 頁。

兼田克幸「子会社及び関連会社の範囲の見直し等に係る省令改正の概要」『JICPA ジャーナル』(No.524)(1999 年 3 月)87 頁～94 頁。

『株式会社日興コーディアルグループ　調査報告書』(2007 年 1 月 30 日公表)。

『金融・商事判例』(No.1451)(2014 年 10 月 15 日号)8 頁～33 頁。

菊谷正人「企業結合会計・連結会計における課題」『會計』(第 191 巻第 4 号)(2017 年 4 月,

森山書店）405 頁〜 429 頁。

黒沼悦郎『金融商品取引法入門』（2006 年，日本経済新聞社）。

古賀智敏，鈴木一水，國部克彦，あずさ監査法人『国際会計基準と日本の会計実務［三訂補訂版］―比較分析／仕訳・計算例／決算処理―』（2011 年，同文舘出版）。

越尾　淳「新公益法人会計基準の完全解説―検討の経緯と今後の課題―」『企業会計』(Vol.57 No.2)（2005 年 2 月）24 頁〜 27 頁。

小林伸行「ベンチャーキャピタルの連結上の扱いについて」『企業会計』(Vol.60 No.10)（2008 年 10 月）29 頁〜 39 頁。

小宮山賢「連結範囲の基準差異を辿る」『早稲田商學』（第 434 号）（2013 年 1 月）475 頁〜 510 頁。

齋藤　憲『企業不祥事―ケーススタディ 150 ―』（2007 年，日外アソシエーツ株式会社）156 頁〜 161 頁。

坂井秀行「チャプターイレブン（米連邦破産法）―ビッグ 3 に適用されるか？―」『Nikkei Business』（2009 年 3 月 2 日）92 頁〜 95 頁。

桜井久勝『財務会計講義（第 16 版）』（2015 年，中央経済社）。

鯖田豊則「信託スキームをめぐる会計・税務上の論点」『企業会計』(Vol.59 No.10)（2007 年 10 月）29 頁〜 39 頁。

品川芳宣「租税法の基礎」薄井彰編著『MBA アカウンティング　アカウンティングの基礎』，第 6 章所収（2011 年，中央経済社）98 頁〜 115 頁。

柴原　多「DIP 型会社更生事件と債権者の意向」『事業再生ニュースレター』（2009 年 8 月）（西村あさひ法律事務所）1 頁。

ジェフ・フェリエル，エドワード・J・ジャンガー著，米国倒産法研究会訳『LexisNexis アメリカ法概説⑧アメリカ倒産法（上巻）』（2011 年，レクシスネクシス・ジャパン）。

ジェフ・フェリエル，エドワード・J・ジャンガー著，米国倒産法研究会訳『LexisNexis アメリカ法概説⑧アメリカ倒産法（下巻）』（2012 年，レクシスネクシス・ジャパン）。

ジョセフ U. ショラー，スチュアート M. ローゼン「国際金融法務シリーズ⑤―米国連邦破産法概論〔上〕―」『国際商事法務』(Vol.18 No.6)（1990 年 6 月 15 日，国際商事法務研究所）626 頁〜 631 頁。

ジョセフ U. ショラー，スチュアート M. ローゼン「国際金融法務シリーズ⑤―米国連邦破産法概論〔下〕―」『国際商事法務』(Vol.18 No.7)（1990 年 7 月 15 日，国際商事法務研究所）757 頁〜 761 頁。

新公益法人制度研究会『一問一答　公益法人関連三法』（2006 年，商事法務）。

杉浦宣彦「新信託法の概要―新たな信託手法の可能性と今後の課題について―」『企業会計』(Vol.59 No.10)（2007 年 10 月）18 頁〜 25 頁。

鈴木　孝「"連結はずし"で倒産処理が急増！―系列（子会社・関連会社）企業の消長最前線データ―」『Business Data』（2000 年 8 月）26 頁〜 31 頁。

須藤一郎「BEPSと移転価格税制」『会計・監査ジャーナル』(No.735)(2016年10月) 52頁～55頁。

太陽有限責任監査法人・太陽グラントソン税理士法人『一般法人・公益法人の制度・会計・税務』(2015年,同文舘出版)。

高木新二郎「米国連邦倒産法改正韓国(NBRC)の概要(上)」『NBL』(No.638)(1998年4月1日,商事法務研究会) 13頁～21頁。

高木新二郎「米国連邦倒産法改正韓国(NBRC)の概要(下)」『NBL』(No.639)(1998年4月15日,商事法務研究会) 27頁～36頁。

田頭章一『倒産法入門』(2006年,日本経済新聞社)。

武田久義「生命保険会社の経営破綻(4)」『桃山学院大学経営論集(稲別正晴教授退任記念号)』(第46巻第3号)(2004年12月),315頁～335頁。

武田隆二『連結財務諸表』(1993年,国元書房)。

威知謙豪『特別目的事業体と連結会計基準』(2015年,同文舘出版)。

田島誠士,川瀬 圭「米国基準からIFRSへの組替対応とインパクト―IFRSとの差異の組替ポイント―インパクト整理表で検討事項をチェック―」『旬刊 経理情報』,第1章所収,(2010年3月10日) 26頁～32頁。

田中弘隆「SPCに対する支配力基準の適用について―IFRS10号の取扱いを踏まえて―」『企業会計』(Vol.65 No.8)(2013年8月) 33頁～45頁。

土田壽孝『テキスト現代金融』(2004年,ミネルヴァ書房)。

寺本昌弘,湯川 毅,村松秀樹,冨澤賢一,鈴木秀昭,三木原聡「新信託法の解説(2)―金融実務に関連する部分を中心に―」『旬刊 金融法務事情』(1794号)(2007年12月15日,きんざい) 142頁～146頁。

道垣内弘人『信託法入門』(2007年,日本経済新聞社)。

内閣府経済社会総合研究所『日本の金融危機と金融行政』(2002年)。

永沢徹監修,さくら綜合事務所編著『SPC & 匿名組合の法律・会計税務と評価―投資スキームの実際例と実務上の問題点―［第4版］』(清文社)(2010年)。

中村里佳,大塚裕之,山岸健一,稲葉孝史,手塚 誠「国際(海外・並行)倒産の新展開―米国1 Chapter11手続とフレッシュスタート会計:企業の再生手続の新基準とは―」『事業再生と債権管理』(No.127)(2010年1月5日,きんざい) 128頁～132頁。

難波孝一,瀬戸英雄,永沢 徹,杉本 茂,名古屋信夫,小宮山満「座談会 大きく変わる会社更生手続」『会計・監査ジャーナル』(No.647)(2009年6月) 11頁～27頁。

難波孝一,渡部勇次,鈴木謙也「会社更生事件の最近の実情と今後の新たな展開―債務者会社が会社更生手続を利用しやすくするための方策‐DIP型会社更生手続の運用の導入を中心に―」『旬刊 金融法務事情』(1853号)(2008年12月15日,きんざい) 24頁～39頁。

難波孝一,渡部勇次,鈴木謙也「会社更生事件の最近の実情と今後の新たな展開―債務者

会社が会社更生手続を利用しやすくするための方策―DIP型会社更生手続の運用の導入を中心に―」『NBL』895号（2008年12月15日，商事法務）10頁〜24頁。

橋上　徹「金融商品取引法（投資サービス法）制定に当たっての課題―集団投資スキームの会計・監査・開示規制をめぐる問題を中心に―」『企業会計』（Vol.58 No.4）（2006年4月）145頁〜149頁。

橋上　徹「集団投資スキームを利用した取引事例からみる適正な企業内容の開示のあり方」『旬刊 経理情報』（No.1123）（2006年8月）57頁〜61頁。

橋上　徹「特別目的会社・信託等を巡る開示問題（第1回）―開示規制の現状―」『企業会計』（Vol.59 No.7）（2007年7月）105頁〜116頁。

橋上　徹「特別目的会社・信託等を巡る開示問題（第2回）―開示規制への実務対応―」『企業会計』（Vol.59 No.8）（2007年8月）112頁〜122頁。

橋上　徹「特別目的会社・信託等を巡る開示問題（第3回）―国際的な動向と方向性（前編）―」『企業会計』（Vol.59 No.9）（2007年9月）119頁〜128頁。

橋上　徹「特別目的会社・信託等を巡る開示問題（第4回）―国際的な動向と方向性（前編）―」『企業会計』（Vol.59 No.10）（2007年10月）120頁〜126頁。

橋上　徹「信託会計」『新信託法の基礎と運用』，第16章所収，（2007年，日本評論社）320頁〜340頁。

橋上　徹「法規制からみた融資先支援条項の留意点」『企業会計』（Vol.60 No.10）（2008年10月，中央経済社）35頁〜43頁。

橋上　徹「信託会計」，新井　誠編著『新信託法の基礎と運用』，第16章所収，（2007年）320頁〜340頁。

橋上　徹「融資判断における特別目的の財務諸表の利用と監査」，浦崎直浩編著『中小企業の会計監査制度の探求―特別目的の財務諸表に対する保証業務―』，第3章所収，（2017年，同文舘出版）55頁〜68頁。

橋上　徹「金融機関等の融資判断等における特別目的の財務諸表等の利用と監査人による利用―現状と課題―」，浦崎直浩編著『中小企業の会計監査制度の探求―特別目的の財務諸表に対する保証業務―』，第4章所収，（2017年，同文舘出版）69頁〜83頁。

長谷川茂男『米国財務会計基準の実務（第9版）』（2016年，中央経済社）。

八田進二，橋本　尚『財務会計の基本を学ぶ（第11版）』（2016年，同文舘出版）。

原田　達「特別目的会社（SPC）の連結範囲等に関する検討の経緯」『企業会計』（Vol.65 No.8）（2013年8月）27頁〜32頁。

原田　達「IFRS第10号等の修正「投資企業」について」『季刊　会計基準』（Vol.40）（2013年3月）（財務会計基準機構）47頁〜52頁。

春田吉備彦「労働判例ポイント解説　連結倒産回避のためになされた退職金減額の可否―中谷倉庫事件（大阪地判平19.4.19労働判例948号50頁）―」『労働法学会研究会報』（第59巻第18号）（労働開発研究会，2008年9月15日）28頁〜33頁。

『判例時報』（2002 号）（2008 年 7 月 1 日）31 頁〜106 頁。
『判例時報』（2030 号）（2009 年 4 月 1 日）127 頁〜145 頁。
『判例タイムズ』（215 号）（1968 年 3 月）101 頁〜102 頁。
『判例タイムズ』（471 号）（1982 年 3 月）220 頁〜223 頁。
平松一夫「連結および持分法適用の範囲」『企業会計』（Vol.45 No.11）（1993 年 11 月）38 頁〜44 頁。
広瀬義州『財務会計（第 11 版）』（2012 年，中央経済社）。
福岡真之介『アメリカ連邦倒産法概説』（2008 年，商事法務）。
福田正之，池袋真美，大矢一郎，月岡 崇『詳解 新信託法』（2007 年，清文社）。
古庄 修「特別目的事業体（SPE）の連結をめぐる MD&A 開示問題」『産業経営プロジェクト報告書―集団投資スキーム会計の国際比較―』（第 35 巻第 1 号），第 4 章所収，（2012 年 3 月，日本大学経済学部産業経営研究所）50 頁〜63 頁。
法令用語研究会編『有斐閣 法律用語辞典（第 2 版）』（2000 年，有斐閣）。
細野祐二『法廷会計学 vs 粉飾決算』（2008 年，日経 BP 社）。
堀内秀晃「米国不良債権事情（2）―法的倒産（Chapter11 を中心に）―」『国際金融』（第 1117 号）（2015 年 12 月 15 日）45 頁〜50 頁。
堀内秀晃，森 倫洋，宮崎信太郎，柳田一宏『アメリカ事業再生の実務―連邦倒産法 Chapter11 とワークアウトを中心に―』（2011 年，金融財政事情研究会）。
PwC あらた有限責任監査法人「あらた AM ニュース「米国会計基準における投資会社の取扱いの見直しと投資不動産事業体について」」（2012 年 1 月）1 頁〜2 頁。
水谷文宣「民間非営利組織の連結財務諸表への一考察―カナダ基準とイギリス基準を踏まえて―」『公益・一般法人』（No.817）（2012 年 3 月 15 日，公益法人協会）54 頁〜57 頁。
向田和弘「国際税務の実務」『MBA アカウンティング 金融サービスと会計』，第 12 章所収（2012 年，中央経済社）283 頁〜288 頁。
安田 忍「国際会計基準におけるＳＰＥの連結」『南山経営研究』（第 27 巻第 2 号）（通巻 71 号）（2012 年 10 月）237 頁〜254 頁。
安田 忍「投資企業の会計処理に関する予備的考察」『南山経営研究』（第 28 巻第 3 号）（通巻 75 号）（2014 年 3 月）463 頁〜498 頁。
弥永真生「商事判例研究 平成 20 年度 22〔風説流布・偽計使用と虚偽有価証券報告書提出―ライブドア事件―〕（東京大学商法研究会）」『ジュリスト』（No.1414）（2011.1-15）244 頁〜245 頁。
弥永真生（2017a）「連載 会計処理の適切性をめぐる裁判例を見つめ直す 第 6 回 資産の認識の中止―ビックカメラ事件―」『会計・監査ジャーナル』（No.743）（2017 年 6 月）46 頁〜50 頁。
弥永真生（2017b）「連載 会計処理の適正性をめぐる裁判例を見つめ直す 第 3 回 明確な会計基準の不存在―ライブドア事件―」『会計・監査ジャーナル』（No.740）（2017 年 3 月）

40頁〜44頁。

有限責任監査法人トーマツ訳『国際財務報告基準(IFRS)詳説 iGAAP2014 (第2巻)』(2014年,レクシスネクシス・ジャパン)。

有限責任監査法人トーマツ編『連結会計ハンドブック』(2009年,中央経済社)。

渡部裕亘,片山覚,北村敬子編著『検定簿記講義／1級商業簿記・会計学 下巻 [平成26年度版]』(2014年,中央経済社)。

【欧 文】

Asif Chaudhry, Craig Fuller, Danie Coestee Edward Rands, Erwin Bakker, Needs de Vos, Santosh Varughee, Stephen Longmore, Stephen Mcllwaine & TV balasubramanian. (2015), *WILEY 2015 Interpretation and Application International Financial Reporting Standards* (2015). John Wiley & Sons, Inc.

Daniel J DeFanceschi, *Substantive consolidation of affiliated debtors in bankruptcy:creditors beware!*, The Americas Restructuring and Insolvency Guide 2008/2009, Richards, Layton & Finger.

IFRS Fnoundation, *IFRS Officail pronouncements issued at 1 January 2015. Includs Standards with an effective date after 1 January 2015 but not the Standards they will replace, PART A the Conceptual Framework and requirements.*

IFRS Fnoundation, *IFRS Officail pronouncements issued at 1 January 2015. Includs Standards with an effective date after 1 January 2015 but not the Standards they will replace, PART B the accompanying documents.*

IFRS Foundation, *2017 IFRS Standards Part A.*

Joanne M.Flood., *WILEY GAAP 2014 Interpretation and Application of Generally Accepted Accounting Principles.* (2014). John Wiley & Sons Inc, pp885-911.

Patricia Doran Walters, Ph D, CFA, Anjali Patel, CPA, David Cohen (2012), "*Accounting Trend & Techniqes IFRS Financial Statements-Best Practices in Presentation and Disclosure*" the American Institute of Certified Public Accountants, Inc.

【ウェブサイト】

FASB (Financial Accounting Standards Board) ウェブサイト (https://asc.fasb.org/print&rendercmd=section&trid=2197490) [2017年11月20日閲覧]。

企業会計基準委員会ウェブサイト (https://www.asb.or.jp/jp/other/archive/convergence/2007-0808.html) [2017年11月20日閲覧]。

(https://www.asb.or.jp/jp/wp-content/uploads/pressrelease_20070808.pdf) [2017年

11月20日閲覧］

新日本有限責任監査法人『IFRS Developments』（第97号）（2014年12月）（http://www.shinnihon.or.jp/services/ifrs/issue/ifrs-developments/2014-12-02-97.html）［2017年11月20日閲覧］。

衆議院ウェブサイト（http://www.shugiin.go.jp/internet/itdb_kaigiroku.nsf/html/kaigiroku/000416520061031006.htm）［2017年11月20日閲覧］。

（http://www.shugiin.go.jp/internet/itdb_kaigiroku.nsf/html/kaigiroku/000416520061128013.htm）［2017年11月20日閲覧］。

浅井光政「法人課税所得と独立企業原則―真実の所得と法人所得課税のあり方の探求を中心として―」（国税庁ウェブサイト）。

https://www.nta.go.jp/ntc/kenkyu/ronsou/40/asai/hajimeni.htm［2017年11月20日閲覧］。

索　引

A-Z

Accounting Standards Codification805
　「企業結合」……………………… 94
ADR ………………………………… 96
ASC805 …………………………… 94
ASC810-10-15 …………………… 96
ASC810-10-15-10 ………………… 97
BEPS（Base Erosion and Profit）
　（税源浸食と利益移転）………… 208
DIP ………………………………… 91
　──ファイナンス……………… 91
G20 ……………………………… 209
IAS 第 27 号 ……………………… 55
IFRS ………………………………… 9
　──第 5 号「売却目的で保有
　　する非流動資産及び非継
　　続事業」……………………… 70
　──第 7 号「金融商品：開示」… 73
　──第 9 号「金融商品」……… 73
　──第 10 号 …………………… 55
　──第 12 号 …………………… 66
　──第 13 号「公正価値測定」… 77
International Financial Reporting
　Standard 5, Non-current Assets
　Held for Sale and Discontinued
　Operations……………………… 70
International Financial Reporting
　Standard 7, Financial
　Instruments：Disclosures ……… 73
International Financial Reporting
　Standard 9, Financial Instruments
　………………………………… 73
International Financial Reporting
　Standard 13：Fair Value　Measurement
　………………………………… 77
KSD 事件 ……………………… 124
OECD（経済開発協力機構）… 208, 209
SPV ……………………………… 35
US-GAAP ………………………… 9

ア

VIE ……………………………… 101
意思決定機関……………………… 7
伊勢志摩サミット……………… 208
一時的な支配……………………… 70
一物一価………………………… 86
一物多価………………………… 86
一般財団法人……………… 106, 112
一般社団・一般財団法人………… 3
一般社団・財団法……………… 106
一般社団法人……………… 106, 108
　──及び一般財団法人に
　　関する法律………………… 106

一般に公正妥当と認められる
　会計の慣行……………………………… 180
移転価格税制……………………………… 209
ウェスチングハウスエレクトリック
　カンパニー社…………………………… 91
影響力基準…………………………………   2
営利事業…………………………………… 10
エンロン事件………………………… 9，146
オフバランス・ファイナンス……………   9
親会社………………………………… 7，10
オリンパス事件………………… 3，9，132

カ

会計制度委員会報告第 15 号
　『特別目的会社を活用した不動産
　の流動化に係る譲渡人の会計処理
　に関する実務指針』…………………… 34
会計ビッグバン…………………………… 124
改正信託法………………………………… 141
過少資本税制……………………………… 209
過大利子支払税制………………………… 209
監査・保証実務委員会実務指針
　第 88 号「連結財務諸表に
　おける子会社及び関連会社
　の範囲の決定に関する監査上の
　留意点についての Q&A」…………… 205
関連当事者注記…………………………… 127
関連当事者の開示………………………… 199
企業会計基準第 10 号
　「金融商品に関する会計基準」……… 35
企業会計基準第 11 号
　「関連当事者の開示に関する
　会計基準」……………………………… 199
企業会計基準第 16 号
　『持分法に関する会計基準』………… 173

企業会計基準第 22 号
　「連結財務諸表に関する
　会計基準」………………………… 1，7
企業会計基準適用指針第 22 号
　連結財務諸表における子会社
　及び関連会社の範囲の決定に
　関する適用指針………………………… 38
議決権の所有割合以外の要素……………   2
旧 SPC 法………………………………… 206
業務執行権基準……………………………   3
銀行等金融機関の特例………………… 3，41
金融商品取引法……………………………   9
軽課税国……………………………………   3
ケイマン諸島……………………………… 135
結合財務諸表
　（Combined Financial Statements）
　（IFRS for SMEs 9.30）……………… 203
原則主義（Principle-based）………… 86
限定責任信託………………………… 141，180
限定付適正意見…………………………… 93
公益財団法人「日本ライフ協会」…… 129
公益法人改革………………………………   3
公益法人会計基準………………………… 123
公益法人会計基準検討会………………… 123
　─────報告書…………………… 125
　─────ワーキンググループ…… 125
公益法人会計基準設定…………………… 122
公益法人会計基準（改正）について… 123
「公益法人会計基準の改正等について」
　の申し合わせ…………………………… 125
公益法人会計基準の見直しに関する
　論点の整理（中間報告）……………… 123
公益法人の設立許可及び
　指導監督基準…………………………… 123
更生会社，破産会社等の特例………… 16
公正価値測定……………………………… 83

子会社·· 7
　　──としないとする推定規定······ 10
国際財務報告基準
　(International Financial Reporting
　Standards) ································· 9

サ

財務諸表等規則·························· 7, 9
事業信託···························· 3, 177
事業遂行型特別目的会社················· 207
資金還流スキーム························ 133
自己信託···················· 3, 141, 178
　　──導入に対する批判············ 143
自己の計算において···················· 15
資産の消滅要件·························· 206
資産流動化法···························· 207
慈善信託（チャリタブル・トラスト：
　charitable trust)·················· 105
実務対応報告第20号
　「投資事業組合に対する支配力基準
　及び影響力基準の適用に関する
　実務上の取扱い」························ 3
実務対応報告第23号
　「信託の会計処理に関する
　実務上の取扱い」················ 166, 168
支配······································· 10
　　──力基準·························· 2, 21
私法上「無効」·························· 200
収益事業を行わない···················· 121
集団投資スキームの連結の必要性····· 199
受益者が多数となる信託················· 180
受益者の定めのない信託（目的信託)··· 141
受益証券発行信託························ 141
準則主義（登記)························ 121
剰余金の分配を目的としない············ 121
信託事業体論····························· 166

信託導管論······························· 166
信託法改正································· 3
信託法制·································· 9
信託法の施行に伴う関係法律の
　整備等に関する法律················· 141
占有を継続する債務者
　(debtor in possession)··············· 91
ソニー株式会社···························· 96
損失処理スキーム························ 134
損失分離スキーム························ 133

タ

代表者の個人資金を出資した
　集団投資スキームの取扱い············ 199
タックス・ヘイブン······················ 105
他の企業の意思決定機関を
　支配している企業······················ 14
チャリタブル・トラスト··················· 3
忠実な表現································ 86
倒産処理法制································ 9
投資企業································· 71
投資事業組合····························· 3
東芝·· 91
　　──原子力エナジー
　　　ホールディングス社··············· 91
特定非営利活動促進法（NPO法)······ 118
特定目的································· 3
特別目的会社································ 9
　　──－事業遂行型···················· 36
　　──－資金調達型···················· 21
　　──－信託専門委員会············· 166
　　──専門委員会···················· 166
　　──を活用した不動産の流動化に
　　係る譲渡人の会計処理に関する
　　実務指針···························· 28
特別目的の財務諸表に対する監査······ 200

独立した第三者間取引
　（arm's length transaction）………… 127

ナ

2008年（平成20年）改正基準 ……… 128
2004年（平成16年）改正基準 ……… 122
日興コーディアル事件………………… 3

ハ

ハイブリッド金融商品………………… 210
破産・更生会社等の特例……………… 3
パナマ文書問題…………… 3，105，132
パワー…………………………………… 59
　──とリターンの関連…………… 64
非営利法人……………………………… 121
ビックカメラ事件……………………… 25
非連結のファンドや会社……………… 135
ファーストデイ・モーション
　（first day motion） ………………… 91
米国会計基準…………………………… 9
米国倒産法第11章 …………………… 91
ベンチャー・キャピタル条項………… 3
ベンチャーキャピタルなどの
　投資企業の特例……………………… 38
法人格否認の法理……………………… 156

保険法制………………………………… 9

マ

目的信託………………………………… 178
目的適合性……………………………… 86
持分変動事業体
　（VIE：Valuable Interest Entities）… 97

ラ

ライブドア事件…………… 3，9，149
利益を追求しない……………………… 121
リスク・経済価値アプローチ………… 32
リターン………………………………… 62
連結財務諸表原則……………………… 1
連結財務諸表作成免除規定…………… 68
連結財務諸表制度における
　子会社及び関連会社の範囲の
　見直しに係る具体的な取扱い…… 2，9
連結財務諸表制度の見直しに
　関する意見書……………………… 2，9
連結財務諸表導入見送り……………… 127
連結範囲規制……………… 1，3，10
　──問題……………………………… 3
連結ベースでのディスクロージャー
　の充実………………………………… 2

《著者紹介》

橋上　徹（はしがみ・とおる）

略　歴

1988 年 3 月	一橋大学商学部卒業（経営学士）
1987 年 9 月	公認会計士第 2 次試験合格（公認会計士補登録）
1987 年 9 月	あずさ監査法人入社（1996 年 10 月マネージャー昇進）
1990 年 8 月	AFP（ファイナンシャル・プランナー）取得
1991 年 3 月	公認会計士第 3 次試験合格（公認会計士登録：登録番号 10635）
1991 年 7 月	株式会社 TAC　公認会計士第 3 次試験『監査実務』講師兼務
1992 年 8 月	証券アナリスト第 2 次試験合格，日本証券アナリスト協会検定会員
1994 年 6 月	情報処理システム監査技術者試験合格，（国家資格）情報処理システム監査技術者
1997 年 2 月	米国公認会計士試験合格（カリフォルニア州）
1998 年 3 月	日本生命保険相互会社　主計部・調査部（課長代理）
2000 年11月	宅地建物取引主任者試験合格
2001 年 8 月	新日本監査法人入社（シニア・マネージャー），金融部配属
2002 年 4 月	筑波大学ビジネス科学研究科企業法コース前期博士課程入学
2003 年 7 月	新日本監査法人パートナー登用（金融部）
2003 年11月	新日本監査法人より，Ernst &Young, Amsterdam, the Netherlands 出向
2004 年 3 月	筑波大学ビジネス科学研究科企業法コース前期博士課程修了（修士〔法学〕）
2005 年 4 月	筑波大学ビジネス科学研究科企業科学専攻企業法コース後期博士課程入学
2008 年 7 月	新日本監査法人シニア・パートナー昇進
2012 年 9 月	筑波大学ビジネス科学研究科企業科学専攻企業法コース後期博士課程単位取得後退学
2014 年 4 月	公立大学法人　県立広島大学 入校　（学部：経営情報学部，大学院：総合学術研究科企業マネジメント専攻），准教授
2015 年 4 月	国立大学法人　広島大学 社会科学研究科マネジメント専攻後期博士課程 入学
2018 年 3 月	国立大学法人　広島大学 社会科学研究科マネジメント専攻後期博士課程 修了（博士〔マネジメント〕）

公　職

衆議院『法務委員会：改正信託法有識者』招聘
金融庁『第三分野の責任準備金積立ルール・事後検証等に関する検討チーム』専門委員
企業会計基準委員会（ASBJ）『保険 WG』『特別目的会社専門委員会』専門委員
日本公認会計士協会『金融商品取引法（案）対応 PT』構成員長，『IASB 専門委員会』
『監査実務保証委員会』『租税調査会』等専門委員，『税務第一委員会』副委員長，
『新興国対応 PT』構成員
生命保険協会『経理部会』『国際会計基準対応 PT』専門委員

（検印省略）

2018 年 8 月 31 日　初版発行　　　　　　　　　　　　　　　略称 ― 連結範囲

現代の連結会計制度における諸課題と探求
―連結範囲規制のあり方を考える―

著　者　橋　上　　　徹
発行者　塚　田　尚　寛

発行所　東京都文京区　　株式会社　創 成 社
　　　　春日 2-13-1

電　話　03（3868）3867　　FAX　03（5802）6802
出版部　03（3868）3857　　FAX　03（5802）6801
http://www.books-sosei.com　振　替　00150-9-191261

定価はカバーに表示してあります。

©2018 Toru Hashigami　　　　　　組版：スリーエス　印刷：エーヴィスシステムズ
ISBN978-4-7944-1530-1 C3034　　製本：宮製本所
Printed in Japan　　　　　　　　　落丁・乱丁本はお取り替えいたします。

― 簿記・会計選書 ―

現代の連結会計制度における諸課題と探求 ― 連結範囲規制のあり方を考える ―	橋上　徹　著	2,650 円
行列簿記の現代的意義 ― 歴史的経緯と構造の視点から ―	礒本光広　著	3,000 円
非営利・政府会計テキスト	宮本幸平　著	2,000 円
ゼミナール監査論	山本貴啓　著	3,000 円
国際会計の展開と展望 ― 多国籍企業会計とIFRS ―	菊谷正人　著	2,600 円
IFRS 教育の実践研究	柴　健次　編著	2,900 円
IFRS 教育の基礎研究	柴　健次　編著	3,500 円
投資不動産会計と公正価値評価	山本　卓　著	2,500 円
会計不正と監査人の監査責任 ― ケース・スタディ検証 ―	守屋俊晴　著	3,800 円
キャッシュフローで考えよう！ 意思決定の管理会計	香取　徹　著	2,200 円
会計原理 ― 会計情報の作成と読み方 ―	斎藤孝一　著	2,000 円
現代会計の論理と展望 ― 会計論理の探究方法 ―	上野清貴　著	3,200 円
簿記のススメ ― 人生を豊かにする知識 ―	上野清貴　監修	1,600 円
複式簿記の理論と計算	村田直樹 竹中　徹 森口　毅彦　編著	3,600 円
複式簿記の理論と計算　問題集	村田直樹 竹中　徹 森口　毅彦　編著	2,200 円
社会化の会計 ― すべての働く人のために ―	熊谷重勝 内野一樹　編著	1,900 円
活動を基準とした管理会計技法の展開と経営戦略論	広原雄二　著	2,500 円
ライフサイクル・コスティング ― イギリスにおける展開 ―	中島洋行　著	2,400 円

（本体価格）

創成社